J.ロックランに学ぶ
教師教育と
セルフスタディ

教師を教育する人のために

ジョン・ロックラン　［監修・原著］
武田 信子　　　　　［監修・解説］

小田 郁予　　　　　［編集代表］
齋藤 眞宏・佐々木 弘記［編集］

*Teacher
Education and
Self Study*

学文社

まえがき：専門性開発への参画を求めて

　教師の資質能力の向上が議論されて久しい。しかし教師を育てる教師の質についてはどうだろう。

　教育を改善するうえで，教師の資質向上を図るうえで，さまざまな要素の中でも教師教育はかなり優先順位が高い課題であろう。そこへの合意は取りつけられる。しかし教師教育の担い手についてはこれまで不問ではなかっただろうか。

　本書は，自らの教師教育のあり方を課題とする勇気ある人々に向けて出版される。大学や大学院で教員養成に関わる先生方，公あるいは民間で教員研修にあたる先生方，教職大学院で学ぶ現職教員や校内研修・校内研究の担当教員，これから教師教育者になろうという志を持つ方々，教育や教師教育を考える立場の行政の方々にぜひ手に取っていただきたい。

　どんなに良い食材があっても，それを吟味し調理する人を育てなければおいしい料理が作れないように，教師教育に携わるひとりひとりの教育能力が高まらなければ，教育カリキュラムを工夫しても教育内容を変えても教師教育の改善にはつながらない。本書ではその当然のことを議論していきたい。

　従来の教師教育に対して海外で数十年もかかってなされた問題提起がこの一冊に詰まっている。国際的に教師教育をリードしてきたジョン・ロックランの業績を日本の文脈に合わせた解説をつけたうえで，できる限りわかりやすく紹介し，日本の教師教育の現状とここに書かれたことを比較しつつ考えることができるように試みた。しかし，腑に落ちないと思われる部分もこれから議論しなければならないと思われる部分もあるに違いない。良かれ悪しかれ教師教育に対する議論が起き，変化が起き，学校教育が変わることを何よりも優先して本書を出版する。厳しいご指摘とともに新しい一歩への共感を寄せ，教師教育者の専門性開発に参画していただければ幸いである。

2019年3月

監修者　武田　信子

刊行によせて

　　　　　　　　　　　　　モナシュ大学教育学部　学部長（理事）
　　　　　　　　　　　　　　　特別教授　ジョン・ロックラン

　執筆にあたり，まずこの書籍の刊行に向け素晴らしい仕事をしてくれた編集チームのメンバーにお礼を述べたい。彼らの尽力は実に素晴らしいものである。武田信子氏，小田郁予氏，齋藤眞宏氏，佐々木弘記氏のような教育者の献身的かつ熱意のある取り組みによってこそ教えることや学ぶことについてのより深い理解の進展と共有が可能になるのである。そうした努力はすべて，私たちが本当の意味での教育をよりよく理解するうえでの助けとなり，違いをもたらす重要なものとなる。

　教えることは複雑で洗練を要する難しい営みである。しかしながら教育と深いかかわりを持たない人には残念なことにこの複雑さ，大変さが理解されないこともある。熟達した教師は常に学ぶ者のニーズや課題，関心と向き合う教育的な現場で実践を行っている。一度にさまざまなニーズを抱える多様な生徒たちと向き合っていく教師にとって「確実に正しい」答えなど存在しない。だからこそ専門家としての教師は直面しうる課題，対処が求められる可能性のある多様な状況に応じて教えていかねばならない。そしてそのために教師は学ぶことについての深い理解，十分すぎるほどの知を持ち合わせている必要があるのである。生徒の学びをサポートするには技術や能力，知識や思慮深さを教師が身につけることが重要となるが，それがいかに大切であるか，その重要性に気づかせてくれるのは教えることについての理解である。学ぶことについて探究し，知を追究することによって教えることについて理解していく，そしてそれらを通して教師が身につけるべき資質能力の重要性に気づいていくのである。

　教えることと学ぶことは常に隣り合わせで，教えることが学ぶことに影響を

及ぼし，学ぶことも教えることに影響を及ぼしている。教えることと学ぶことの質というのは「こうすればああなる」というような単純な因果関係を作り上げることによって決まるのではない。むしろ教えることと学ぶことの質は複雑で，時には多様な要素が同時に渦巻き，相互に絡み合う複雑な状況を理解し，明確にしていく中で形作られていくのである。それゆえに専門家としての教師は児童生徒の学びの質の向上を支援するため，競合する多様な要求への対応が求められる状況の中で実践を行っているのである。こうした困難ではあるがやりがいのある環境は，直面しているジレンマを認識し対処していく教師の力量や，その場その時に応じて適切な方法で最善の対処方法を決断することができる能力によって形成されていく。教えることの複雑さを示す理由はもちろんこれらに留まらないが，こうしたすべての理由により教えることは複雑で難しい営みであるということができる。

　教えることを複雑で難しいものと捉えることは教えることを否定的なものと考えることではない。それは専門家としての教師が実践を単純に捉えるのではなく，何を，どのように，なぜ行っているのか，その実践の意味を問うていくことの重要性を認識することを意味しているのだ。実践を形作るうえでこうした目的が重要となるのはペダゴジー上の合理性においてである。何がどのように，なぜ教えられるのかが教師に理解されているだけではなく，学ぶ側にとっても明らかとなるような実践を形成していくうえで重要となるのだ。ペダゴジー上の合理性を通して教師は学ぶことの本質を深く考え，生徒たちにとって意味のある学びを創出するよう実践を紡いでいく。さらにそうした学びが長期的な視点で実践に影響を及ぼし，検討され，精緻化されていく。こうした発展が将来の実践に生産的な方法で影響を与え，経験の省察を通して専門性を構築するのである。

　もしこれらすべての概念が教えることを支え，その複雑さを明らかにしていく一助となるのであれば，教師教育，そして教師教育者の仕事がやりがいのあるものである，ということを理解するのは難しいことではない。教えることについて教える，ということはすなわち教えるという営みの理論と実践双方を

理解することで，双方を熟知し，それらを巧みに活用することができるということである。そしてさらに言えば，それらを個別に捉えるのではなくて，双方が互いに補いあうものとして捉えることができる，ということでもある。

　教師教育者は自分たちの実践が理論と実践の乖離やある種の教育の壁に縛られていると捉えているわけではない。彼らは学生のために彼らが継続して学ぶことができる学習環境を整備しようと理論と実践の境界面で尽力しているのである。理論と実践の双方によって教えることについて学ぶ深い理解が可能となる。そしてそれは確実に教えることについて教える，ということの本質に影響を及ぼす。それゆえ教師教育者とは何をすべきかを理解するだけではなく，どのように，なぜ，それを行うのかを理解している研究者である必要があり，さらには非常に高いレベルで知と行為の学問的知識を有している者であるべきなのである。

　教師教育実践を研究することは教師教育者の知識，技能，能力の開発において非常に重要な役割を負う。学校の教員の主な関心は教えることであるのに対して，教師教育者の関心は教えることについて研究していくことにある（もちろん教師教育者にとっても教えることそのものも重要である）。教師教育のセルフスタディのような営みを通して彼らは実践における専門的知識を探究し発展させていくのである。それが教師教育のペダゴジーの開発に繋がるのであり，だからこそ教師教育者になるということがやりがいのあるものであると同時に難しいことでもあるのだ。

　教師教育者になるということは学校での実践を教師教育プログラムに移行することではない。彼らは実践を批判的に翻案し，教えることについて学ぶ学生らの経験へと転換していく。それは教えることについて学ぶ学生たちが実践をただ真似るのではなく，学びを抽象化し，別の文脈でも活用可能なものとしていけるようにするためである。そのためには教師教育者は研究者でなくてはならず，同時に，彼らの教師教育者としての実践が高く評価されなければならないのである。

　多くの場合，PCK（学習内容についてのペダゴジー上の知識）が教師の有して

いる教科内容についての特別な知識に焦点を当てているのと同様に，教師教育のペダゴジーを認識し，言語化，描写していくという能力は，教師教育者の有している特別な知識や技能，能力に焦点を当てている。こうしたことが彼らを研究者にしていくのである。

　本書をともに生み出した仲間たちはこれまで述べてきた概念すべてをこの一冊に盛り込んでくれた。それらは詳細かつ具体的な事例や描写，説明とともに読者の皆さんにわかりやすく示されている。この書は確実に皆さんの学びに役立つものとなると確信しているし，ここで示されている概念が皆さんの胸に響き，皆さんが教えることや教師教育についてさらに深く考察していくきっかけを作るものになると確信している。それが現実となることはこの書籍刊行に携わった者にとって大きな成果であり喜びであるだけではなく，それは何よりも教えることや教師教育についてより深く理解し，そこに価値を置くことがなぜ重要であるのかということを私たち皆にとって認識させ，そしてその意味を広く共有していくことを後押しするものとなろう。

目　次

まえがき：専門性開発への参画を求めて　　i
刊行によせて（ジョン・ロックラン）　　ii

序：本書を読み進める前に　　1

第1部　教師教育のペダゴジーの開発

【解説】　10
0.1　はじめに：教師教育のペダゴジーの開発
　　　　──それが真に意味することは何か　　12

1章　教えることを教えるとは　　20
1.1　教師教育者であるということ：ペダゴジーへの焦点化　　20
1.2　教えるということ：厄介な営み　　27
1.3　暗黙のものを明らかにするということ　　35
1.4　共通言語：教師教育のペダゴジーのための知識を概念化すること　　43
1.5　実践の原則　　53

2章　教えることを学ぶとは　　65
2.1　教えることの学び手であること　　65
2.2　学生から教師へ：効果的な省察的実践の場　　72
2.3　研究者としての教育実習生
　　　：専門的知識の発展を理解し評価すること　　81
2.4　経験を通じて学ぶ
　　　：教育実習生が自身の実践を研究すること　　88
2.5　終わりではなく，始まりとしての教師教育　　101
2.6　おわりに：教師教育のペダゴジーの成立　　110

第2部　教師教育者の専門性開発

3章　「教えることを教える」ということを理解する ……………… 118
　【解説】　118
　3.1　教師教育において教えることを
　　　　学ぶとはどういうことかを理解する　123
　3.2　教師教育プログラムと実践のための基本原理の開発　130
　3.3　教師のアイデンティティを確立するペダゴジー　135
　3.4　教師教育に対する理解を促進する　141

4章　教師教育者になる ……………………………………………… 149
　【解説】　149
　4.1　教えることについて教えることを研究する
　　　　：教師教育実践のセルフスタディ　157
　4.2　教師教育実践を研究する
　　　　：セルフスタディに対する課題，要請，期待への返答　162
　4.3　教えることを教えるための知識を追求する
　　　　：ものがたりを超えるために　168
　4.4　教師教育者になるということ　172
　4.5　教師教育者の専門性開発　176

5章　セルフスタディ実践 …………………………………………… 182
　【解説】　182
　5.1　科学教育のより良い理解に向けて　187
　5.2　科学教師のPCKの理解と開発　195

6章　結—日本の教師教育者の専門性開発に向けて ……………… 199
　6.1　セルフスタディの黎明　199
　6.2　粟谷好子氏のセルフスタディが教師教育者に示唆すること　202
　6.3　附属学校教員が実習指導を分析する意味　203
　6.4　日本の教師教育者の専門性開発に必要なこと　206

　あとがき　211
　引用文献　214
　初出一覧　229
　索　引　230

序：本書を読み進める前に

　本書は，ジョン・ロックランの教師教育に関する多数の著作の中から1冊の書籍と11本の論文を取り上げ，日本の文脈に落とし込んだ解説とともに紹介するものである。読解に必要な重要用語の解説に加えて，日本の教員によるセルフスタディと，日本の教育・教師教育における実践と研究のあり方に関する提言も所収している。この一冊を読むと，これまでの教師教育に対する視点は変化し，新しい世界が立ち現れるだろう。学術書ではあるが，学校教員や教育に関心のある学生にも読めるように平易な文体と解説を心掛けた。大学の学問と学校現場の実践を融合させることが本書の目的であるならば，書籍そのものがそれを体現していなければならないと思うからである。

　さて，現場には実践知があふれている。しかしそれらが研究者らによる研究や論文と肩を並べて扱われることは少ない。とりわけ教育学という学問は，広範な対象を扱うがゆえに学問としてのアイデンティティの確立が難しく，時に「高尚な学問ではない」という扱いを受け，諸学問の中で教育学者の地位は相対的に低くみなされがちであった。そのようなこれまでの歴史の中で，統計的な数値や先行研究・先行実践の詳細な分析を重視し，一定の科学的手続きを踏んだ研究のみを研究として高く評価することによってその学問的位置づけを確保しようという研究者たちの意識があったと思われる。

　しかしそのような研究に価値を置けば置くほど，教育学は現場から遊離し，現場や一般社会から教育実践に直接役立つものとはみなされなくなっていった。たとえば，教育基本法改正（2006年）という日本の教育の根幹の方針を決める際に，教育学者や教師教育関係者の関与の機会は少なかったし，近年の学校教育の諸問題に対して教育学や教師教育学の知見が政策・施策に十分に反映されているとは言い難く，そもそも解決策も示せていない。

教育学や教師教育学は，今，目の前の子どもたちや教師たちの現場から学び研究するという原点に立ち返る必要があるのではないだろうか。また，現場の教師たちが研究を推進していく力をつける必要があるのではないだろうか。

　確かに実践を研究することは困難である。恣意的な価値づけがなされることは少なくない。修士論文という名前で自らのかつての実践を追認するだけの論文，質的研究と称して学会誌に投稿されてくる散文や，校内実践を記録したに過ぎない校内研究報告書などを目にするにつけ，現場からは良い研究論文が出てこないのではないかと研究者たちが考えることはやむを得なかったかもしれない。教職大学院では研究ではなく実践の改善に焦点をあてるため論文は必要ないとされたのもその流れと言えよう。

　しかし，教師が教育を行うにあたって，数あまたの実践の中で積み上げられてきた実践を研究することに学問的意義がないと誰が言うことができようか。現場でなされている教育とそこにいる教師と子どもたちに起きていることからこそ，現場の課題解決に役立つ知見や理論が生まれるのではないだろうか。歴史や哲学を踏まえ，研究手法を適切に用いて，現場で起きていることを研究する教育学や教師教育学はどのように可能になるのであろうか。そのひとつの答えがセルフスタディであると監修者は考えている。

　国際的な教育学の流れの中で，教員によるセルフスタディの意義が語られ始めたのは1990年代である。欧米では，教育現場で経験を積んだ教員が，教員養成のために大学（当時は高等専門学校）に入り，そこで一人前の大学教員と認められるために研究方法を学び，研究論文を書く努力を重ねた。しかしその中に，単に研究のための研究，博士の学位を取るために現実を捨てた研究ではなく，自分たちが教育現場で蓄積した知見を客観的に分析，研究して，現場における教育，教育学，教師教育学に貢献したいと考える者たちが現れ，自分たちの経験を論文化することを検討し始めた。

　当初は，学界から大きな反対や抵抗があり議論があったという。しかし，その中で誰もが認めざるを得ない研究上の手続きを構築していき，現場に役立つ研究を積み上げようと努力を重ねた教師教育者たちがいる。それがトム・

ラッセルやフレット・コルトハーヘンらである。そしてその立ち上げの熱気を学会大会で味わった第二世代のジョン・ロックランは，アメリカ教育学会（AERA：American Educational Research Association）を中心とした教師教育者の国際ネットワークを作り，研究論文を収集して雑誌を発行し，国際ハンドブックを発刊して教師教育学の中にセルフスタディという分野を確立した。今ではAERAに分科会があり，隔年で教師教育者のセルフスタディに関する独自のカンファレンスも開催している。

　予見したい。本書出版の数年後には，この教師教育学の潮流に日本の教師教育者が入っているだろう。教師教育者を志す教師が増えているだろう。日本の教育実践には海外に誇る深い学びを作り出す力がある。それが学問研究と結びついたとき，新たな潮目は日本から生まれるだろう。

　ここで本書を読み進める際の留意点を6点お伝えしておこう。
1．最初から読むこと。
　本書は，教師教育学の初学者がロックランの教師教育の全体像を理解し，実践や研究につなげることができるように構成した。したがって，読者には最初から順に読むことをお勧めする。
2．用語解説を活用すること。
　読み進めるにあたって内容を理解しなじむことが必要と考えられた基本用語について該当章末等に用語解説を付した。確認しながら読み進めてほしい。
3．「教えること = teaching」の階層を理解しておくこと。
　教師教育学の厄介な点のひとつは，教える行為が三重構造になっているところである。
　まず，教師が生徒に「教える」。生徒は教師（や教師の作る環境）から「学ぶ」。次に，教師教育者が，教職履修生や現職教員に「教えること」を教え，「学ぶこと」を教える。つまり，「教えること」と「学ぶこと」を教える。学生・現職教員は，教師教育者（や教師教育者の作る環境）から，「教えること」を学び，「学ぶこと」を学ぶ。つまり，「教えること」と「学ぶこと」を学ぶ。さらに，

教師教育者の専門性開発に携わる人＝スーパーヴァイザー（ロックランやコルトハーヘンなど）が，教師教育者に「『教えること』と『学ぶこと』について教えることとはどういうことか」を教えるのである。

ロックランの文章には，これらが組み合わさった形で随所に出てくる。教師教育学では，教授・学習理論（本文の訳では「『教えること』と『学ぶこと』に関する理論」）といわれるものが，層になって存在しているのである。

しかし，teaching を「教授」と訳してしまうと，〇〇教授という呼称や，教育（education）という言葉と区別がつきにくくなる。そもそも「teaching」と「education」の違いは日本語ではあいまいである。そこで本書では，原則として teaching は「教えること」と訳し，leaning は「学ぶこと」，education は教育と訳した。ただし，文脈等によっては，厳密に訳し分けていない場合もあり，読みにくいと思われるときには「　」をつけるなどした。読み進めるうちに慣れていただけると思う。

4．教育関連用語の訳出ルールを知っておくこと。

teacher は原則として教師，時に慣用に従って教員，teacher education は教師教育，teacher educator は教師教育者，the professional development of teacher educators は教師教育者の専門性開発と訳した。また，訳語の使い分けによって学術的な意味合いが大きく変わることがない場合は，読みやすさを優先し，文脈に合わせて訳語を変えている。

たとえば，student teacher と students of teaching はともに教員志望の学生のことを言い，ロックラン自身によれば，原著では厳密に使い分けていないという。しかも，海外ではほとんどの教員養成が目的養成，つまりほぼ全員が教師になることを前提に教員養成課程に入っていて，実習が何か月もあるのに対して，日本の開放制教員養成においては，教職課程履修学生は教員免許状取得希望学生であって，必ずしも教員志望とは限らず，教育実習の期間も短くて，教職課程履修中もそのほとんどの期間において教育実習生ではない。そこで，これらの違いを踏まえて，student teacher も students of teaching もともに教職履修生あるいは学生とのみ訳すことを原則とし，前後が教育実習に関連する

文脈である場合は，教育実習生あるいは実習生，教師志望であるということに意味がある文脈の場合は教師志望学生等と訳した。

またたとえば同様に，learner についても，学習者あるいは学び手と訳し，development も大変多く出てくる単語であるが，開発を中心に，発展，展開，確立，促進など，複数の訳を採用している。読みやすくかつ読んで支障がないように心がけた。瑕疵があれば，ご指摘いただければ幸いである。

5. ペダゴジーについて。

2010 年に監修者はコルトハーヘン著, *Linking Practice and Theory : The Pedagogy of Realistic Teacher Education* (Routledge, 2001) を邦題『教師教育学：理論と実践をつなぐリアリスティック・アプローチ』(学文社) として翻訳出版した。いわゆる国際的な「教師教育」の議論がまだ日本に十分紹介されておらず，教師教育の範囲も国際的な用い方とずれがあったことから，コルトハーヘンの提案する「リアリスティックな教師教育のペダゴジー」をひとつの「教師教育学」の形として位置づけることによって，一体，日本における教師教育学は，どのような学問であるかという問題提起を試みたのである。

しかし今回は，pedagogy を教育学と訳すことは避けた。そして，カタカナ書きとして文中でその概念をよりよく理解していただけるように試みた。特に 0.1「はじめに：教師教育のペダゴジー開発」を読んでいただくとペダゴジーという言葉の解説がなされているので，ご確認いただきたい。

さて，教師教育「学」が「学」となるには，これからの日本の教師教育者たちの研究と実践の動向が大きく影響するだろう。その議論が起きる過程で，本書で課題となっているような「理論」や「研究」の位置づけや意義が明確化していくのではないかと期待している。

なお，すでに日本に紹介されている教育関連用語については，従来の訳語を参照しつつ，本書の中で的確な意味が読み取れるようにその都度検討して妥当と考えられる訳を採用した。そのため必ずしも従来の訳と同じではない場合がある。たとえば pedagogical reasoning（従来の訳は教育学的推論）は「ペダゴジー上の合理性」と訳した。それらについては，それぞれ語句の初出の際，

あるいは，用語解説の中に説明を記述するようにした。
6. 原文にあたること。

　本書は，ロックランの文献の翻訳ではなく要約をもとにした紹介である。要約を掲載することによって，ロックランの十数年にわたる著作を凝縮して紹介するように試み，またその全体を概観できるように解説を加えるなどの工夫を凝らした。要約は原文の数分の一であり，紙幅の制約から重要な部分を省略せざるを得なかった場合もある。本書からの引用等にあたっては，翻訳ではないことに注意していただくことが必要であり，また，本書で関心を持った論文内容についての詳細は，原文にあたって確認することでさらなる理解を深めていただきたいと考えている。

　さて，第1部から本書を丁寧に読み込んでいって頭の中にその内容が入ったとき，あなたの見ている教師教育の世界はどんな色に変わっているだろうか。

　本書は，日本教師教育学会課題研究第Ⅱ部会（第9期）が，2016年度にロックラン来日を機に急遽ロックラン教授文献読書会メンバーを公募し，各メンバーが分担作成した抄訳を基にしている。全国から手弁当で集まったメンバーが読み合わせ合宿において訳語統一とキーワード抽出を行い，疑問点はロックラン来日時に確認した。書籍化にあたって，4名の編集者が出版方針と構成を定め，改めて抄訳を検討し，そこから最終的に武田と小田が要約した。さらに武田が解説を加筆して最後には関係メンバー全員の協力を得て確認作業を行ったが，もし推敲不十分な部分があるとしたら，それはすべて監修者である武田の責任である。

【解説】PCK をめぐる一考察

　ショーマンの Pedagogical Content Knowledge という概念が日本に紹介されて久しい。この概念は，日本語文献において PCK と略語で表記されたり，教育内容知識，教育実践知，授業を前提とした教材についての知識と訳されたりしている。しかし，研究者がこの概念について論じるわりには，現場ではこの概念が使われていない。教師教育が理論と実践の往還をめざすならば，この概念が現場で用いられるようになることが求められると言えよう。

　そこで本書では pedagogical reasoning（教育学的推論と訳されてきた）を「ペダゴジー上の合理性」と訳し，ペダゴジーということばを残したのと同様に PCK を「学習内容についてのペダゴジー上の知識」と訳出して理解を深めることを試みる。

　これは，読者が本書を読み進め考えるプロセスを経て，ペダゴジーということばを，単に教育学や教授学という日本語にあてはめるのではなく，教育者と学習者の関係性をめぐる構造やその機能を始めとした教育と学習に関する広く深い学問であると認識するようになることを前提とした訳である。「ペダゴジー上の」といういかにもこなれていない訳を採用するので，読むたびに引っかかりを感じてほしい。そして，下記の理解が定着したのちには，PCK と略して用いてくだされればよいだろう。

　本書では，Pedagogical Content Knowledge は，教師が，

A　学びの場で扱う知識についてその構造や特質を知悉し，

B　学び手の特質や自らとの関係性を含むその場の状況をペダゴジーの観点から勘案し，

C　「教え手によってどう提示され，学び手によってどう学ばれるか」を十分に検討したうえで，なされる教育を想定した際に必要となってくる，学びの場で扱う内容に関するさまざまな知識のこと

と捉えている。

　これは，PCK という概念が登場する（1986）約 10 年前に，教育心理学におけるクロンバックとスノー（1977）の提唱した適性処遇交互作用（ATI：Aptitude Treatment Interaction）(Cronbach& Snow, 1977) に基づく教育を思い起こすと理解しやすくなるのではないだろうか。ATI とは学習者の適性とそれに対する処遇（対応）は相互作用を生じるため，学習効果は両者の組み合わ

せによって変化するという理論である。優れた教師はこれを授業の中で自然にあるいは計画的に行っているだろう。

　たとえば，夏目漱石の「こころ」を教材に小説の読解を学ぶ授業があったとすると，「こころ」を教えるためには，

A′：内容に関する知識（教員養成でいうところの教科の専門知識）
　執筆の時代背景や登場人物の心情，作家の来歴，読解のポイント，読み進めるために必要な語彙や文法などに関する知識など。

B′：ペダゴジー上の知識（教員養成でいうところの教職の理論知）
　学び手である生徒の発達や心情，家庭や生育地域の状況や将来の進路と教育の意義，授業への動機づけや意欲，教師と生徒との関係性，カリキュラム編成や授業デザインに関する理論的知識，教材をめぐる社会学的背景など。

C′：方法の知識（教員養成で言うところの教職の実践知）
　AとBを踏まえたうえで（つまり，ペダゴジー上の合理性をもって），生徒に必要な学びを生じさせるにはどのような方法をどう用いるのが適切かという判断ができるだけの教育方法や学級経営等に関する実践的な知識など。

が必要となる。教育にあたっては，A′，B′，C′のそれぞれに関するさまざまな知識が必要である。A′のような教材内容に関する知識の提供だけでは必ずしも学びが生じるわけではないのである。教科専門ができれば教育ができるというコンテンツ・ターン（内容重視）の教育観や，メソドロジーがあれば教科専門を深めることはさほど重要ではないというペダゴジカル・ターン（方法重視）に偏った教育観ではなく，それらの複合的な組み合わせによる教育のありかたを，教師教育者が教師教育において教えていくことが求められている。

　このような理論と実践の往還のための媒介をつとめることが「教師教育者」の役割のひとつといえよう。

☞ Shulman, L. S. (1986). Those who understand: Knowledge growth in teaching. *Educational Researcher*, 15(2), 4-14.

第1部
教師教育のペダゴジーの開発

ジョン・ロックラン著
『教師教育のペダゴジーの開発：
##　教えることについて教えることと学ぶことを理解すること』

John Loughran (2006) *Developing a Pedagogy of Teacher Education : Understanding teaching and learning about teaching*, Routledge.

【解説】

　第1部には，John Loughran, *Developing a Pedagogy of Teacher Education*, (Routledge, 2006)の全12章をそれぞれ約6分の1に縮めた要約を収録する。同じ年の2月に，*Journal of Mathematics Teacher Education*（Volume9, Issue1, pp.1-3）に，Terry Wood, "Teacher Education Does Not Exist（教師教育は存在しない）"が掲載されているのは偶然ではないだろう。この年まさに「教師教育のペダゴジー」とは何かという重大な問題提起が書籍の形で出されたのである。本書背表紙の推薦文の中でショーマンは，以下のように述べている。

　　「プラトンの共和国」の中で哲学者は問うている。「守衛を守るのは誰か」と。そしてジョン・ロックランはこの重要な書籍の中で問うている。「教師教育者を教育するのは誰で，一体それはどのようになされるのか」と。この素晴らしい一冊は，徐々に変化しつつあったが長い間停滞していた教師教育のペダゴジーにおける文献史上，大きな興奮をもたらす貢献である。私は，本書に見られる努力が，研究と実践に関して批判の集まるこの分野の継続的発展に顕著な貢献をすることを信じて疑わない。

　さて，私たちもまた，この興奮の坩堝に身を任せ，新しい教師教育の開発に加わることができるだろうか。

ここでまず本書の背表紙に掲載されている概要を訳して紹介しよう。

「教師教育のペダゴジーの開発」と題されたこの書籍において論証されていることは,「教師教育のペダゴジーは『教えること』に関する(教師教育者から学び手への単なる)情報伝達に終わってはならない」ということを,教師教育者たちが真に理解する必要があるということである。

本書は教えることについて教えることと学ぶことの複雑さについて説明し,それを探求して,教師教育者の専門職としての知識がどれほど重要であるか,またその知識が教師教育実践にどれほど大きな影響を及ぼすかを記述している。

本書は2つの部分から成り立っている。

第1部には,教えることについて教えることとはどういうことかが書かれており,教師教育者の実践には,単に良い教師であることを超えて教師教育者として求められる知識や技術があるという重要な側面が強調されている。ロックランは,教職履修生を対象として教えることと,彼らに教えることについて教えることを区別することが重要であると指摘する。教師教育者は,学生のためにペダゴジー上必要な専門性を示し,単に技術でも「コツやわざ」でもない,教えること自体に対する適切な態度,知識,技術を示し,教えることについて教えるのである。

第2部は,学生はいかにして2つの対照的なアジェンダ,すなわち教えることと学ぶことを認識して対応しなければならないかということについて注意を引きながら,教えることについて学ぶことに焦点をあてている。学生は教えられるべき内容について学ぶのみならず,教えるという行為がなされる方法についても意識を向ける必要がある。教師教育者が教えることについて教える際には,これらの2つの相対するアジェンダの双方に適切に対応することが求められる。

本書は刺激的で挑戦的な本である。教えることについて教えることには価値があると宣言し,教師教育における実践知を後押しすべく,教師教育者が学生のために作り出す知識や技術や能力を高く評価する。

さて,読者はこの書籍の要約でまず教えることについて教えることと学ぶことについて理解し,教師教育のペダゴジーの基本を押さえることができるだろう。

0.1　はじめに：教師教育のペダゴジーの開発
——それが真に意味することは何か

（1. Introduction：Developing a pedagogy of teacher education
: What does that really mean?）

教師教育　　ペダゴジー　　開発　　実践知　　学問知
ペダゴジー上の合理性

　教師教育者であるということは大変なことだ。教師教育のペダゴジーをどう改善するかという問いに，教師教育のスタッフが当然のこととして協働して取り組むというような文化はほとんどの教員養成機関にない（Korthagen, 2001a, p.8）。

　教師教育のペダゴジーの開発とは一体どういう意味なのだろうか。
　教師教育，ペダゴジー，開発，この三語についての検討が必要である。
　まずペダゴジーから検討しよう。この言葉は文脈や状況によって意味が変わるうえにその時々でそれなりの説得力を持つため，非常に多様な解釈がなされ，誤って解釈される危険性が高い。したがって今一度整理し直し，何を意味し何を意味しないのかということを明らかにすることが求められる。
　ペダゴジーという言葉はどの国の教育書にも出てきて，教えるという言葉の同義語として用いられている。教育方法や手順，実践や指導など教育に関してなら何にでも使える言葉に思える。しかしヴァン・マーネンはペダゴジーという言葉は単に教えるという以上の意味を歴史的に負ってきた言葉だと説明する（van Manen, 1999）。ペダゴジーとは，子どもたちを教育するアートでありかつ科学であり，学ぶことと教えることという相互に切り離すことのできない2つの行為の関係性にも焦点をあてているものだというのである。つまりペダゴジーという言葉は教えること（これも単なる情報伝達と勘違いされやすい）だけではなく，学ぶこととの強い結びつきが意図的に含意され，教えることと学ぶことが結びついた意味ある実践を通して，知識と理解をいかに深めるかとい

うことを示す言葉なのである。

　一方，コルトハーヘンはさらに，ペダゴジーにおける自己理解と人とのつながりの重要性を指摘し，自己アイデンティティの開発とペダゴジーに影響を与える教師のあり方の意義を強調した (Korthagen, 2001b)。教育場面においては，教師の持つ規範や価値観や実践のあり方が，生徒のあり方に影響を及ぼすので，教師と生徒の個人的な関係性が重要になるのである。

　次に教師教育について考えよう。教師教育という言葉は教員養成段階の教育と同義語に使われることが多い。教えることの学び手たちは，教えることに関する知識や技術を，実践でどのようにうまく活用するかを学びたがっている。一方で教師教育者は教えることを教えることに責任と関心を持っている。したがって，教師教育においては，複雑な技，知識，資質能力などを含む，教えることを学ぶこと，教えることを教えることに焦点があてられる。

　しかし教師教育の実践上ややこしいのは，認知面と感情面の葛藤である。葛藤は現場で経験する学びと成長に影響を与え，一筋縄ではいかない。教師教育では認知領域に関心が集まるが，認知面の重視は，教えることを学び，教える体験の中で絡み合う感情や，そのときの反応に気づき対応することの重要性を阻害しかねない。

　最後に開発についてである。開発とは始まりでも終わりでもなく，「何かに到達させようとする」あるいはより「進んだ状態」に向けようとしているという意味を含んでいる。何かを開発するとしたら，それは理解を深め，前に進めて，すでに存在しているものの上に意図的に何かを構築するということである。そう考えれば，開発するとは，すでに知っていることやすでにできること，これまで見過ごされてきたことやあたりまえと思われていたことを問い，あえて別の見方をして，事実を別の観点から見るという行為が含まれる。

　これらをまとめてみると「教師教育のペダゴジーの開発」とは，教えることについて学んだり教えたりするうえで，教えることや学ぶことの関係が意図的に検証され可視化されるようになることを意味する。そうすることによって教師教育における複雑な相互作用の理解が促進されるのである。教師も学生も

そのような試みを通じてともに成長することができる。教師教育のペダゴジーにおける2つの重要な局面は、教えることを教えることと教えることを学ぶことなのである。

教師教育における内容とペダゴジー

「教えることを教える」ことと「教えることを学ぶこと」において教えられる内容（コンテント）には、少なくとも教えることに関する「知識」の「理論的」観点が含まれ、それらはたとえば、学級運営の知識だったり、生徒の反応を待つことだったり、発問についてだったり、学習に関する理論、ジェンダー問題、構成主義、協同学習などについてだったりする。ラッセルは、これらを内容に重点を置くコンテンツ・ターン（内容重視）と呼び、同時に内容をどう提供するかに重点を置いたペダゴジカル・ターン（ペダゴジー重視）についても注意を向ける必要があると指摘した（Russell, 1997）。

・教えることについて学ぶ

教員になるにあたって、学生たちは自身のペダゴジーを開発しなければならない。そのためにホーバン（Hoban, 1997）は、教えることをどのように学んでいるのかということについて学生たちがメタ認知することを奨励する。これはどのような内容が教えられているのかと同時にその内容がどのように教えられているのかということについても考えられるべきということである。

しかし内容と同時にペダゴジーを意識することは難しい。学生たちには内容を意識する方がはるかに容易である。なぜならこれまでの学校教育や大学教育では教えられる内容が強調され、ペダゴジーについてはあまり注目されてこなかったからである。学生たちはこのあたりまえに慣らされているので、これまでの快適な空間（コンフォートゾーン）から抜け出ることには相当なエネルギーを必要とする。さらに学生は生徒としての被教育経験とともに、一般的に広まっている教師の仕事に対する一方的な見方に強く影響を受けており、教師の仕事とは知識をただ伝える単純な仕事であると信じている（Berry, 2004b, pp.1301-1302）。

そのような学生たちの表面的な教師観は、教師になるより以前に深められ

広げられなければならない。ここで学びのメタ認知が必要とされる。教えることを学ぶ過程で学生たちは自身の学びについて意識し，学びの経験を教えることの本質とつなげて理解する必要があるのである。つまり，教えることについて学ぶこととは，教えられる内容に加え，学びについての学び，そして教えることについての学びを得ることでなければならないのである。

- **教えることを教える**

　学生たちに，教える内容とペダゴジーの両方について学ぶ必要があるとしたら，それは教師教育者もまた同じである。学生たちがもし純粋に「教えることを探求」するならば，自分が今経験しているペダゴジー上の合理性（このような理由でこのような内容をこのような学び手にこのようなペダゴジーで教えるのだという合理性）について実際に体験しつつ，教える内容とペダゴジーを同時に身につけていくチャンスを得る必要がある。そのために，教師教育者は，学生たちが内容とペダゴジーという2つのことに同時に留意できる状況を作らなくてはならない。これは非常に困難なことである。

　ニコルは，長年の被教育経験に影響を受け，一定の教師像を有している学生たちの教師観を広げるために，学生の教師像に働きかけるワークを行った（Nicol, 1997）。ニコルはこのワークの難しさとして，学生たちが個人の経験を超えて新しい視点から教師の実践について議論できるようワークを展開することを挙げている。また，教えることの不確実で複雑な特性を伝えていくことも難しい（pp.97-98）という。

　つまり，教えることを教えることは単純にモデルを示せば良いというわけではないということである。実際，教師教育者みずからが挑戦してみることや避けられない間違いをしてみせること，とまどいを感じることは大いに奨励されるべきこと，議論されるべきことである。それは教師教育者の成長への出発点である。このような教師教育者の姿勢によって，教室における安心感と学ぶことへの真剣さが学生たちにしっかりと伝わるのである。

教えることについて教えることと学ぶこと

　学生と教師教育者が，教え学ぶ環境において内容とペダゴジーの2つのレベルのことを意識的に行う必要があるということは，教師教育を他の専門職と比べて非常に特異なものにしている。なぜならば医者が医学生に医療について講義するのとは異なり，教師教育者は自分たち自身が教えるという営みを行いながら，教えることについて教えるという2つの役割を同時に担っているからである。これが教師教育において同時に果たさなければならない非常に複雑な2つの役割である。

　教えるという実践における知について十分に説明している研究はこれまでに数少ない。そして教えることについて学ぶ複雑さに関しても十分に検討されてこなかった。しかしながら非常に興味深い研究実践も報告されている。たとえばティドウェルはリテラシー教育において個々の学生のニーズを活かしながら行った実践を報告している（Tidwell, 2002）。彼女はその実践においてただ内容を教えるだけではなく，学生たちに教え方を明白に示したのである。彼女は2つのレベルを意識した実践によって，教える内容だけではなく，教えるうえでの方法についても意識するようになったという。そのような観点は，学生たちが教えることについて新しい見方を獲得するうえで影響を与えるようになった。彼女によれば，このような研究をすることによって教師教育者は自己の実践と思考を見つめ続けなくてはならなくなるのである（Tidwell, 2002, p.41）。

　一方，教えることについて学ぶことの複雑さ（つまり学生からの視点）についてはかつては十分に研究されなかったが，近年この点についていくつかの研究成果が報告されている。たとえば学生と教師教育者が協働で教師教育者の実践を観察し，探求し，詳細に分析することは教えることについての学びという点で非常に有効だということが報告されている（Russell and Bullock, 1999）。必要なリスクを冒すことを探求する姿勢が学びを形作るうえで大事なのだ。

　　トム（教師教育者）は「正解」を与えないことに長けている…その代わりによく発

問する…私はようやく彼が「正解の国」を作り上げてしまうことに伴う落とし穴を彼が避けていることに気がついた…彼はその気になれば「賛成できないな。その理由は…」などと言えただろう…しかしその代わりに彼は私がその課題をさらに深く考えるための質問をしてくるのだ。質問を受けて私は，経験をこれまでとは異なるものと捉えるようになった。そして今は「教え方は（生徒への）メッセージである」と解釈している。この考え方は私が心から納得したものである。もし子どもたちを取り巻く世界をその子たちが理解するように望むのであれば，私は豊かな経験を得られる環境を用意しなければならないのだ (Russell & Bullock, 1999, pp.138-140)。

教えることと教えることについて学ぶことに関する研究は十分になされているとはいえない。しかし学生と教師教育者双方の視点を生かし，丹念にこのような個々の実践を検証して教師教育のペダゴジーを生み出し，さらにそれらを整理して構造化して示していかなければならない。

知の発展：学問知（エピステーメー）と実践知（フロネーシス）

教師教育者にとって重要だと思えることが学生には重要と思えないことはよくある。全く役に立っていないと思うこともある。教師教育者のあたりまえは学生にとってはあたりまえではない。また教師教育者にとっては教育実践に応用可能な知識であっても，学生にとっては抽象的すぎるし理論的すぎるということもある。教師教育者には自明であっても学生にとってはそうではない (Kessels and Korthagen, 2001, pp.21-22)。

そこで教師教育においてどのように実践知が発展し共有されていくのかということを考察するうえで，学問知と実践知を意識しておくことが大事である。前者は科学によって導かれ，抽象的な言葉で記述され，客観的だと考えられている知であり，後者は経験から導かれ，ある特定の場において通用する知である。実践知が教師教育者と学生によってどのように発展し共有されるのかということについてよりよく理解するために，学問知と実践知の区別は重要となる。

コルトハーヘン (Korthagen, 2001a) は教師教育を「課題山積の営み」と述べ

る。その視点は学問知と実践知の両者の輪郭を捉えるうえで極めて重要である。学生にとっては，学問知は実践上の問題を解決するうえで必ずしもすぐには役立たないものである。教えた経験がない者は実践についての一般化された知を解決に結びつけることができないのである。学生たちは，教師教育者からのアドバイスが，自身の経験から引き出されてきたものでないために理解できずとまどってしまう。しかし教師教育者は，それで十分に問題に対応できるはずと考えている。

　実は，教師教育者もまた同じような問題に直面する。なぜなら長い年月をかけて構築されてきた教えることについての知は，教師教育者にとってもまた，自身が抱える問題を解決するために必ずしも役立つわけではないからである。教えることを教えるための知を身につけていくうえで，教師教育者もまた学生たちと同様に実践における緊迫した状況や，ジレンマや問題点を経験する必要がある。教えることについての暗黙知は教師教育の発展のために時に明白に提示されることが必要である。どのようにその実践を行ったのかではなく，なぜその実践を行ったのかを問われる必要があるのだ。問題とその解決法は同時に存在する。

　実践知は学問知への中間地点である。実践知はさまざまな状況における実践の類似点や相違点の吟味の下で試され，再定義され，立証されて「より確かな知」となる。教師教育において，わかるように教えることが中心でないとしたら，学校でどんな実践ができるというのだろうか。

ペダゴジー上の合理性
Pedagogical Reasoning 刊行によせて /1.2/1.3/3.2/3.3/5.1/5.2

　ショーン (1983) のことばである「教育学的推論」を，本書では「ペダゴジー上の合理性」と訳している。教師の行為は，教えることと学ぶことの関係性や教え手と学び手のやりとり，教師個人の関心などをも包含した概念である「ペダゴジー」を勘案したうえで，何（内容）をどう（pedagogy）教えるかについて PCK（Pedagogical Content Knowledge：学習内容についてのペダゴジー上の知識）(p.7参照) に基づく合理的な説明ができることが望まれる。行為の選択は，混沌としたゲシュタルト（Korthagen, 2001）の中から瞬間的になされるが，その根拠は「声に出して思考すること」(1.3参照) や，批判的友人との対話，事例研究等のさまざまなリフレクションによって整理されうる。また，学生にはモデリングを通して示すことができる。

☞ Loughran, J., Keast, S., & Cooper, R. (2016). Pedagogical Reasoning in Teacher Education. *International Handbook of Teacher Education.* pp.387-421.

コンテンツ・ターン／ペダゴジカル・ターン
Content Turn / Pedagogical Turn 0.1/3.3/4.4

　教えることにおいては，その内容（content）を追究する大切さと同じように，あるいはそれ以上に，教えることと学ぶことの関係性や教え手と学び手のあり方などに留意したうえで内容をどのように扱うか（pedagogy），その方法について考えることが大切である。ラッセルは，これまでの内容重視の教育からペダゴジー重視への転換の重要性を主張している。

☞ Russell, T. (1997). Teaching teachers：How I teach IS the message. In J. Loughran and T. Russell (eds), *Teaching About Teaching：Purpose, Passion and Pedagogy in Teacher Education* (pp.32-47) London：Falmer Press.

1章　教えることを教えるとは

1.1　教師教育者であるということ：ペダゴジーへの焦点化

（2.Being a teacher educator：A focus on Pedagogy）

ペダゴジー　　暗黙知　　隠れた前提　　自己理解
教師教育実践　　経験　　セルフスタディ

　助教になった時点で，私たちはすでに公立校や大学などで教師としての十分な経験を積んでいた。着任当初からカリキュラム構成や評価の仕方についての理解はあったし，教科指導，生徒や学生の指導においても多くの引き出しがあった。しかし残念ながら現場経験や知識があることや実際にそれを活用できることは自分たちの思うほど強みにはならなかった。私たちが教えていたのは教師で，教えることに関する問題というのは単純に系統立てて解決できるものではなかったからだ。

(Guilfoyle et al., 1995, p.36)

　教師から教師教育者になるのは簡単なことではなく，多くの教師が教師から教師教育者になる過程で上述のような問題を抱えてきた (Ducharme, 1993)。教えることについて教える，ということに対する社会からの要請や期待が変化してきていることが背景のひとつにある他，教師の主な役割が教えることのみと捉えられているのに対し，教師教育者の役割はそれ以上のことを包摂したものとされているためである。教師教育者となることが難しいのは現場経験や実践の知識を十分持っていることとそれを他者に教えられるということが同じではないというところにある。さらに，教師として教えることと教師教育者として

教師に対して教えるということの違いや元教師としてのそれまでの学校との繋がりやアイデンティティが教師教育者としてのアイデンティティ構築にもたらす影響もある (Smith, 2003)。このような中で教師教育者は教師から教師教育者としてのアイデンティティを新たに築きながら実践を理論化し知識やスキル，その原理も含めて教えることを身につけていかねばならない。預金型教育 (Freire, 1972) にあるような単なる情報の伝達を超えるため，教師教育者は暗黙知を問いただし，実践を批判的に検証し続ける姿勢を持つことが求められるのである。教師教育の場というのは教えることや学ぶことにおける知識や実践上の発見や洞察がすぐさま現場で適用され，継続的に検証されていく場でなくてはならない。それが教師教育のペダゴジーを開発する環境や期待，実践を生みだしていく際に不可欠となるからである。

教えること：独自の学問領域

　暗黙知が批判的に検討されていない実情があるが (Duckworth, 1991)，背景には理論と実践の乖離という問題がある。教師の知識には文脈に依存した主観的な個人的知識と，抽象的で一般化可能な公的知識がある。現場教師が公的知識を権威あるものとして認めながらも現場にそぐわない，とするのは，その背景にクラスや子どもなどの特定文脈に強く規定される個人的知識の存在があるからである。現場教師の知識や技能は変容する環境に適応的に対処する力や指導内容を融合する力など実に幅広く，公的知識はそうした多様で複雑な日々の実践の中では即効性に欠けるものとされるのである。ただ，重要なのはこれらの知識を二項対立の構図で捉えるのではなく，実践と理論の双方それぞれが互いの良さを活かしあえるよう，双方の関係や教えることと学ぶことについての複雑さを理解していくことである。

自己を理解する：前提を問い直す

　多くの教員養成課程は教職履修生たちが自分の考え方や，問題対処の仕方について省察することを促すようデザインされている。ここでは学生たちが自

己理解を深めることを奨励することが重要となる。これは学生たちが自分自身を深く知ることによって他者の学びをどう支援していくかについての理解が深まるからである。教えることについて教えるうえで自己理解が重要なのはこの自己が教育実践に直結して表面化するからである。この自己理解はすなわち私たちの深層に潜んでいて実践に影響を及ぼしている隠れた前提や当然のことと思っていることを追究，解明し，それを受け入れていくことを意味する。教師自身にとって必ずしも明白になっていない隠れた前提に意識的になることを学んでいく必要があるのである。

　トランブルは実践の中の隠れた前提から生じる困難さの本質を捉え，教師教育にまつわる思考を説明する概念枠組みを提供した (Trumbull, 2004)。

1. よい教師は作られるのではなく生まれるものである
2. 経験こそが教師になるうえでの最良の教師となる
3. よい教師は適切な技術を獲得するために訓練されている
4. よい教師は学びを最も上手に促進する
5. 慎重に構造化かつ分析された経験によって最良の教師が生まれる

　最初の2つは教師の成長において教師教育の影響はさほどなく，教師教育者のすることはせいぜい教師としての「力を見極め」，「適切な環境に導く」ことぐらいだという結論を導き出してしまう。3.では教師教育者は専門的な訓練者であり，その役割は最新の教育方法によって適切に新人教師を育てることであり，「コツやわざ」を収集することであるという結論につながりやすい。

　一方，最後の2つは，理論と実践の乖離を改善する方向性を示す。新しい理論に根づいた専門家による知的実践として教師教育を捉え，教師教育の現場で理論を学ぶことの重要性を示している。教師教育者はその責務として教師の持つ才能が拓かれるよう適正な環境を提供すること，特定の技術獲得を促すトレーニングを提供し，教師の学習を保証すること，経験を重視しつつも体系的な理論も持ち合わせることが求められている (Korthagen et al., 2001a)。学問知と

実践知のどちらがより重要,というようなものではなく,経験そのものと,経験について体系的に思考していくこと,双方の重要性を強調しているのである。

　教師教育者にとって考えや行動を規定している隠れた前提に意識的になることは容易ではない。ただ,この前提こそが私たちに自分自身の価値観や行動の意味,目的を与えているため,教えることの複雑性を探求し教師教育を発展させていくためには断続的な前提の問い直しが不可欠となるのである。

　こうした個々のものの見方の背景にある前提が重要になるのは,秘められている可能性に気づくためであり,そうした前提を明示化し,問い直していくことによって教えることの複雑さを他者とともに協働で探究していくことに繋がるからである。教師教育のペダゴジーを開発していくうえで,実践の背後にある前提を問い直していく,という取り組みが継続してなされることが重要である。

経験は理解に先立つ

　教師教育において経験の重要性が強調される中で,経験することこそが学ぶことであるという誤った考え方が持たれやすいことが問題点として指摘されている。デューイは思慮深い学生の成長を後押しするためには経験が重要であることを説く一方で,すべての経験が真正に教育的なものであるとは限らないということを強調した (Dewey, 1938)。これは教師教育において経験と学習の関係に注意を払うことが重要であることを示唆している。これに関してシュワブは省察過程における対話と熟考の重要性を長年強調し続け,学びのコミュニティにおける省察が多くの教育課題に対処していくうえで必要となる視点を生み出すとした (Schwab, 1978)。また,教育実践の4つの要として学習者,教師,教育環境,指導内容を挙げ,経験を元に省察することや,経験を共有して経験から学ぶことの重要性を示した。これは教師教育者にとっても重要な視点である。教師教育の学びのコミュニティの中での議論が教師教育学の開発において欠くことのできないものであるとして,クラークとエリクソンは上述の4点にセルフスタディの概念を加え,継続的に実践を問い直していくことの重要性に言及している (Clarke & Erickson, 2004)。

曖昧なことを明確にするために学ぶ

　私は，教師教育者自身も教室内での教師教育実践の経験を通して学ぶことによって自分の実践改善の方法を見出したり，新しい視野を獲得したりすることを学んだ。

　私は月が地球の周りを公転する様子を探求的に学ぶという授業でロールプレイを導入した実践を紹介したとき，自分自身も月の「影の部分」として活動に参加した。実際自分はロールプレイにはなじみがなかったのだが，実際に体験してみることで教えることに関する多くの示唆を得た。内容の理解が徐々に深まるにつれてその内容が新しい形を帯びていくこと，そしてその学びとともに教室が生き生きとしていくこと，そんなことを自分自身も学びの一部となって参加することで体験することができた。学生とともに体験的にロールプレイを経験することで自分自身も新しいペダゴジーの可能性に気づくという学びを得たのだ。

　筆者は実際に学生たちとともにロールプレイを通した学びを体験し，体験的な授業の前後で自分の捉え方が大きく変容したことを記述している。この事例は，学びを経験することとその体験を人に指導するということが別物であることや，教師教育者自身も経験を通して物事への理解を深めていくことが重要であることを示している。子どもたちや学生の学びにおける経験の重要性は広く認知されているものの，教えることを学ぶ教師教育者の学びにおける経験の重要性はあまり検討されていない。この事例は教師教育者にとっても経験を通した学びが重要なものであり，理解が経験によって導き出されることを示している。こうした他者との経験的な学びの中にエリクソンら（Clarke & Erickson, 2004）が紹介するセルフスタディの重要性があるといえる。

　セルフスタディは教師教育者が意図的に自身の教育活動を振り返り，教えることについて学ぶことで（Clarke & Erickson, 2004），実践を新しい視点から理解することを促す（Fitzgerald et al., 2002）研究である。これは教師教育者が実践を改善し，学生の学びに対する理解を深めていくうえで重要な方法であり，教師教育プログラム全体やその目的を理解する助けとなるものでもある（Clift, 2004）。

　ここには実際に教室でのトラブルに端を発して実践を振り返り，その結果学びが生まれたセルフスタディの事例が紹介されている。以下は当時社会科の教員養成を担当していたディンクルマンの事例である（Dinkleman, 1999）。

ディンクルマンは，教室で突然不満を露わにして，泣き崩れる学生を前に理由がわからず悩み，クラスの学生のひとりに思い当たる理由を尋ねた。そして，問題の原因が授業中のディンクルマン自身の行動にあったことを知る。授業中に見せる自分の表情が学生には厳しく断定的なものとして捉えられており，それが結果的に自分の理想とするオープンな教室空間を生み出すことを阻んでいたのだ。学生間のオープンなやり取りを引き出すことを教育理念としていたディンクルマンであったが，無意識の内に見せていた自分の表情が逆に学生の活発な議論を阻害し，結果として自分の理念とは逆の結果を導き出していたことを知ったのである。思い描いていた状況とは全く違う結果が教室内で起きたことや，それが自分の無意識の行為によって引き起こされていたことを知りディンクルマンは自分の信念と実践の食い違いに葛藤する。この後彼はこれを契機として教室内での学生と自分のやり取りを省察し，改善策を検討，実践へと移していく。

　この事例には，個人レベルでの教師の視点では気づき得なかった問題に対し，他者の視点を入れるというセルフスタディのアプローチをとることによって新しい気づきが得られ，問題に対処できたことが示されている。ディンクルマンは学生がもたらした気づきを契機として自分の信念と実践の不一致に目を向けることができた。さらに，こうした経験をきっかけに主体的に自身の実践を省察することによって，教室内での学生たちとのやり取りの本質について理解を深める機会とするようになった。この一連の経験を通し，ディンクルマンは元々抱いていた教師－学生間のやり取りに関する認識を大きく変容させている。このような意識変容や理解促進がなされたのは，ディンクルマン自身が教師教育者として学ぶこととその学習の契機として実践過程で直面した困難とを受け入れたからである。信念と実践の不一致という事実と向き合うことによって教えることに関する教師教育者としての学びが深まったのだ。この事例は教師教育に携わるすべての教育者に以下の重要性を喚起するものである。

・自明の事柄を問い直すこと
・自分自身の指導における無意識の行動に意識を向けること
・学生らと教えたり学んだりする場を共有すること
・教師教育者自らも学び手であることを忘れないこと

この事例は教師教育者自身の現場での経験こそが教師教育のペダゴジーを捉える新しい視点をもたらしてくれるものとなること，その経験こそが普段意識していないものに意識を向け専門家としての知を発展させる契機となること，さらには経験をきっかけとし教師教育者自身も学び続ける学習者であるということを継続的に自覚することが重要であることを示している。

概　要

　いかなる学問領域においても，知識を構築したり活用したりしていくためには，その学問の基礎を成す理論的前提や，実践方法や体系的構造についての批判的な分析が推奨されねばならない。教師教育においてはそれらが推奨されるだけでなく，そうした学びが明白に教師教育実践の中で示されなければならない。教師教育者は実践を批判的に検討し分析するとともに，ある一定の技術や方法論を伝えるということを超えて，教師教育の複雑さや難しさと向き合っていく必要がある。教師教育者として自分の実践の弱さや困難，暗黙の前提と向き合う，という学びは時に困難を伴う。しかしながら学びの途上で自分自身の脆さを他者の目にさらし，議論の場に開いていくことこそが実践改善の要となるのである。それはこれから教師をめざす者にとっても教師教育を担う者にとっても重要な視点となる。教師教育改善のためにひとりひとりが持つ専門性や技能，前提条件，教育観の見直しを図らないのであれば，教育は単なる情報伝達の場，技術力を追求する場となってしまうからである。

　教師教育は，教えるという実践や「教えることについて学ぶ」ということの特性が継続的に探求されながら，展開されるべきものであり，それゆえに厳しい試練となるものでもある。教えることについて学ぶうえで見落とされている部分，見過ごしてきた部分に目を向けていくことこそ実践改善を推進していくものとなる。教えることが内包する困難で複雑な特性を受け入れ，それに応えていくことこそが今後の教師教育のペダゴジーの開発をもたらすものとなる。

1.2　教えるということ：厄介な営み

（3. Teaching：A problematic enterprise）

> 教えることの複雑さ　　気づき　　統制と対処　　問い直し
> モデリング

　　教育の理論と実践の差異に直面して初めて自分自身の教育実践が変わった…。実践において葛藤は尽きることはない。しかし反省的実践家としての教師を育てるのであれば，自分自身の実践についての考察を学生たちに明らかにしていくうえでこの葛藤は欠かすことができない。現場で避けることのできない矛盾や葛藤を教師はいかに経験するのか，学生は他者の経験を通して学んでいくのだ。ここで重要なのは一般的に思われているよりはるかに複雑な「教える」という営みをその複雑さを損なわぬようにいかに学生たちに伝えていくかである。　　（Zeichner, 1995, pp.20-21）

　教えることは一見整然としたことであるように思われるが，教師たちの語りに耳を傾けると，水面下ではさまざまな選択や決定がなされていることや，その背後には衝突や対立，葛藤や緊張関係があることが明確に表れる。しかしこうした葛藤や緊張関係には問題が生じるまではそれらと向き合うことができないという特性がある。さらに問題自体が複雑で混沌としているためにそれらを描写することが非常に難しいという現実もある（Berry, 2004a）。

　教師の発達や成長は現場で何を見とり，何を理解するかに大きく左右される。個々の教師が実践上の探究にどれだけの時間や労力を費やすかはその人の意思決定にかかっている。これはまさに教師の学びや専門的実践の特徴を示すもので，専門家としての学びは断続的な試行錯誤や省察と分析によってなされ，個人の実践から理論を創出し，それを将来の実践のために活用していくものであることを意味する（Myers & Simpson, 1998, p.58）。こうした教育観が浸透することによって困難な状況を解決していくうえでの重要な点に焦点が向けられるようになるのである。

難しい問題を受け止める

　教えることの複雑さを言葉にしていくうえでの困難は，教えることが混沌としており明確なビジョンが描けないことにある。複雑な問題に対してわかりやすい解決法を求めたくなる若手教師にとっては特にこうした状況は安心感があるものとはいえない。しかし，こうした教えることの複雑さの中にこそ実践を探究する機会や専門性を構築していく方向性を見出す可能性が存在しているのである。答えのない問いと向き合うのには大きな心的負担が伴うが，それは大きな活力を与えてくれるものであり，専門家としてのやり甲斐を与えてくれるものでもある。

　メイソンは気づきを通してこの現場実践の難しさを理解することができるとしている（Mason, 2002）。気づきは状況を別の視点から捉えた時に得られ，気づくためには3つの要素が必要になるという。ひとつにはその場，その瞬間に敏感になるということ，2つには働きかけにそれなりの理由を持つということ，そして3つには別の教育的働きかけを選択肢として心に浮かべるということである。専門家であるためには将来的に実行しうる働きかけに気づいていることや，より明確かつ的確に働きかけの理由を説明できることが重要である。何よりも専門家とは自分がしていることに気づいている人たちなのである。

複雑さに目を向ける

　教師は日々いろいろな場面で気づきを得るものの，ある点に焦点化していくことは非常に難しい。しかし気づくべきことに焦点をあてることによって，教えることを複雑にしている別の要素を削ぎ落とすことができ，実践の複雑さや実践の全体像が見えてくる可能性がある。現場の混沌状態は複数の要素や要因が混在しているために複雑で予測不可能であるが，この複雑さの中に自分自身の実践を改善するための手がかりがあるのである。それは常に教育現場で当てはまるとは限らないかもしれないが一定の法則を見出すことに繋がる（Hoban, 2002）。

ここでホーバンは教えることの複雑さを理解するために統制と対処の差異に言及している。教師のスキルや知識，専門職としての自律が注目されるのは，教師が現場で多くの生徒とのやりとりに対処するからである。教師は問題に対処することによって教えることの難しさに対する理解を深めていくという。ここで，統制に依拠する「伝達－受容」のアプローチは対処とは全く対照的なもので，たとえ事態を統制することができなくともアプローチの方法の問題点を捉え，どう対処していくかの方が重要である。教師はその過程で自分自身の指導の成果や実習生たちの学びの効果に対して理解を深めていく。

　教えることを理解するというのはその複雑さを認識することであり，だからこそ教えることを教えることは非常に難しい。実習生や新人教師は現場実践を新しい視点で見る必要性があり，そうすることによって複雑な実践現場の中にある可能性に柔軟に対応するとともにしっかり焦点化していくことができる。

　教えることについて教えるための方法は多様にある。学生が困難に直面する過程で相反する課題によりよく対処できるようになるために，徐々に統制を控えることに違和感を覚えなくなるような学びの支援もある。一方で教師教育者自身が経験した類似の経験に即して対処法を提示するという支援方法もある。多くの場合，新しい見方をすることは教えることを教えるうえでの複雑さに対処するひとつの方法となる。なぜならばあるできごとが起こっているときにそこで何が起きているのかを見極めるためには，その実践から距離を置いて改めて見直すことに慣れていなければならないからだ。

自明のことを見直す

　オーストラリアでは教師教育研究グループ，PAVOT（Perspective and Voice of the Teacher［教師の視点と意見］）に参加する教師の教室での実践をさまざまな観点から検討し，教えることに対する新しい視点を提供しうるデータを検討した。その結果，プロジェクトの中で以下3点の明確な結果が得られた。

・慣習的な実践を見直し，その場面で何が可能かについて新しい概念を構築

する
・学生の学びとその結果生じる変化に対する理解を深める
・新しい実践を生み出す

現在の実践を見直すこと：PAVOT の参加者はルーティン化した指導から離れ，今行っている実践を批判的に検討し，説得力あるデータに基づいて新しい洞察を生み出した。結果として，教育目標や成果がより明確になり，ペダゴジー上の合理性を理解することに対する価値が共有されて，実践に対する意味ある変化が生まれたのである。その結果，教師としての専門知や教育実践の複雑さが明らかになるとともにより知的にそうした複雑さに対処していくことが可能になった。

学生の学びと変化：学生の学びや変化に対する理解を深めるために PAVOT のメンバーは学生の視点から教室内で何が生起し，または生起しなかったのかを検討した。学習を阻害する要因に着目することで学習者の成長とその進度が予測可能となった。興味深いことに，教師たちはこれまであまり着目してこなかった成功事例における学びに対してより目を向けるようになった。また学びに目を向けた結果，学習成果を上げる条件を整えようと挑戦したり，忍耐強くなったりして自信もつき，学びの支援も増えた。

新しい実践を生み出す：実践の開発は現状を改善していく意欲の結果として生まれる。それは単純に改善のための改善ではない。むしろ現状の手続きやルーティンが不満で，それに責任を感じて調整したり，実践を発展させようとしたりした結果として生じる。教師から教師教育者になったジェイソンとカールはその過程で学生たちに学ばせたい実践について学んだ。そして自分たちの教師教育の実践が学生たちの力量形成に及ぼす影響に強い関心を示した。「教師教育は学生たちが自身の成長を自分のペースで進めていく場所を提供すること」であるという見方をしていたが，その経験を元に学生たちにモデルを提示し，学生たちと学びを共有していくという新しい観点を持つようになった。

現場実践の中心にあるジレンマや不安，難問は実践について教えていく根幹となる。学生たちは教えることについて学ぶうえでこうした問題にも目を向け，ジレンマや葛藤と向き合っていく必要がある。そして教師教育者にとってもそれは同様である。だから教師教育者は教職課程で教えられていることが教師の実践において有効かどうかといったレベルを超えて，どのようにそのような学びが明らかになるのかに焦点を当てるべきであろう。なぜならば実践上の問題の中には理論が生起する過程を検討することによってより明白にその問題を説明していくことができるものもあるからだ (Pinnegar, 1995, p.67)。そしてそれ以上に現場で起きる問題が議論されるようになれば，学生と教師教育者は実践によくあるのに明示されにくいような知の部分をともに考えていくことができる。

　教師の知識は全体的で見えにくく個人的意味に彩られたものだ。もし教師の知識が，教えることの直接体験つまり教師教育の授業の中で，個人的意味合いを捨象せずに開示，分析され理解されるとしたら，学習者たちの過去のエピソードが呼び起こされ，未来への可能性との対比が起きるに違いない。こうすれば，実践のダイナミックな性質が，個人的な能力に対する脅威としてではなくペダゴジーに関するより刺激的な学びとして見えてきて，教師たちの専門的知識の性質と，その実践への適用のありかたに光が当たることになるだろう。

　さて，教師から教師教育者になったジェイソンとカールは，教えることについて進んだ知識を持っていると思って教師教育の道に入ったという。しかし彼らはそういった知識について話す共通言語を持っていなかったことに気づく。モデリングというのは，単にやってみせるということではなく，教えることを教える場で，「何でもあり」のカオスの場に首を突っ込むということかもしれない。これまでの実践で当然と思っていたことに疑問を持ち始め，自分の実践について改めて学び，また学生たちにそれをどう教えるかについて学ぶにつれ，彼らは今や教えることの複雑さを認めるようになった。

モデリング：実践を考察する

「教えることについて教える」際，どんな出来事も，それが良いものであってもそうでないものであっても，モデリングの対象，つまり意図を持って批評され議論される対象になり得る。そのため，学生たちが，実践知から学べるよう，実践知を共有するための方法を発展させていくことが教師教育者には求められる。モデリングとは教えるという実践そのものが継続的に問い直されていくことを意味しており，モデル授業は，教師が知識を働かせる過程であるペダゴジー上の合理性や思考や行為に光を当てるために，実践のデリケートさや複雑さを見直していくためになされるものである。

困難さを明示化すること

「モデリング」を始めた初期の頃のこと，空気抵抗に関する授業を実際にやってみる中で学生の一人が突然静電気の話題を持ち出して，ジョンもその学生の発言を受けて静電気について一緒に考える一コマがあった。後にその場面でのジョンの思いを尋ねると「的外れな発言だとしても軽視はしたくなかった」と答えた。ジョンはいつもそんな感じで授業の「本題」からどんどん離れて戻れなくなること，自分の意見が的外れだった，と学生たちに感じさせないよう対処する方法がわからないこと，結果的にそうしたやり取りで授業の流れが止まってしまって，授業としては満足いくものにならなかったこと，を授業の振り返りの際に打ち明けた。

ジョンの自己開示を受けて授業やその振り返りをともにした教職学生の，ジャシンタは，モデル授業について以下のように振り返った。「教師として自分が思っていることが必ずしもそうは生徒たちに映っていない，っていうことなんですね，先生方もそういう困難を経験なさるっていうことが見られて良かったし，こうして経験の裏側で先生方がどんなことを考えていらっしゃるかを見られたり，それについて話しあえたりするのはいい機会になります。」 （Berry & Loughran, 2004, pp.17-18）

ベリーとロックランのモデル授業は教師教育者も自分たちが経験しているような困難を経験しているのだ，ということを示すものとなり学生たちに大きな安心感を与えた。しかしながら教師教育者が困難に感じていること，当惑している状況が，教職学生には単純に見えてしまうという問題点もある。学生からすれば，モデルとみなされるものは，その状況に対応するということよりも

その問題の解決法と思えてしまう。これは事例の中から「どのように」対処していくかよりむしろ「何」をするかを学生たちが得ようとするためである。学生らは将来専門家としてどのように行動していくべきかを判断するために過去の教育経験を呼び起こし，現在の経験と組み合わせて考えていかねばならない。学生の段階では自分の実践の方向性を決定づける際，どうしたら「正しく」行動できるかを重視することが多い。しかし現場の困難さは常に同じように見えるわけではないため，モデリングなどで「何」をするか，ではなく「どのように」対処するかについて多様な観点から議論する場が設けられることが必要となるのである。

　本章で示されている事例では教えるということを開示する際，教師教育者であっても状況への対処に対する正解を持ち合わせていないこと，むしろ問題に対応するために奮闘していることを明白に示している。この事例は教えるということについて教えていくことの価値を強調するものである。実践の難しさが厄介で複雑なもの，として学生に理解されるためには教師教育者が何を教えるか，だけでなく「どのように」「なぜ」それが教えられるのかという点にも継続的に焦点化していく責任を負っていかねばならない。そうした指導を行うことによって「教える」ということの難しい特性が学生にとってより現実味を帯びた自然なものとなっていくのである。

概　要

　教えることを教える，ということに関わる問題を完全に受け止めていくうえで教師教育者は自分自身の実践に自信を持たねばならない。それは「良い実践」「悪い実践」に関する知識を頭に詰め込んで授業をすることではない。教えることを紐解くうえで自らの弱みを開示する自信が必要であり，教師も学び続ける必要性がある存在であることを伝える必要があるのである。教えることを教えるうえでこうした実践上のジレンマや課題に焦点を当てることが求められるのはそれによって現場では見えにくく可視化しづらいことが明示化されるからである。

教師教育におけるモデリングは熟考された内容とその内容を教えることの2つを同時に教える役割を果たす。モデリングは教師としての想定や教えることと学ぶことについての認識が考察の対象になるという点で怖さを伴う。しかしながらそうしたリスクの中で学習者を個として尊重しながら自信を育むことは教えることについて教える場合には特に重要となる。それゆえ，モデリングにおいて教師教育者は自らの暗黙知を積極的に明らかにすることが求められるのである。

　教師教育とはすべての教職履修学生が教えることと学ぶことに関して抱いている思いを問い直すために学ぶ場である。それらは多くの場合現場実践の中では見えにくかったり言語化され取り出されて検討されることがなかったりする。教師教育は教師教育者がそういった過程を示していくべきところであり，それが求められている場なのである。そうした過程こそが，専門的実践を理解する中核となり，教師教育のペダゴジーを開発する基礎となるのである。

Glossary & *Further Reading*

モデリング　　*Modeling*　　1.1/1.2/1.5

　授業の進め方や生徒とのやり取りなどに対する深い理解を促すためには，教師教育者が自分自身の実践を通して意識的，明示的にその複雑なプロセスに含まれる意思決定過程とそこでの教師教育者自身の省察のあり方を見せることが有効である。下記文献では実際のモデリング事例が紹介されている。一方で学生がモデルの模倣に頼ったり，自分の実践を正当化したりすることで，教師としての創造的な実践が矮小化される危険性も指摘されている。

☞ Loughran, J. & Berry, A. (2005). Modelling by teacher educators. *Teaching and Teacher Education*, 21, 193-203.

☞ Lunenberg, M., Korthagen, F., & Swennen, A. (2007). The teacher educator as a role model. *Teaching and Teacher Education*, 23, 586-601.

1.3　暗黙のものを明らかにするということ

(4. Making the tacit explicit)

> 教師が持つべき知識　　言語化　　実践記録　　不快な実践経験
> 協働　　暗黙知の明示化

教師が持つべき知識を考える

　教師は何を知っており，何を知るべきで，何ができるか。これは教えることにおける知識の本質を問うものである。伝統的な教師教育では，研究者が生み出した知識を公的な知識，教師が授業等の実践から生み出した知識を実践的知識として区別してきた。この区別は今日広く受け入れられている。公的な知識は社会的重要性が高く大学でのもの(理論の世界)であるが，実践的知識は学校や学校教員のもの(実践の世界)，というように。そのため典型的な「従来型の教職課程」は，大学で理論を扱い実習校でそれを適用する構成となっている。

　しかし近年は上述した理論と実践が乖離するような教師の知識観に対しオルタナティブが提起されてきた。ショーマンは教職の知識 PCK：Pedagogical Content Knowledge，つまり，学習内容についてのペダゴジー上の知識を定義づけたのみならず，教師はいかにそうした知識を身につけ発展させていくかについても検討した(Shulman, 1986, 1987)。「わざ知識」という考え方もある。わざ知識を枠組みとすることで教師は教える際の原理，原則を見とることができるようになる。そして，なぜこの授業ではこう振る舞い，他のやり方をとらなかったかと省察することができるようになる。こうしたわざ知識は教師教育プログラムを構築していくうえで重要な役割を担う。その他，実践のための(for)知識，実践の最中の(in)知識，実践についての(of)知識という区分がある。これによって，「実践者の立場からの探求」という概念が構築された。(Cochran-Smith & Lytle, 1999)。「実践者の立場からの探求」とは教師の知って

いることと実践に対する姿勢を意味する言葉である。それは学校教育においてどのように知が構築され，評価され，用いられるのか，さらに学校改革における教師の個人としての，また集団としての役割に関わるものである。

ここでの議論の核心は，専門職に必要な知識と実践との関係にある。というのもこの関係によって教えることについて学ぶことへの関心が促されるからである。学生たちが知識，技能の獲得のみならず，それらをどう発展させ調整し，言語化していくかも学べるよう，この関係性を学生たちに明示していく必要がある。それゆえにこの知識を言語化していくことが不可欠であり，どのようにそうした知の言語化を教師教育者らが行っていくかが重要となる。

教えることの考察

先行研究から教師志望の学生は「すぐ役立つネタ集」を欲しがる傾向が強いことがわかってきた。学生は教師教育者（メンター）の専門知に注目するように促されもしないし，教師教育者（メンター）も教師教育におけるその重要性を理解していない。また彼らは被教育経験の範囲内で，学校や授業での出来事を見ることが明らかにされてきた。学生は「自分が期待するように見る」のであり，教えることを学ぶ際にも同じ態度で臨む。「学生は自分の授業に使えそうな行為を観察するのであり，「教えること」を支えている認識・知識には関心がない」（Zanting et al., 2003, p.207）のだ。

こうして学生は，教えることを学ぶこととは，技術を蓄積することと誤解する。この誤解を解くには，教師教育者が自分自身の実践を解体し，そこにある知識の正体を明らかにし顕在化することが早道だ。学生が教師教育者の持つ知識にアクセスできることは学生にとって決定的に重要であり，かつ，教員養成が果たすべき核心的役割のひとつである。

教師教育者が持つ知識はどうすれば解体できるか。まず教師教育者が自身の持つ知識の本質を真摯に追究することである。そして，その知識が「教えることを教えること」に関する概念化にどう役立つか，実践にどんな機能を果たしているか，またどんな機能を果たすべきか，を明らかにすることだ。そのた

めに日々実践できる具体的な方法には以下がある。
- **声に出して思考する**

　教えることについて教えることを声に出して思考することは，教師教育者である自分自身の実践を客観視するのに役立つ。しかしこれは容易ではない。クラスにおいて信頼感が醸成されており，そのうえで声に出して思考すべき時を選ばなければならない。そうでなければ教師教育者のふるまいが，学生の目には目的合理性を欠き，その場しのぎと思われる危険性があるためである。声に出して思考することの目的を明確に示すことは，実践の最中に専門的知識を明るみに出すことをねらいとする授業設計で最も大切だ。

　たとえばベリーの授業のディスカッションで，議論に上手く乗れず苛立ったり議論から降りてしまったりする学生が多い時があった。その時にベリーは，うまくいくかどうか自信はなかったものの学生の議論を一端さえぎった。そしてなぜこのディスカッションに問題があると考えるか，もし議論が同じ調子で進んだ場合そこで得られる成果がどのようなものかの見通しを説明した。そのうちにベリーの頭の中でディスカッションの方向性を変えるためのアイデアが閃き，整理され，実際にそれを試してみた。その際なぜ教え方を変えるか，それによってどのような効果を目指しているか説明した。ベリーは即興的に教え方を調整する度に，その理由や期待される効果を逐次話すことで，学生は実践そのもの以上に学びを方向づけする実践の省察過程をも観察することができたのである。(Loughran, 1996, pp.33-34)。

　考えていることを声に出していくことによって教師教育者は実践を言語化する方法を開発し，学生がそうした専門的知識に触れることができるようになり，専門的知識について議論するための共通言語を身につけることができるようになる。ベリーがここで駆使した専門的知識は，授業中に生起する葛藤をいかに見出し名づけるかを知ること，である。こうすることで，学生からアイデアを引き出すための活動が，逆に学生が黙って意見を言わなくなってしまう，といった意図せざる状況になることを防ぐことができる。専門的知識は実践上，必ず起きる葛藤を和らげてくれる。この例でいえば，ディスカッション

が盛り上がらないことへの対処方法を言語化して明白に示すことで，授業中の葛藤を緩和するために教え方を変更する過程を学生の前で実演したことだ。この実演が授業中の凍り付いた空気の正体を暴く機会を創り出した。こうして実践を支える専門的知識は単なる命題的知識を超えて理解される。専門的知識は実践のための (for) 知識をさらに探求していくうえで基礎になるのは確かだが，実践の最中に (in) 働く知や実践について (of) の知の特定の側面が教えることを教える状況の最中で開発され，解体され，応用されることも確かだ。

　教師教育者が声に出して思考する効果はまだある。声を出すことで，学生は教師の実践について何を，なぜ，どのように教えるのかについて質問することを促される。専門的知識の特定の側面についての学びは教えることを学ぶ経験の重要な一部分であり，他の働きかけの可能性や情報を収集したうえでの判断の重要性に気づくからである。さらに教育的働きかけの方針転換についての学生からの質問や懸念に答えることで，経験と専門性との違いが明確になる。

　ただ経験しただけであれば，似たような状況下では同じ結果をもたらすことが何となく見えてくる。しかし専門性とは，意図した学習成果の達成に適切な教え方を選択するプロセスの中に埋め込まれているものである。専門性は選んだ教え方を使いこなすことではなく，その選んだ方法の適切性を理解し，変化する状況ごとに特有の文脈的ニーズに応じて方法を調整し応用できることである。「声出しアプローチ」を選択する際も同様である。単に声出しアプローチを経験するのではなく，その経験から学び，経験を通じて学ぶことこそが，専門性構築には決定的に重要なのだ。

　教えることの専門性開発の際に見過ごされやすいのは，ある経験が汎化され，別の状況でも活用可能なものとなるためには各々が知識や経験を今後の実践に繋がっていくように検討し，統合していくことが求められるのである。とはいえ教師教育者が学生に知識と経験を結合させることはできない。できるのは，学生が知識と経験を結合できるような経験を創り出すことだけであ

る。教えることを教える際には，何をすべきかを伝え，他者が何をしているかを見せるだけでは十分ではない。説明することで実践からより多くの情報を引き出すことができ，そして，成果を上げるペダゴジーには専門的知識が重要であることを明瞭に示すのである。

・**実践記録をつける**

自分自身の実践について記録をつけると，必然的に事前・最中・事後にリフレクションをすることとなり，実践を支える思考の入り口となる。記録を通じてそれを読んだ学生から自分の実践について疑問を呈され，検討・批判されることになるのである。さらに，学生が記録を読むことで私のモデル授業は「単に教えてみせること」以上のものとなる。

ベリーが教える1年制の学士号取得者向けの教員養成コース「生物学教育法」の授業でも，学生がペダゴジー上の合理性を理解するのに実践記録が有効だった。実践は困難な営みであるということを伝えたかったため，彼女なりの根拠を持って記録すべき事柄を選択したこと，そこでの気持ちの葛藤を伝えることもこの実践記録のねらいだった。質問紙調査の結果では，学生たちは彼女が教師として何をしていると考えていたのか，その理由は何か，さらには教師がどんな難しさを抱え，事前の予測と実際とは何が異なって機能したか，といった教師に共通する問題・関心・不安を知りたがっていることが明らかになった。実践記録はセルフスタディへの触媒となり，部分的だが実践のベールを剥がすことができた。たとえば (i) 教育的意図と学習を促す行動とは常に調和するとは限らない，(ii) 同じクラス内でも複数の受け取り方が存在するし教師教育者と学生の受け取り方もそれぞれ異なる（「異なる世界」(Perry, 1988)），(iii) 教授における意思決定を教える思想や考え方はたくさんあり，どれがいつ有効であるのかを選択するのは難しい，等。また記録をとることで普段は考えもしない「なぜか」を考えねばならないことに学生は気づく。授業の不確実性に気づき始めた学生を支援することは，教師教育者にとっても（どうしたらいいか），学生にとっても（なぜそれに取り組まねばならないか），要求水準が高い課題である。ともかく，教師教育に携わるからには，教師は自分が直面する実践上

のジレンマを明らかに示すことから逃げてはならない (Berry, 2004b, pp.22-24)。

・**実践を揺さぶる**

　モナシュ大学のダブルディグリー・プログラムに「カリキュラムとペダゴジー」という科目がある。これは特定の教育場面を模して設計されており，誠実で専門的な観点からの批判を通じて「教える」という実践を解体することがねらいである。教師は教えもするが，学生に批判もしてもらう。学生が教師の実践を批判し，その後に学生が同じようなプロセスを経験することになっている（第3章を参照）。したがって，学生は仲間を教え，その授業を専門的に批判する経験も得るのだ。複数の役割（教師，批判者，報告者）を果たし，また授業の録画テープを見ることで，実践への洞察を深める。この科目でのひとつの成果が，授業における不快な実践経験がプラスの学習効果を生み出すことがある（Mason, 2002）ということだ。

　この科目を開講したねらいは，学生が教えることを体験できるような「安全な場所」を提供することであり，(教員養成コースでよく見られ，また実習においてなおさらな)「私のように教えなさい」と教師が期待することなく，学生が自身の実践理解を深めるためである。

　この科目では，それが有用だと考えられる時には，学生がジレンマを感じ混乱するような場面をあえてつくる。学生が不安になったり不快感を覚えたりするような実践は，実際の状況への対処を学ぶ機会を提供するもので，教えることについての学びを個人的にも意味があり前向きなものとするものである。もしそれが不適切な実践や行為の批判や正当化，教えることと学ぶことの乖離で終わるのであれば意味はない。同僚性のある学びは，それが実践を揺さぶるアプローチであることに配慮しつつエピソードに対するアドバイスやフィードバックを得る方法であり，また暗黙知の明示化を促し続けるひとつの方法である。

・**他者と協働する：一緒に教える**

　教えることの追究，発展のために意識的に変わっていくことの重要性を示したフランは，そのために，① 個人的なビジョンを形成すること，② 探求すること，③ 熟達すること，④ 他者と協働すること，の重要性を挙げた (Fullan,

1993)。この「協働すること」は暗黙なものを明らかにし、知識・スキル・実践といった専門能力を開発させるという意味で教師教育にとって重要だ。協働することは学びにとって必須にもかかわらず、これまでほとんど取り入れられてこなかったため、学校で教えることと教師教育とが分離し、実践は見えない活動として概念化される傾向が強まった。

　教師がともに働き専門的にサポートし合うといった協働は実践を改善に導く。互いに共有し学び合うことで、現在の実践の枠組みの発見と組み換えをもたらすからである。「パートナーがリーダーでもフォロワーでもなく、その時々に応じて適切な役割を果たしてくれるような、同等で全面的な参加者である」(Minnett, 2003, p.280) とき、効果的な協働が実現される。これは私の経験からも頷ける指摘である。私も「カリキュラムとペダゴジー」の授業において同僚と協働して教える幸運な機会を得、教えること、そして教えることを学ぶことについての本質について教師教育者として多くを学んだ。

　授業について自由で率直な議論をしたおかげで、ひとつの事象を複数の目で見て、私たちが暗黙に持つものを徐々に明らかにすることができた。その結果、実践に関する知識は広がり、批判を通じて磨かれた。また、教えの瞬間に応答していくには自信を持っていることが大切なこと、そしてその自信はチームティーチングを通じて醸成されることも明らかになった。

　協働することで、実践についての信念や見方、思想が明らかになる場面を創り出せる。そうした場面のおかげで、普段は気づかず疑問を持つこともないようなことから、分析・探究・研究対象となるものが姿を現す。協働して授業をすることは、学生のピア・ティーチングと同様に、教師も教育実践につきものの快・不快の感情を思い出さざるを得ない。それゆえに協働を通して自分たちがどのように行動しているかだけではなく、なぜそのように行動しているのか、に意識的になることができ、それが暗黙知を明示化していく核となるのだ。「カリキュラムとペダゴジー」の授業では学生・教師両者に共通の教育課題(「行為と意図との間のズレに気づく」「「教えること」の意思決定にはさまざまなタイプがある」、等) を見出した。これも成果のひとつであった。

・**自分自身の実践を，学生の目を通して検討する**

　同じクラスで「異なる世界」(Perry, 1988) が存在するのは学生にとっても教師教育者にとっても重要な課題だ。教師が意図を明確に示せば，学生が誤って解釈することはなくなる。それにも増して教師教育では，ペダゴジー上の意図は教えることについて学ぶことに関して不可欠であり，付加的な重要性を持つのである。そうすれば暗黙知を明示化する必要性は容易にわかるようになるだろう。そうすることで，意図が思いがけない方向で解釈されたり，学生が意義ある実践を見逃したりするようなことが減ることになるだろう。

　教師教育者が自分自身の実践を学生の目を通して見直すきっかけとなるのは，学生時代に自分はどのような態度をとったか思い出したり，新たに経験したりすることだ。たとえば，次のような時に私たちはどんな態度をとるだろうか？　見下して話されたとき，時間いっぱいにたくさんの情報を詰め込まれたとき，意見を求められたのに次の瞬間に却下された時，あるいは情報がつまったスライドを見せられたとき，等々。しかし教壇の上に立つと，私たちも同じように振る舞っているのだ。

　自身が学び手であるときと教え手であるときとは，実践に対する見方はかなり異なる。ここに注目して教育実践をすれば，教えることと学ぶことの双方向的な関係が生まれる。学生の目から自分自身の実践を見とることは教師教育において本質的だ。なぜなら，学生が教えることを学ぶためには，教師がそのプロセスについて理解していることをモデル化していなければならないためである。学生は教えることをすぐ学べるわけではない。

　自分自身の実践を学生の目を通して見る方法はさまざまだ。共通するのは，教師の実践 (学生にとっての授業) がなぜそのように行われているかを伝える重要性である。根拠を伝えることで，学生は，教えることについて何を学べばいいか自分で決めることができる。教師が自分自身の授業での振る舞いを説明し，なぜ正当化されるか理由を述べることで，学生は，教師の振る舞いが，教育上の確信や過去の経験，学生についての知識 (文化背景や関心，心配事) に基づくものであり，決して気ままで偶然の産物ではないことを見とるのだ。

1.4　共通言語：教師教育のペダゴジーのための知識を概念化すること

（5. A shared language：Conceptualizing knowledge for a pedagogy of teacher education）

> 実践知の明示化　　理論と実践の乖離　　パラドックス　　葛藤
> 公理　　サマリー・ステートメント　　確言

　教師の専門的知識の理解は簡単でなく，それを教えることはさらに困難で，それに関する文献もわずかしかない。この難しさゆえに教師教育については単純な解決策が受け入れられやすい。とりあえず単純であるかのように議論することで理論と実践の乖離に起因する難しさを増幅させがちである。しかし幸い，学問知と実践知を区別することでこの困難に対処できる。

学問知と実践知

　ケッセルズとコルトハーヘンは，理論と実践の不一致に関心を持ち，プラトンとアリストテレスの合理性についての古典的論争（学問知対実践知）を再検討して，理論と実践を架橋した（Kessels & Korthagen, 2001）。伝統的教師教育プログラムは「理論は教育実践に役立つ」「理論は科学的研究に基づかなければならない」「教師教育者は教師教育プログラムに含まれる理論を選択する必要がある」という3つの仮定に基づいており，そのどれもが理論と実践の乖離を生むとコルトハーヘンは考える。これらの仮定は，学問知が実践知よりも重要で価値があり正確であるという誤解を招く。学問知の中核を成す一般的規則を知ることは必要だが，実際には状況の具体的細部を知り一般的規則がその状況にあてはまるかどうかを熟慮する経験もそれに劣らず重要なのである。

　理論と実践の乖離は二者択一のシナリオを作り出し，現実をトータルに捉え，適切な熟慮に基づいて可能な選択肢を検討することを妨げる。教えるということについて教える場合には，学問知と実践知のバランスを取る必要があ

る。どちらも必要なのである。決定的に大事なのはそれぞれの使い方である。学問知は問題を認識するうえで重要だし，実践知は問題に対処するうえで重要である。

　本章ではこれから専門的知識を明示化した例をいくつか取り上げる。専門的知識は往々にして学問知と見られがちだが，学問知を発展させるのは実践知であり，実践知を発展させるのに学問知は役立つ。知識の内容はその使い方を通じて理解される。両者は相互補完関係にある。

実践知の明示化

　実践知を明示化し，教えることについて教えたり学んだりするのにふさわしいやり方でそれにアクセスする必要性は以前から認識されてきた。カルダーヘッドは，教師教育者や実習生が学ぶ複雑な過程にもっと注意を払うべきだと述べた (Calderhead, 1988)。彼がとりわけ強調したのは，教師教育のプログラムで教えることに関わる専門知がどのように提示され使われるのかを論議するために，教師や学生や教師教育者が共通言語を持つ必要性であった。彼が学生に勧めたのは，教えるために学ぶ過程を自覚して，専門性開発における自分自身の経験を分析し，教えることに関する知識と技術を獲得するということだった。

プログラムの諸原理

　ノースフィールドとガンストーン (Northfield & Gunstone, 1997)，そしてクロール (Kroll, 2004) は，教師教育プログラムの中で教えることがどのように概念化され実践されたかを明確にして完成まで繰り返し試すというアプローチを取って，教えることを教えることについての原理を作り，そのプロセスを記述した。ノースフィールドとガンストーンは自分たちの実践を振り返り，一連の原理がどのように議論され修正され解釈されてきたかを述べたのである。

　教師教育者は学生たちのニーズや関心を知ってそれに応える必要があるが，一方で，教師の知識について学生が抱いている皮相な見解に気づかせること

も重要である。このような理解に基づいて作られた6つの原理は，教師教育者たちが専門職として直面する課題に取り組むことを助けるものである。

1 教えることとはケアの倫理を呼び起こす道徳的活動である
2 教えることには振り返りと探求の姿勢が必要となる
3 教えることは開発的で構成主義的なプロセスである
4 教える内容が重要である
5 同僚との強い結びつきを築くことが必要である
6 教えることとは政治的な行為である

これらの原理は，学生たちが教えることや学ぶことの本質を理解できるように，伝統的な教師教育プログラムを支える3つの仮定への挑戦を促している。あらかじめ想定していることに挑戦し，理解したことを行動に結びつけ，実践を批判的に検討するように工夫して作られている。そして，最も重要なのはこれらの原理が実践に具体化される方法である。

パラドックス

　一方，個人的な実践を定式化した専門的知識も存在する。パラドックスである。パラドックスの本質を探究したウィルクスは，教えるということについて教える際にパラドックスの果たす役割を観察し，それが教えることについて考えるための有効な手がかりになると主張した (Wilkes, 1998)。パラドックスは実践を支える土台を解明するだけではなく，実践に対処する新たな方法を見つけるためにも役立つからである。直感と異なる行動が，その時は正しいと思えなくても結果的に望ましい結果をもたらすことがある。パラドックスは矛盾する言明のように思われるが，一見矛盾していると思われる言明も，よくよく吟味してみると矛盾していないことがわかるのである。

　パーマーもパラドックスの語を用いて自分の実践観を説明し，パラドックスとは，正反対のものを並べてびっくりさせ眠り込ませないようにする方法であ

ると述べて,授業をデザインするときに彼が意識的に用いるパラドックスを6つ挙げている (Palmer, 1998)。それらは「閉じつつ開きなさい」「他者をもてなすことで自分に充電する」「個人の声も集団の声も聞きなさい」「沈黙も語りも歓迎しなさい」など,パラドックスには教室内部の個別の問題や葛藤に対して教師を敏感にする力があるが,それだけでは十分ではなく,「教えることと学ぶこと」の相互作用という文脈でひとつひとつのパラドックスの特殊性や状況の固有性に絶えず気を配る必要がある。パラドックスを扱うのは容易ではないのである。

　パラドックスは葛藤をはらんでおり,その葛藤を理解し活用することが実践知を明示化する新たな手段を提供する。葛藤は,教えることについて教えるという文脈で理解されるとき実践に役立つ。教えることに内包されるパラドックスの理解が有益だとすれば,その知識を教えることについて教えることにあてはめて考えると,教師教育のペダゴジーの概念化に役立つに違いない。

葛　藤

　ベリーは,教師教育者の仕事における目的が矛盾していたりあいまいであったりすることを指摘するため,葛藤 (tension) という概念を用いて教師教育実践の学びを明示化しようとした (Berry, 2004a)。葛藤とはたとえば「(教師が) 伝えることと (学生が) 成長すること」「自信を見せるか不安を見せるか」「共に動くか逆に動くか」「建設的な学びの体験か不快な体験か」「経験の持つ強い力の承認か経験の上積みか」「計画的かその都度の対応か」といったものである。葛藤とパラドックスは,与えられた状況に対処する最善の方法はないとする点で似ている。葛藤状態に耐える経験を持つことによって,意識的に反対のものでバランスをとることができるようになる。葛藤に取り組むことによってペダゴジーは開発され拡張されるのである。

　さて,ベリーが葛藤という言葉で示唆したのは,教師教育において教えることと学ぶことの関係性を変えていくためにはしっかりとした専門的知識が必要だということである。葛藤を,失望やフラストレーションを引き起こすもの

と否定的に捉えるのではなく，成長と学習にとって必要で好ましい要素と捉え直す，つまり，葛藤の存在を認めそれに対処することは，教えることについての専門的知識を，実践の中で問い，批判し，分析する機会を提供するのである。

公　理

次に，パラドックスや葛藤と似たような仕方で実践知を明示化する公理を紹介する。セネーゼは，実践をよりよく理解する助けとなる3つの公理（axiom）を定式化した（Senese, 2002）。3つとは，

1. 悠々として急げ
2. ゆるむために締めよ
3. 影響を持つために統制を放棄せよ

である。

これらの公理はどれも葛藤や皮肉をはらみ，直感とは相容れない。どの公理にも正反対の力が働き，葛藤が内在している。これらの正反対の力を適切に理解して活用すれば，教師や学生の成長を支援できる。公理はパラドックスや葛藤同様，実践の本質をつかむと同時に，ペダゴジーを効果的に用いるために必要なホーリズム，つまり全体感覚を表現している。

セネーゼは自分の実践を振り返り，混沌と見えたものが実はパターンを含んでいることに気づいた。自分の実践から距離をとって観察し，経験を一般化し，パターンを認識し，名づけた。また，教えることと学ぶことにおける矛盾を進んで受け入れることを学ぶにつれて実践知が確立されていくと知った。自分がすべきだと思うやり方ではなく，むしろその反対を考えることで自分の実践をよりよく理解できるようになった。

パラドックスや葛藤という言葉が用いられることによって明らかになったのと同じように，公理という概念によって教師教育に対する理解が拡がった。命名されたひとつひとつのアプローチは実践に対して重要な視点を与え，より大きな視点からの大切な局面の把握を可能にした。名づけることは実践知

の伝達に役立ち，単独で何かを伝えるよりも多くの意味をもたらすのである。

　公理は十分な観察や「学ぶこと」についての事例から導き出されているという意味では一般化可能なものだが，その実践が特定の文脈に合わせてなされるという点からすれば特徴的ともいえる。実践のための青写真やレシピではないが，振り返りを通じて多様な選択肢の存在を示唆するガイドとして機能する。

　パラドックス，葛藤，公理には実践におけるバランスを見つけるという共通課題がある。一般的なものと特殊なものが相互に作用してペダゴジー上の成果へと結実するようにバランスをとれば，実践についての専門知が確立される。

サマリー・ステートメント

　ノースフィールドは，教えることや学ぶことについての生徒の捉え方と自分の捉え方にズレがあると感じ，自分の実践からの知識を記録し収集データを分析してまとめ，サマリー・ステートメントを作成した (Loughran & Northfield, 1996)。ステートメントは個別具体的な事例やエピソードの類似性を検討した結果得られたものである。それらを合わせるとより広い視野で教えることを捉えられるようになる。

　サマリー・ステートメントは5群 (学ぶことの本質，学習環境の構築，学びに対する学生の視点，教えることと学ぶことの過程，対応全般)，24項目からなる。サマリー・ステートメントの背景には「固有の知識」(Kessels & Korthagen, 2001) があり，これらの経験が一般化され，「教えること」と「学ぶこと」一般についての価値ある洞察が導き出されている。こうして個別的なものと一般的なものとが結びつくことによって意味ある実践知が創出される。

　サマリー・ステートメントのような知を検討する時，教師教育者の持つ「教える」という役割と，「教えることについて教える」という二重の役割が重要な意味を帯びてくる。たとえば「学びには努力とリスクを負うことが不可欠である」という時，それが教師教育の実践の中で実感されねばならないのだ。

学生にとって，サマリー・ステートメントのような専門的知識の価値は，教えるということから構想されるもっと大きな絵が存在することに気づかせるところにある。教えることについて教えるということには，経験の特殊性を超えて有意味な一般化がなされ，学ぶことの本質に目を向けさせるという価値がある。サマリー・ステートメントの5つの群は，異なる要素が相互作用して，教えるということについて大きな絵を描くのに役立つ。

確　言

　教えることに関わる知に形を与え明示化するのに有用な別のアプローチは，確言（assertions）を使うことである。実践にはパターンがあり，パターンを知ることは実践に役立つ。これらのパターンは確言という概念で捉えられ，新しい別の経験が意味を獲得するのに伴ってリストが更新されてゆく。確言の多くはセルフスタディによって明らかになったものである。

　「上質の学習は学習者の同意を必要とする」というノースフィールドの見解に私は衝撃を受け，教えることは学ぶことを保証することであるというそれまでの考えを破棄させられた。教えた結果，何かが伝えられて意図された学習が起きると想定するのは自然なことである。しかし学習者は何に注意を払うかを選ぶ。そして注意を払うということと学ぶということとは同じではない。つまり，学習者は何をどう学ぶかを選べる立場にある。上質の教育を行うことは教師ひとりでもできる。しかし上質の学習には学習者の同意が必要である。

　学級経営について，初任教師に対するロジャースのメッセージは，トラブルを引き起こす生徒の一次行動に焦点化し，問題の無用な拡大につながる二次行動に反応してはいけないというものであった。こうした考えは授業でよく教えられるし，そのためにロールプレイやシナリオその他の方法が用いられる。しかし学生の多くは，その種の情報を知り理解はしても，そこから学ぼうとはしない。なぜなら彼らはその種の教師になろうと思っていないからである。

　学級経営について多くの場で教えたにもかかわらず，学生がトラブルに巻き込まれるのを見てきて，教えたから学んだことになるという私の暗黙の前提

がさらけ出された。私の意図に反し，教えたことは実践に繋がらなかった。

　教えることと学ぶことの矛盾に直面させられることは，これを「上質の学習は学習者の同意を必要とする」という確言を通して見ると異なる意味を帯びる。つまりそれは，教えるとは情報を伝達することという見方を超えて，学習者の要求にどの程度応ずべきなのかという問題を提起するのである。そのとき，概念は，理解できてもっともだと思われ役に立つものでなければならない，というポスナーらの考えは問題解決に役立つ（Posner et al., 1982）。

　学生が状況から学ぶ手助けとして一次行動と二次行動を区別するという提案は理解できるしもっともであるが，しかし実践で使えなければ意味がない。そして学生は自分で実践してみてもっともと思わなければ，実践で有効性を試してみようとは思わない。

　「教えることについて教える」という立場からこの問題を考えてみよう。学習者の同意が得られるかどうかは，自身の実践において「もっとも」をどう解するかにかかっている。「教えることについて教える」という同じ状況が，教えるとは情報を伝達することだと考える者と，それ以上のことを含むと考える者とでは，まったく違って見える。上質の学習がなされるのは，情報や考えをきちんと説明できるというのとは違って，実践で行動に移されるときである。

　教えることについて教えようとする場合，学習者の同意を促すのに必要なのは「正解」を与えることではなく，学びへの真の要求を作り出すことである。そうすれば学生は，考え方や情報をどう解釈したり展開したりしたらよいかわかるのである。そして状況の中で自ら考えた対応や行動は，意味のある特徴的な仕方で発展するのである。

　「上質の学習は学習者の同意を必要とする」という確言は，自身の経験やエピソードと結びついたとき，教えることについて教えるためのアプローチの概念化に役立つ。確言という形式を通じて，教えるということの複雑さによりアクセスしやすくなり，自身と他者の実践についてより多くの情報を提供できるようになるのである。ただし，どのように実践されねばならないかを指示するのではなく，可能な行動について考えるのを手助けする。

こうした考えをさらに推し進め，「不安な経験は建設的な経験になり得る－リスクをとることが重要である」という確言と関連する学級経営の問題を考えてみよう。学生に自分で授業アンケート（有効性テスト）を作成するように促すことは彼らにリスクを負わせる。学級経営の状況に直面させられることで抱く不安が，授業アンケートを実施する際に必要な認知的推論を曇らせる可能性があるからだ。リスクを取って状況をどう感じ，どう統制したらよいかがわかれば，将来どう対応したらよいかよりよく理解できるようになる。学生が自身の実践を研究し，自分が何をどのようにしているかをよりよく理解できるようになれば，彼らは自分の実践の新しい見方を探し，実践を概念化できるようになるのである。

　ここに挙げた確言などの専門的知識は，実践に影響を与え，類似の経験をまとめるガイドとして働く。実践についての専門的知識は，経験を一般化して実践についての共通理解や視点を見出していく過程であると同時に，それらを用いて実践状況に内在する文脈的な差異を解釈し，それに応じたやり方を見つけていく過程と捉えられるだろう。

概　要

　本章で論じたのは，教師教育において理論と実践を乖離させるのは得策ではないということである。教師教育者は，教えることについて教えるために共通言語を持つ必要がある。そうして生み出される専門知は，アクセス可能で使用可能なものでなければならない。原理，パラドックス，葛藤，公理，サマリー・ステートメントおよび確言は，そうした共通言語の例である。これらの明示化の形式は，一般的レベルでは学問知と特徴づけられよう。しかし学問知は，実践知の中に埋め込まれている。より適切にいえば，学問知は実践知を通して作られるのであり，一方は他方抜きでは意味を持たないのである。共通言語が教師教育の実践を強化し，専門知を豊かにすることは，数々の経験が証明している。

　ボイヤー（Boyer, 1990）は，学者であるということの意味や学問の本質に思い

をめぐらし，教えるということと研究とをもっと包括的に理解し，両者を総合することを学界に要請した。ショーマンは，ボイヤーの呼びかけを承け，教えるということについての学問は，①公共性をもち，②会員によって批判的に検討・評価され，③会員によって活用され発展させられる，という三条件を満たす必要があると述べた (Shulman, 1999)。これらの条件が確証されることで，教師教育のペダゴジーは開発される。本章で略述した明示化のアプローチは，実践についての専門的知識を公開し，批判的に検討していく途を拓く。そういう知識を使用に供することが教師教育者の役割である。しかし，そのような専門的知識を使用したり，それに立脚したりすることは，それが何を意味し，どう省察され，自身の実践でどう実現されるかを熟考することで強められるから，ここに実践の個人的原理という問題が新たに登場してくる。教師教育者ひとりひとりがそのような原理を個人的に開発し，改良し，明示化することにより，教師教育のペダゴジーは基礎づけられるのである。

1.5 実践の原則

(6. Principles of practice)

> メタ認知　　モデリング　　リフレクション　　矛盾
> 枠組みの構築・再構築

　教師教育においてどのように教えるかはとても大切なことである。教師教育者は教えることを教える時に，口頭で伝えるより，自身の教える行為で示すのが良い。たとえばホワイトヘッドは教師教育者の働きかけとその意図が全く矛盾していることを指摘し (Whitehead, 1993)，ミシェルは学生の受動的な学びから能動的な学びへの転換における教師の働きかけの重要性を指摘している (Mitchell, 1992)。教師教育者が自身の教えるという行為への焦点化を通して実践の考察をすることはもはや避けられず，自分の信念と実践を繋げる試みが必要とされている。

自分自身の働きかけに意識的であること

　教師教育においては，どのような働きかけが学生の実践観に影響を与えるのかということを定式化できるレベルで意識することが大切である。私たちの教える行為は往々にして矛盾に満ちている。たとえば生徒がじっくり考えるために正解がない問いを出さなければならないと講義する一方で，正解がひとつしかない，しかも誰にでもわかるような質問をしていることはよくある。また学生には生徒が答えるのを十分に待つようにと言いながら，教師教育者は学生の答えを待たずに次から次へとあてていくこともよくある話である。

　教師教育者は，自分の教室における実践を学生と共有し，教えること，そして教えることを学ぶことの二重の役割に焦点を当てる必要がある。その際には，過程をただ真似していくだけ，あるいはたださまざまな方法を駆使して教えることを教えているだけでは十分ではない。教えることと学ぶことの特性に

ついて十分に理解を深めていかなければならない。この試みはその教師教育者の働きかけの理由や，その基盤である哲学や信念についての考察につながる。さらに学生はその手順だけではなく，なぜそれが効果を上げるのか（あるいは上げないのか）という実践の複雑さについても考えなければならない。そして自らの被教育経験に関連づけて，教師教育者の教育観や教育思想とその実践について質問をすることも大事になる。

実践原理を明示する必要性

教師教育には根強い誤解が存在する。それは伝えて示して導けば，学生たちはよい教師になるというものである。しかしヴァン・マーネンの教育的タクト（van Manen, 1991）に類する語としてのペダゴジーという概念を現実的なものとみなすのであれば，学生たちは教えること＝伝えることという概念に疑問を持たなければならない。そのためにも実践の原理は学生たちにも明白かつ明確でなくてはならない。

ブローは自身の教師教育において重要だと考える原理を11挙げている（Bullough, 1997）。それらは，① 教師のアイデンティティは大切であり，教師教育は教えている自己の探求から始まる，② 教師のアイデンティティの探求は学校制度とその社会的背景の考察を必要とする，③ 民主主義における社会思想および教育の目的の理解は大切である，④ 教師教育では学生の信念を尊重しながらもその信念を問うていかねばならない。社会における一定の価値に対して支持的でありかつ尊重しつつも教師教育は異議を唱えなくてはならない，⑤ 教師教育プログラムにおけるさまざまな決定は信頼関係を醸成するために，明白に言葉で説明されることが大切である，⑥ 自分自身の学びに責任を負うか否かは学習者に委ねられている，⑦ 最善の実践というものはないが，教育の質についての評価は教育実践の発展においては行われるべきである，⑧ 教師教育における意味は個人が形成していくものである，⑨ プログラムの継続性とは，学習内容が単に配置されていると学生が感じるものではなく，自ら継続しているのだという感覚を学生自身が作り出す機会になることこそが

重要である．⑩ 学びを言語化したり，他者とその言語を活用したりすることは専門家の職務の一部である．⑪ 教えることは新しい方法や技術の探求とともに，データに基づく意図的な自己評価を同時に進行させることを必要とする．

ブローはこれらをリスト化したが，教師教育における基本的な前提とはせず，自分自身の実践を考察するための「窓」，教えることについて教える教師教育者たちが個々の実践を概念化するための触媒だと捉えた．

私は自己の実践における原理を関係性，目的，モデリングの3つに分類した．3原理はそれぞれ複数の要因を含んでいるうえに，相互に関連し合っている．したがって，この中では関係性が一番重要だと思っているが，これらは階層分類できるものではない．

教えることは関係性に基づく

教えることは人との関係性に基づいて行われる．もちろんこの関係性は教えるべき内容を伝達する技術だけではなく，信頼を育み，対話を通じて問題解決をともに図ることを含んでいる（Bullough & Gitlin, 2001, p. 3）．学習者個人を理解するということは，どのような働きかけが学習の動機づけや興味関心を引き出すために効果的なのかを理解するための基盤となる．そしてよりよい人間関係を構築することによってグループ内のダイナミックな相互作用についての理解も深まる可能性がある．したがって学習者個人のニーズと関心事を把握するとともに，学習集団の理解も重要になる．これらは相互に影響を与える．個人の学習ニーズをよく理解すれば，集団における相互作用の理解も進む．同時に集団は学習者ひとりひとりから構成されているということに注意すべきである．学習集団は個々の学生たちが抱えている共通の課題や心配事から分離している存在ではない．だから教育的タクトを重んじる教師はグループ内の刻々と変わる相互作用に対して敏感であり，集団の学習状況に肯定的かつ意味のある働きかけを行う．

・感受性の必要性

　人間関係を構築するためには，刻一刻変化する場を意識するとともに，学生のニーズに興味を持ち反応することが必要である。ニコルは聴くことを「聴き取り」(listening for) と「傾聴」(listening to) に分けて論じている (Nicol, 1997)。前者は教師の設定している目標が達成可能かを判断するために学生の反応や思索の糸口，考えを聴き取ることである。後者は学生の経験や心配事を考えるとともに，ニーズに細やかな配慮をすることである。この聴き取りと傾聴のバランスが学生との人間関係を構築するために大切な感受性を構成している。また個人に対してだけではなく集団に対しても感受性を働かせること，個々の場面だけではなく全体の流れにも慎重な配慮をすることが求められる。しかしながら感受性を働かせるとは困難さや課題を避けることではなく，学習者に対する気遣いを示しながらもその問題に取り組むことである。そうすることによって学ぶということは安易なものではなく，時には困難な状況に向かい合いこれまでの自己の枠から一歩踏み出すことでもあると学生が理解する可能性も高くなる。

・信頼を構築する

　信頼は人間関係構築のうえで重要であり，教えることを教えるためにも必要不可欠である。教えるうえでの学生との信頼関係とは学ぶ意欲があるという期待に基づくものであるが，意欲の有無は目に見えるものではない。学生たちが教えることについての主要な概念の理解に意欲的であるということと，実践に活用するためにそれらの概念と向き合おうとしていると私が信じることが必要なのだ。

　一方で学ぶことにおける信頼，つまり学習者の視点も同様に大事になる。それは自身の提案や意見が興味深い方法で探求されることである。それは個人的なものではなく職業的なものでなくてはならない。自分の意見や提案が，教師を含む他の参加者から否定されないということを知っていることも重要である。そのような学びにおける信頼は他者を人として尊重するという考えを基盤としており，教え学ぶ場では参加者の自己肯定感を維持，発展させること

が重要な関心事となる。学習者にとって学びの場は安心できる場でなくてはならず，そこでは学習者が安心して悩みや心配を吐露することができ，教師教育者はそうした学習者の声を平等に聞き入れていくことが求められる。そうしたことが信頼関係を醸成し，ひとりひとりの学生が持つ多様な視点による議論を後押ししていくのである。

- **誠実であること**

人間関係を構築するためには誠実である必要がある。しかし誠実であるがゆえに時に自己肯定感が損なわれ，さらには教室における教師と学生の役割も損なわれる可能性がある。特に教えることについて教えるためには困難さや不確実さと誠実に向き合っていく必要がある。また教師としての弱さを示す必要があるし，学びの要素をその場にいる人たちの認識と関連づけて考察しなければならないのである。

誠実であるということは学生に対して誠実であるというだけではなく，自分に対しても誠実であるということだ。実習指導では学生たちが自分自身で気づけないことについて考察させる場面がよくある。クラークは「マシューを指導する」という報告書を書いている (Clark, 1997) が，彼は当初，実習生であるマシューに対し自分の実践を考察するようにと指導せず，彼の抱えている問題解決に重要となる点に目を向けるような支援を行わなかった。その結果，マシューの実践はうまくいかず，彼は自分の行動を正当化したうえで他人に責任を転嫁しようとしたのである。

そこでクラークはマシューの気持ちをしっかり聴くようにして，彼が自分の実践の問題をクラスで共有しようとした際にはアドバイスをするように心がけた。するとマシューは誠実に話すようになり，それをきっかけに彼と生徒たちの関係性も見違えるように改善された。その結果，マシューはこれまでは聞き入れられていなかった疑問にもきちんと耳を傾けるようになった。マシューが誠実であったのと同様にクラークも自分自身と教師教育者という仕事に誠実に向き合った。それはクラークのペダゴジーに重要な自己洞察を与えた。誠実さというものは探求されるだけではなく示されるものでなければならない

のである。

　教師教育者の誠実さは，その働きかけの適切さに影響を及ぼし，実習生が実践において抱える難しさに気づくことを促すのである。

・自立性を尊重する

　教師が一方的に仕切り，指示をする環境では意味のある関係性は生まれない。教師教育者と学生の間の有為な関係性を築くためには一定の自立性を尊重することである。学習者（そして教師もまた学習者である）は提示されている学習機会のどれを生かすのか選ぶ際に一定の自由があるべきだ。もしそこに強制性があれば，さまざまな物事に対する自らの観点や理解を関連づけ整理し総合して組織化するという学びというよりも，表面的な知識を吸収するだけの学習に矮小化されてしまうからである。また学習者はその能力を査定されたり評価されている感じがしたり，教師の思いを忖度しようとしたりする時は，自身の考えを深めたり，他者の意見を考え直したりしない。教師が判断を保留したり，学生の反応を待つ時間に意識的になったり，他者の声から学ぼうとしたりすることは，学びの成果の多様化を促す人間関係を構築していくうえで重要である（Loughran, 1997, p.60）。

目　的

　学生は教育観を「観察による徒弟制」を通じて発展させる（Lortie, 1975）。多くの学生は授業の目的は知識の吸収であると思っている。そのような観点に立てば教えることは，学習内容を整理して並べることでありその技術であると誤解されるのは驚くべきことではない。教育は技術的合理性（Schön, 1983）だという誤謬が広がり，ペダゴジーの目的が軽視されてしまうだろう。

　目的のある授業は学習内容を理解するために適切な方法を使用している。したがって教師教育における授業では，教えることについて教える経験を構築するために，学習の目的を明確に示すこと，伝えることが必要になる。同時に学生たちが教えることについて教えたり学んだりすることの目的を問い直していくことも推奨されなければならない。

目的という概念を扱うにあたっては，活動，手順，方略をはっきり区別する必要性がある。ミシェルら（Mitchell & Mitchell, 2005）はこの3つの違いを整理した。たとえば「マクベスの登場人物やテーマなどからコンセプトマップを書きなさい」という指示があるとする。この場合，

　活動にあたるのは，マクベスを読み込むというトピックの提示。

　手順にあたるのは，コンセプトマップを使うこと。

　方略にあたるのは，教師が，学びを促進するために，ある手順を自分の置かれている文脈や学び手のニーズに合わせていつなぜどのように使用するか調整・選択して用いることである。

　こうした活動に関して，いつなぜどのように，の部分を実際に体験できると，学生たちは「教えることと学ぶこと」の関係について学んだり，目的を置くことの価値を理解したりできるようになる。

・**積極的関与と挑戦**

　教えることについて学ぼうとするとき，学生たちには単なる知識の注入を超えて，ペダゴジカルな経験が必要となる。つまり，目的を持った学びや活動が推奨されるために情報が咀嚼され再考されねばならないし，そこでは学習者の積極的関与と挑戦を支えるペダゴジーが重視されねばならない。積極的な取組みや挑戦の背景には，知りたいという思いがあり，この思いによって学習者は学びを後押しされ，自分の持っている知識と新しい学びを結びつけていくのである。

　ペダゴジーが重要であるのは教師にとっても同じである。多様な学生の反応や多くの新しい概念の導入などの困難な経験に対して，教師も学習者として積極的に取り組むことが求められる。積極的関与と挑戦，この2つが「教えること」と「教えることについて学ぶこと」において重要なのである。

　またさらに理解を深めるためには問題を経験することが必要となる。興味深い事象に頭を悩ませたり，問題点を掘り下げたりする時に疑問や課題が浮き彫りになり，そこから積極的な関与と挑戦が始まるのである。それゆえこれらの疑問や戸惑いを引き出し，それらを探求の資源とすること，そして内容や

ペダゴジーについて「もしそれを行ったらどうなるか？」「なぜ？」「どのように？」と考えることは積極的な関与と挑戦のためのひとつの道筋である。そしてこの過程においてメタ認知が大切となる。学びについて考えることはその個人について考えることでもあるからだ。

- **メタ認知に意識的であること**

現職教師も教職履修生もメタ認知に意識的であることが必要である。「教えること」と「教えることを学ぶこと」などにおいては，どのように学んでいるのか，自らが考えることをどのように考えるのかなど，理解が深まる際に影響力を与えた考えや行動などにより自覚的になることによって多くの気づきが得られるからだ。これまで受けてきた教育経験に関する疑問や困惑について考え，実践についての考えを深めることは，教えることと学ぶことの目的を明確にする。学習者が自身の学びに主体的に参画することにつながる。

また教師教育者が自身の学びについてメタ認知的であれば，教職履修生もまたメタ認知的に教えることを学ぶであろう。学生たちは教室で自らの被教育経験についての疑問（しばしば公にはしないものだ）を明らかにすることを奨励されなければならない。「この授業の目的は何だろう？」「昨日の授業と今日の授業のつながりは何だろう？」「なぜこの授業の流れになっているのだろう？」「教えることについての学びにおいてこの手法はどのように，全体的な戦略につながっているのだろう？」などはすべて大切な質問である。このような質問は意味のある学びにつながる。それはつまり教えることを教えるうえで根本的な目的のひとつ，教えることの暗黙的な部分を明らかにするからだ。

モデリング

「私のいうようにやりなさい。しかし私のするようにやってはいけない」という決まり文句は悪名高い。しかし教師教育においては長い間決して珍しい光景ではなかった。実際にアメリカ合衆国の教師教育においては子どもたちが民主主義的な教育を受ける素晴らしさを学生たちは延々と聞かされてきたのである。このような専制的な教え方にきちんと直面すべきであろう。聞いて

いるだけでは学びは生まれない。教えることは相互交流することであり，やりがいのあることである。「あなたが説くように教えなさい」(Korthagen & Lunenberg, 2004) という責務は決して回避することはできないし，されてはならない。学生たちは学習者として相互交流のある授業を経験する必要があるだろう。

　モデリングとは，教師教育者が関わりながら学生たちが教育実践を観察し，そこから何か感じるとともに，経験すること，ふりかえること，分析することを明らかに示す方法である。そこでは学生たちがそれを経験することに焦点があてられ，教師教育者にはそれを説くように実践することが求められるのである。

　意図的であろうとなかろうと，教師教育者が意識していようとなかろうと教えることについての学びは生じている。それを意識すれば，モデリングは，学生たちが教師教育者の奨励する実践方法について知識を習得するとともに，それに対して考えることが含まれると言えるだろう。これは模擬授業や「私のように教えなさい」というメッセージを含むものではない。モデリングは，どのようにその教育手法を用いるのかとともに，なぜそれを用いるのかということに対する深い理解を促すことを目的のひとつとしている。そこでは想定外の出来事に対して教師教育者がどのように対応しているのかということも重要になる。モデリングは学生たちが実践における敏感かつ柔軟な姿勢を観察して経験し，技術の獲得ということを超え，専門的教育者として，トレーナーではなく教育者として成長していくことを促すひとつの現実的な方法である。

・リフレクション

　リフレクションにはさまざまな解釈があるが「問題」と「枠組みの構築と再構築」という2点は共通している。リフレクションの中心は何かを振り返る必要性にある。ここにおいて「課題」とは必ずしも否定的な意味を含むものではないということが重要だ。デューイはリフレクション的思考には，ほかの思考活動と異なり，①思考の端緒となる疑問や戸惑い，当惑や困惑，精神的な困難さを抱いている状態，②その疑問を解消し，当惑や混乱を解決し処理する題材

を見つけるために探求する行為の2点が含まれるという(Dewey, 1933)。それゆえに何が実践における問題なのかを認識することは実践の振り返りにおいて大事な第一歩といえる。

　また枠組みの構築と再構築(Schön, 1983)もリフレクションにおいて重要である。それは状況を観察し，定義づけし，それに説明を加えることによって別の観点からその状況を見ることができるようになるという一連の作業である。最初の枠組みは初期設定であり，その通常の状態を超えた何かを観察することによって別の枠組みの構築(再構築)が生まれるのである。つまり再構築は私たちの初期設定と異なるもの，そして通常の期待を超えていくものである。たとえば誰が何のために考察するのかによってひとつの出来事についても全く異なる見方ができる。熟考したうえで概念を把握できる適切な教育環境と機会を提供するために積極的に生徒に関わろうとしている教師は自分の計画や行動に関連するさまざまな要素からその状況を考察する。しかし学生はその課題を終えること，その課題に参加することの意義への疑問，その状況をなんとか乗り越える方法や，より楽な方法に関心を向ける。

　教えることを教えることにおいては，問題を認識することの重要性や，枠組みの構築と再構築が教育的働きかけにどのように影響を与えるかということを明確に示すことが，リフレクションの本質の理解につながる。枠組みの構築と再構築によって，教えることにおける課題の多さを明らかにし，ひとつの考え方や方法では全くもって不十分であり，唯一の正解というものがあるわけではないということを明らかにできる。それゆえに教師教育者のリフレクションの過程を明示することが大事になる。

- **リスクをとること**

　実践の幅を広げていくためにはリスクをとることが必要である。教師がなじみのない方法で教育実践を行うとき，何が起こるのか確信が持てない不安感を経験する。しかしそれによって新しい視点や理解も生まれる。不安感や困難さは特に教えることについて学ぶ大切な要因となる。それらを感じると人は敏感になりさまざまなことに気づくようになり「当たり前」を見直すようにな

る。新しいことやこれまでと違うこと，不確実な何かを行うというリスクをとることによって教えることと学ぶことに対する理解が深まるのだ。

　しかしながらリスクをとることは，あるリスクは別のことに対してはリスクではないという確信を必要とする。それゆえに実践の幅が広がるか否かは個々の自己肯定感やリスクをとる意義を見出せる能力に大きく左右されるのだ。教えることを教えるうえで教師教育者もリスクを負っていくことが重要になる。というのはそれによってリスクをとる重要性が学生たちにモデルとして示され，経験されるようになるからで，こうした状況はなじみあるものの中に疑問点を見出したり，特殊なものの中になじみあるものとの共通性を見出したりする状況を作り出し，学びを高めていくひとつの方法となるのである。

行動における実践の原則

　これまでに述べてきた実践の原則は教えることを教えるうえで私にとっては非常に大切である。実践の原則を整理することは，学生たちがひとつの実践を超え，教えることについて何をどのように学ぶのかということを形作るうえで重要である。それらは実践のリフレクションの基盤でもあり，セルフスタディを通じた教えることについての研究における触媒でもある。

　ピーターマンはワークショップに参加し，彼女の教えるうえでの哲学を書き出してみた (Peterman, 1997)。それらは，①よい学生を育てるよりもよい学生らしい行為 (studenting) を構築していくことのほうが重要である。この学生らしい行為とは学生らが学ぶためにしなければならないことである。よい学生らしい行為とは彼らが知るべき重要なことやその獲得過程を批判的に検討することが含まれる，②知識は社会的に構築される，③ケアの倫理はよい教師の行動を導き，よい学生であること，そしてよい学びを促す，というものであった。

　しかし彼女は実践記録を作成していく過程で，自分の指導理念と実践に矛盾があることに気づく。そのため，他者の視点から授業を見てもらい，彼女の指導実践と理念とを対比させるために同僚を授業に招いた。まず同僚を彼女のクラスに招いた。そして彼女の教室における実践と教育哲学を対比させて

みた。指導理念や実践をより詳細に探究することによって学生から得る評価の「真のメッセージ」を批判的に検討するようになったのである。
　この報告は彼女の自画自賛ではない。これは「説くように教えよ」ということを試みる際に伴う困難さやジレンマに直面することはどのようなものかということを率直に示している。それまでに直面してきた困難にもかかわらず，彼女は報告書の中で実践原理を明示していくことの重要性や継続して指導の目標と意図を精緻化していくことの重要性を指摘している。そうすることによって彼女は教えることの困難さを自らにもそして学生たちにも明白に示しているのである。これは教えることについてのリスクをとることを示しているのだ。結果は彼女にとって必ずしも心地よいあるいは肯定的なものではなかったが，非常に深い洞察を与えた。
　信念に基づいて行動することは単純ではないし簡単でもない。教師教育者の仕事は教えることについて教えると同時に教えることについて学ぶことである。もし学生のニーズに適切に対応しようとするならば，もし講義で語ることが教えることであるという概念に異議を唱えるのならば，教えることについて教えるという私たちの教師教育者としての実践はさらに重要であり，探求されていかなければならない。

2章　教えることを学ぶとは

2.1　教えることの学び手であること

(7. Being a student of teaching)

関心　自己理解　イメージ　アイデンティティ　信念

　教えることについて学ぶ中で，私は5回大きな危機に直面した。困難を経験する中で教えることに関するものの見方や姿勢が大きく変化したように思う。当初は教えることとはどういうことかをよく理解しておらず，最大の関心は授業をどうやりくりしていくかにあった。75分生徒をどう集中させるか，いかに興味深い授業ができるか，そんなことを考えていた。
(Smith, 1997, pp.98-99)

　学生は，教えることに対して強いイメージを抱いて教職課程に入ってくる (Lanier & Little, 1986)。イメージの大部分は，ローティ（Lortie, 1975）が述べた「観察による徒弟制」に基づいており，長年の被教育経験の中で無意識の内に形作られている。学生らが抱いている教えることについてのこうしたイメージはよくできていて強固ではあるものの，教えることを教師の視点から捉えているわけではない。それゆえに教えられる側から教える側へと移行する過程で学生たちはさまざまな新しい課題に直面することになる。

問題関心

　フラーは，教師の関心について質問紙調査を実施し（Fuller, 1969），「教えるこ

と」について学ぶ過程で教師の関心がいかに変容するか，段階理論を用いて示した。①実習前段階，②抱いてきたイメージと現実との差に直面し，実習を生き延びる段階，③自分自身の指導実践を見つめ直す段階，④生徒たちひとりひとりの学びを見つめ直す段階，の4段階から成る。

ホールとロックスは教育を変えていこうとする時に教師の関心がどこに向けられているかを調査し，その関心のレベルによって実践が変わることを明らかにした (Hall & Loucks, 1977)。この結果を，7段階からなる関心ベースの採択モデル (Concerns Based Adoption Model：CBAM)（表2.1）(Hall and Hord, 1987；Hord, et al., 1987) として整理し，教師の関心が個人からタスク，タスクから他者への影響へと移ることを示し，関心の移り変わりと同時に実践も変化していく，ということを明らかにした。

表2.1 関心ベースの採択モデル (CBAM)

関心の段階			関心についての表現
影響	6	再焦点化	私はよりうまくいく方法について考えている
	5	協働	今の私の実践と他者の実践をどう関連づけられるか
	4	結果	これは生徒にどのような影響があるか 影響力を高めるにはどう改善すればよいか
タスク	3	管理	教材準備にすべての時間を費やしている
自己	2	個人	これは私の実践にどう影響するか
	1	情報	もっと知りたい
	0	認識	興味・関心がない

イメージとアイデンティティ

「先生！　この授業つまんない！」

ミシェルはクラスのみんなが思っていたことを言った。十分な時間をかけて授業の準備をしたし，雑誌の切り貼りでポスターを作る活動は子どもたちも楽しむと思っていた。でも現実は全く違っていた。実際にはやっている自分も授業が退屈で仕方なかった。結局授業の終わりに出来上がったのは5枚のポスター用紙に貼られたたった2枚の切り抜きだけだった。

次の授業は黒板で説明をした。子どもたちは嬉しそうだった。

(教育実習生シャロンの事例)

　この事例はいかに教えることに対するイメージが教えたり学んだりする経験によって形作られていくかを示している。現場実践の中で生じた問題関心は教師の役割についての理解や教えることそのものについての理解に影響を及ぼすのである。ラボスキーはイメージの持つ問題点として，教育実習生らが事前に有する知識や信念が教師としての成長の妨げになることを指摘し，実習生たちが教師としての自己イメージと積極的に向き合えるようにしていくことが教師教育において求められるとした (LaBoskey, 1991)。実習生たちは自分の被教育経験に基づいて教えることに対するイメージを抱いて教職課程に入り，そのイメージは教育実習での実践の進展に影響を与える (Bullough, 1991)。こうした強固なイメージは日々の経験や他の教師の観察によって変容していく。ホワイトヘッドは，自分のイメージと実践にズレがあることを理解することこそが普段見過ごしていることに目を向ける契機となり，「実際の教育に生じる矛盾」(p.161 参照) の事例を示すことになるとしている (Whitehead, 1993)。教師はうまくいかない経験の中で自分の信念と実際の行動とに乖離があることに気づき，ズレに気づく経験をきっかけとして個人としても専門家としても成長していくのである。

信　念

　パジャレスは，信念は人の意思決定や人となりを決定づける重要な要素であるとし (Pajares, 1992)，教員養成プログラムの改善や実践の改善を検討するうえで教師や実習生の信念の体系を理解することが不可欠であるとした (p.307)。しかし医師や法律家のような他領域の専門家と異なり，教師になるというのはなじみのある領域に戻ること，つまり「インサイダー (被教育者だったので授業のことはよく知っている人)」として，学校や教室に再び赴くことなのである。そのためすでに持っている枠組みや考え方，特に潜在的な物の捉え方などに意識的になることの難しさがある。以下 16 項目はパジャレスがまとめ

た信念体系の特徴である。

1. 信念は早い段階で形成され，矛盾の中にあっても強く保持される傾向がある。
2. 信念体系は，文化の中で継承され，獲得される。
3. 信念体系は，世界や自己の捉え方を決定づける助けとなる。
4. 知識と信念は密接に結びついていて，新しい事象があるとその事象は信念つまり，感情や評価やエピソードを伴う内面化された思い込みを通して解釈される。
5. 情報は信念構造によって分類，再定義，再構築され処理される。
6. 認識論的な，つまり学問知によって合理的に形成された信念は，知識の解釈や認知のモニタリングの際に重要な役割を果たす。
7. 優先される信念は，他の信念との繋がりや関係，もしくは他の認知的，情動的構造との関連によって決まる。
8. 教育に関する信念，のような信念構造は他の領域に関する信念との関係だけでなく，信念体系全体の中に位置づけて中心的な信念との関連の中で理解されねばならない。
9. 信念の中には他の信念よりも明白で強いものもある。
10. 早い時期に構築された信念は変わりにくい。
11. 大人になって信念が変化することは稀である。
12. 信念は行動を規定し，知識や情報を整理するうえで重要な役割を果たす。
13. 信念は認知に強く影響するため，正しい現実理解を阻害することもある。
14. 個人の信念は，個々の行動に強く影響を及ぼす。
15. 信念は見直されるべきで，その見直しは個々の思いや実践の意図，信念に基づく行動などとの調和，一貫性を考慮したものでなくてはならない。
16. 「教えること」についての信念は学生が大学に入学するまでに十分に確立されている。

（Pajares, 1992, pp.325-326）

信念と知識は密接に結びついている。そのため教育実習生が意識的に自分の実践や信念と向き合いその意味を再考する機会が専門的な知の発達の中核に必要となる。そのためには，教師教育者は「急がば回れ」のように学びについて公理となっている言い回しを覚えておくとよい。

自己理解

自分を理解するようになるということは，経験，エピソード，イメージ，知識，文化，アイデンティティ，文脈，信念等の複雑な網の中に絡まれるということである。自己理解は自分とは異なるアイデンティティを"試す"ことによって深めることができる。実習生たちは時折自分の信念とは違っていても必要性を感じて別のアイデンティティを試すことがある。そしてその中で別のアイデンティティと向き合い，それを契機に自己理解を深めていく。これは意識的になされるだけではなく偶発的に起きることもあり，その経験の中で実習生たちが自己理解の深まりを認識していくこともある。

コルトハーヘンは「どうしたらよい教師になれるか」を理解するため，教師が自分をいろいろな角度から見るひとつの方法として6層からなる"玉ねぎモデル（onion model）"を提示した（Korthagen, 2004）。それぞれの層は教師の実践がいかに機能しているかを異なる観点から捉える視座を提供しており，層の外側から，①環境，②行動，③能力，④信念，⑤専門家としてのアイデンティティ，⑥ミッションの6層で構成されている。外側の3層はこのモデルの特徴をよく表しており，隣接するそれぞれが双方向に影響し合う（環境が教師の行動に影響を及ぼす一方で教師の行動も環境に影響を及ぼす）という重要な特徴を示している。④の信念は行動や能力を発展させる可能性に寄与し，⑤のアイデンティティは「教師とは何者であるか」を形作る。そして，⑥のミッションは個の内面深くにあるもので，私たちの行動を決定づけるものとしている。玉ねぎモデルは変化の過程を見たり，それぞれの層がいかに一貫した全体を構成するかを検討したりするうえで役立ち，実習生がよりよい教師になるための手助けとなる。さらに，このモデルは，問題関心が，モデルの6層の中のどこ

に位置づけられ，どの層で感じられるのか，また，問題関心が「教えること」を学ぶための原動力となるとき，問題解決のためにどの層とリンクしていけばよいか理解するのに役立つ。また，コルトハーヘンは，教師教育の観点から，この6つの層のどの位置に実習生の問題関心があるかに応じて，教師教育者が介入していくことが可能であると指摘し，実習生の自己理解や実践についての学びがより意義深いものになると示唆している。もちろん，このモデルは教師教育者自身にも適用され，検討されることが必要である。

概　要

　本章では，教師の抱く問題関心がいかに「教えること」について学ぶことの理解に影響を及ぼすかをエピソードとともに示してきた。養成段階で教師としての専門性を構築していくためには自己理解を深めることが不可欠で，その自己理解が最終的には専門家としてのアイデンティティ構築へと繋がっていく。

　また本章は，事例を通して学生の声を提供し，「教えること」について学ぶ際にインサイダーの視点がどの程度つきまとってしまうのかを際立たせるようにデザインされている。教師への移行は，教えることの学び手にとって本質にせまられる困難なことなのである。

あの生徒ひとりだけだもの

　今日は質の高い学びがどう成り立つかを体験する授業。ここまで相当時間をかけて授業の準備もしてきたし失敗はできない。授業は順調だった。生徒たちの質問に対しても，答えを教えるのではなくて自分たちで考えるよう支援できていた。そこにメルが手を挙げた。自分の力で考えるのを嫌う生徒で，正しいやり方を聞いてその通りにやる，というのを好む生徒だ。

　「先生，この質問の答えはなんですか？」

　来た。いつものとおりだ。深呼吸をしてクラスの仲間と探究的に学ぶよう促した。議論の後半では答えを教えることなく生徒たちの思考を促せた，と思えた。心の中でやれやれ，と思いながら生徒たちの質問に対して答えを教えてしまう先生がたく

さんいるのも頷けるな，と思った。

その晩，提出された課題を見ているとメルの書いたものが出てきた。

「どのように答えを導き出したか説明しなさい」と書かれた指示の下にメルの正直な言葉が書かれていた。

「授業のとき，先生にどうやって問題を解くのか聞いて，このようにやりなさいと先生が言ったのがこれです。これが私の問題の解き方です。」

がっかりした。生徒たちはみんなこんな風に感じているんだろうか，生徒たちの探究や思考を促そうと頑張った自分の努力はすべて無駄だったのだろうか，と思った。"生徒主体の授業"に関する大学の期末レポートではこの小さなエピソードは自分のために忘れることにした。

だってあの生徒ひとりだけだもの。　　　　　　　　　（教育実習生ベサニーの事例）

これは確かにひとりの生徒のエピソードである。現場では教える側の思い描いていることに合わないという理由で，ひとりの生徒の見識が脇に追いやられることがあるかもしれない。「教えること」について学んだり教えたりすることは日頃見過ごされていることに目を向けていくということであり，時にはあえて目をそむけていることに目を向けていくことが求められる，実に困難で，危険を伴うものである。それゆえに学習者の視点を持つことはそれが学生であるとか「教えること」を教える教師であるとかにかかわらず，重要なのである。「個人の声と集団の声」の両方を傾聴することの大切さを忘れてはならない。

2.2　学生から教師へ：効果的な省察的実践の場

（8. From student to teacher：The place of effective reflective practice）

省察　　省察的実践　　教師への移行　　エピソード
「問題」の設定　　気づき　　枠組みの構築・再構築

はじめに

　本章では，「学生から教師になる」（＝教わる側から教える側への移行）プロセスにおける省察の重要性を論じていく。「学生から教師への移行」には，教師としての一般的な概念の獲得と同時に学生個人の文脈に沿った変化が必要となる。学生が教師の視点をもって改めて教育実践について考えることは責任や経験，専門家としての自律や学生としての視点に影響を与える。同時に教わる側の視点も教師としての知識・経験の発達に示唆を与える重要な要素となる。この移行過程で学生の視点から教師の視点へ考え方を完全に転換すべきというのではない。移行期に重要となるのは教職の世界や「教えること」への新たな見方を発展させるものとして，教わる側の視点を大切にし，こうした視点と適切に向き合うことである。

　以下は教わる側であることと同時に教える側であることの相互作用を探索する音楽科の実習生シルビアの振り返りの記述である。

シルビアの振り返りの記述

　私は指導教員を信頼しつつも助言を受け入れ自分の実践に反映していくことに難しさを感じていた。

エピソード1

　　授業準備を万全にしていたにもかかわらず，生徒の反応はいまひとつでした。簡単で答えやすい質問を考えたのですが生徒には抵抗感があったみたいです。クラス

全員で質問について考えるように促しましたが，結局はある3人グループ中心に話し合いが展開してしまいました。

エピソード2

　その後小グループでの学習を取り入れたのですが，ほとんどのグループが積極的に取り組んでくれた一方で，あるグループは全く参加しませんでした。クラス全員の学習意欲に十分に応えられていないと不安に駆られました。活動に参加しないグループへの働きかけは仕事の大事な一部だと思いましたが，どのようにすれば良いのかわかりませんでした。サンディ（ある生徒の仮名）は生徒に自由を与えることと与えすぎないことの線引きの大切さに気づかせてくれました。また私は生徒がこれまで十分にクラシック音楽に触れてこなかったことを知っていましたが，生徒が示した反応について理解できていませんでした。これまでは生徒は勝手に前時までの学習内容をその日の授業との関連を見出してくれるものだと信じていましたが，それは単なる自分の思い込みに過ぎなかったとも痛感しました。そして私は生徒から受け入れてもらえるかプレッシャーを感じていました。授業をうまく進めるために他の工夫が必要だと思いました。

エピソード3

　自分には授業をする資格なんてないと不安に駆られていました。「正しい」ことを教えることに躍起になりました。私の教えることは意味のないことだと生徒が思うのではないかと不安だったのです。5年前に高校を卒業したばかりですが，生徒たちとずれているのではないかと心配していました。私はこのクラスの授業づくりがうまくいかず，自信を持って授業ができませんでした。「もし良い教師になるのであれば，私はやり方を変えなければならない。もっとアドバイスを求める必要がある。私はこの状況にどう対応したら良いのかわからないのだ」（実習日誌から）。私が自分自身に対して最もがっかりしたことのひとつは，生徒に対して不親切にしてはいけない時に不親切だったと感じたことです。

　これらの振り返りを通じて，私は以下のことに気づいたのです。それは，第1に他の教師とのディスカッションは自身の失敗を考察するうえで役立つことです。スタッフルームで他の先生方が（対応が難しい生徒に）どんなに苦労したかという話を聞くことは，同じような悩みを持っているのは私だけではなく学校で働く人たちは皆チームの一員であるという気づきにつながりました。その人たちのアドバイスによってルールが曖昧であったために私が生徒に受け入れてもらえなかったことを理解できました。

　次に，明確な発問は生徒の興味を持続させ議論への参加を促しますが，生徒の問

いに対する私の返答は反対に柔軟である必要があり，それは生徒との関わった時間とともに信頼関係によって可能になるということです。

　そして教師として自分のアイデアを信じる必要があり，他の教師のアイデアをただ受け入れるのではなく自分のスタイルに合わせて応用したときに最も効果的であることを学びました。最後に私自身が生徒に関わることに情熱を持っているということに気づきました。授業に参加しない生徒にいらいらする自分がいるということはそのような生徒たちにできるだけ多くを学んで欲しいと思っているという証だということです。

学びを積み重ねること

　私はこのレポートで，自分の実習におけるネガティブな側面に焦点を当てる傾向にありました。しかし省察が私を成長させることに気づいたのです。実習の最後の授業は多分最もうまくいったと思っています。私は1時間は理論を学習してそれから演奏練習をするつもりでした。私はこのクラスで演奏練習をしたことがなかったし，指導教員もこの日はついてくれなかったので少し不安でした。「金曜日の5時間目に教室に入った時は1時間は理論，6時間目に演奏練習をするつもりでした。すると生徒たちは「先生，また同じ理論を勉強するの？水曜日にやったのに」と言ってきたのです。最初は準備をしてきた通りに授業を進めて，理論は大事だと生徒たちを納得させようと思いました。しかしクラスの状況を見ているとそれはあまり意味がないと思うようになり，もう演奏の時間にしようと決めました。生徒たちが演奏の準備をしている間，私は教室の隅で様子を伺っていました。驚いたことに生徒たちは楽器のことをよく知っていました。しかも私に新しいやり方を教えてくれるようになったのです。その時間は成功し，生徒たちは自分たちの演奏に満足して帰ってくれました。私も生徒たちが何か，それは講義では与えられないもの，つまり音楽を奏でることは楽しいということを学んでくれたという感覚がありました」(実習日誌から)。

　もし9年生との失敗経験がなければ，私は授業計画を大きく変える自信はなかったと思います。この経験は新人教師としての自信になりました。

結　論

　私にとって最も大きな気づきは，学ぶことというのは教師にとっても生徒にとっても継続的なプロセスの中で生じるということです。これはこれまでの講義や実習指導室でよく聞いていた言葉です。しかし実際に経験するということは全く異なるものでした。

　この省察レポートは何か明確な答えを私に与えてくれるものではありません。しかしこの実習の過程から私も教えるためのスキルを持っていると気づき，そして十

分な省察と他の人たちからのアドバイスがあれば，私もそのうちに質の高い授業ができるという希望を得ることができました。

(教育実習生シルビアの事例，省察レポートの末尾)

シルビアの振り返りに対する(ロックラン氏の)注解

　この省察レポートでシルビアは教師の役割について理解していく際に影響を及ぼす問題について彼女がどのように目を向けはじめたのかについて詳細に述べている。とりわけ生徒によく思われたいという傾向は，さまざまな形で学生たちによく見受けられる。学生たちが教師としての責任を理解し，受け入れ，それに基づいて行動し始めた時に，葛藤を作り出す生徒との「接触」が必要とされる。そのような過程で生徒に好かれたいという問題が明らかにされる。シルビアは自分の教師観の発展過程に目を向けることによって葛藤に対処することと，以前では気づかなかった教えることについて考えることを学んだのである。

　シルビアは経験を捉え直したり別の視点から見たりすることを通して，教えることについて学ぶことがより深まったと言えるだろう。彼女は，ショーンの指摘する枠組みの構築や再構築を特徴とする省察的スタンスを採り入れている (Schön, 1983)。彼女自身の経験に基づいた実践の省察を行うことで，「彼女」の経験に関する「彼女の」省察を彼女「自身の」実践に活用できるようになり，その結果，効果的に省察的実践ができるようになった (Loughran, 2002)。

効果的な省察的実践：抽象性を越えて

　省察的実践という用語は多様な意味を持つ。一部の人たちにとっては単に「何か」について考えることを意味する。他の人たちに，実践を形作る特別に意味のある概念とみなされ，行為と結びつけられてきた。これらの議論の多くに共通する省察の要素は，「問題」(理解できずに混乱したり，当惑したりしている状況) の概念である。「問題」とは，枠組みを与えるための方法であり，そして(望むべくは) 枠組みの再構築のための方法であり，省察の本質や省察的実践の

価値を理解するために重要となる。また，それは教えることについて学ぶことにおいて欠くことのできない側面である (Loughran, 2002, p.33)。

　省察は多くの教師教育プログラムにおける基礎となっている。しかし，省察概念の使用法や教授法，評価方法は，教師教育プログラムの数と同じくらい多岐にわたる。学生にとって，教えることについて学ぶ過程で形式的な知識や技術以上のことを学ぶことは困難であり，省察も同じようなレベル，つまり形式的な知識や技術を振り返るレベルで止まってしまう。しかし，「教えることはそもそも省察的であり，探究のスタンスが求められる」ものである。

　学生たちに変化を生むためには，「問題」を捉える能力を育成しなければならない。学生たちが問題解決のための行動を選択する際に求められることは，「自身」の問題を捉えることである。自分の問題を捉えることは他者の問題を省察したり他者から指摘された問題を省察したりしていくこととは全く別のことである。したがって学生が効果的な省察をする力を高めるためには，学生が問題に気づいていない時にその「問題」を捉えられるように支援することが必要である。その際にはエピソードを用いることが効果的である。

　さて，ここである実習生の事例を考察したい。一見すると単純なエピソードの中にどのような重要な課題を見とることができるだろうか。

生徒の沈黙から何を読み取るか

　その授業のテーマは曲作りだった。私はこの授業の準備を念入りに行った。「そう，曲作りはとても単純なことなんだ。」と私は話し始めた。「7つのルールに従っている限りね。」

　1番目のルールから説明を始めると，生徒たちは急いでノートに書き写し始めた。「7番目には……，ジェームズ，聞いてるかい？」私は一言一言説明するたびに自信を深めていた。「最後は「必ず」主音で終わるんだ。」

　曲作りはこんなに簡単なんだ。生徒たちはこのルールに従えば，立派な作曲家になれる。

　「今日の宿題はこのルールに沿って自分独自の曲を作ってくることです。何か質問は？」教室を見回すと生徒たちは私の説明に満足しているように感じた。

　沈黙があったので私はもう一度尋ねた。「うん，とっても簡単なんだ。何か質問

は？」

　生徒たちは何も言わなかった。

　「素晴らしい。生徒たちは全員理解した。」私は心の中で自分に乾杯した。終業のベルが鳴りそれを合図に生徒たちは教室から出て行った。私も自分のものをまとめた。今日の授業はうまくいったとひとりほくそ笑みながら，急ぎ足でドアに歩み寄った。「今日の授業，理解できた？」ベンが廊下に出る時にジェフにそう尋ねたのが聞こえた。「全然。ちっともね。」ジェフはそういった。「俺も全く」。

(教育実習生ブラッドの事例)

　教育や教師教育における省察概念の基礎となっているのがデューイの省察という概念である (Dewey, 1933)。「省察は問題に直面したり応答したりする全体的な方法であり，教室に教師として存在する方途である。省察的な行為とは，論理的で理性的な問題解決を超えた過程である。省察は，直観や感情，情熱を含み，教師の授業技術の詰め合わせではない」(Zeichner & Liston, 1996, p.9)。デューイは，省察についてオープンな姿勢，責任，そうした行為や事柄に没頭して打ち込む心の3点を前提として挙げた。オープンな姿勢とは，問題を新たな方法や違った方法で考え，他の意見に積極的に耳を傾け，オルタナティブな視点に気を配り，反対意見に注意を払って聴くことができる能力である。責任とは，物事や事象の理由を知ろうとすることである。つまり，何かを信ずるに値する理由をしっかり認識するために知的基盤を検証していくことである。没頭して打ち込む心とは，人があるテーマまたは関心事に完全に熱中している際に現れるものである (Loughran, 1996, p.5)。

　省察的実践においては行為に対する省察が特に大切であり，意図的にこれらの態度の涵養を強調していけば，実践のより深い理解につながる。省察的実践を効果的にする前提条件は以下のようになる。

・問題は問題として認識されなければ対応されない。
・自らの実践の正当化は見せかけの省察である。
・経験だけでは学習を導かない──経験についての省察が極めて重要となる。
・その問題を捉える別の視点も身につけていかなければならない。

・言語化して表現されることが重要となる。
・省察は専門職としての知識を開発していく。

（Loughran, 2002）

　省察的な実践の重要性は，「教えることを学ぶ」ためのさまざまな取組みにおいて常に強調されている。特に「（教師が）伝えることと（学生が）成長すること」との間にある葛藤（Berry, 2004b）は，教師教育者が学生に気づくべきこと，知らなければならないことを伝えたいという思いと，逆に学生が自分で気づき探求する可能性を創造することの間で揺れ動くことである。学生にとっては，「教えることを学ぶ」ための「レシピ」を手に入れたいという願いと，「教えることを学ぶ」際に自分自身の責任を受け入れることとの間の葛藤である。

　ブランデンバーグはALACTモデル（Korthagen, 1988）における知の協働的学習者と協働的探究者の概念を用いて，効果的な省察的実践ができるようになるためのラウンドテーブルを提起した（Brandenburg, 2004）。学生たちがラウンドテーブルにおいて自分の経験からの学びを抽出して評価，言語化していくことを促し，そうすることによってその知を共有していく支援をするのである。この方法は，経験を通した学習の効果を高めるために，「観察」と「行為」の両方を注意深く熟考することを必然的に含んでいる。そのようにすることによって，教えることを学ぶことにおいて知の創出が当たり前のこととみなされ，そしてそれは効果的な省察的実践という概念と合致するようになる。

　自分の経験から実践に関する確言を導出することは，単なる「既存の知識」の追認に見える。しかし，重要なのは，ひとりひとりの学生の経験に基づいた省察がなされ，「確言」として言語化された知が生成されることである。さらに，そのような知を小グループで発展させていくときには，本質的な意味にたどりつくために言語化が必須である。そもそも効果的な省察的実践は，実践知を共有するための言語の生成への期待を含むのである。このプロセスは学問知と実践知の構築やその2種類の知の関係性の重要さを想起させる。

実践知と学問知を通じて学ぶこと

　教えることについて学ぶことにおいて「伝統的な」理論と実践の境界は不明瞭で，固定的なものではない。境界はそれを設定した人によって全く別に存在し，設定する際の目的に左右される。ラッセルは理論と実践を意図的に結ぶ興味深い洞察をしている (Russell, 2002)。彼は，学生に早い段階から学校実習を行わせることで，教えることを学ぶための方法に抜本的な変化を起こそうとした。伝統的な教員養成では，学校での経験によって学生を教える存在に育てることに成功せず，理論と実践の乖離を生み出してきた。それに対し，ラッセルは，「教えることを学ぶ」ことの本質に関する対照的な見方（「伝達」対「解釈」）を示して，これを特徴づけた。「伝達」の考え方では，教えることを学ぶことは，誰かが習熟することと捉える。一方で，「解釈」の考え方では，教えるということはそもそも不安定なものであり，ユニークかつ「ダイナミックな関係性」を必要とすると捉える。

　ラッセルが，早い段階から学生に学校経験を持たせるように問題提起するのは，「解釈」アプローチを身につけさせるためである。また，コルトハーヘンはラッセルと同様に「教えることを学ぶ」ことにおける理論と実践の乖離に関する議論を専門性を身につけるための学習という考え方から展開した (Korthagen, 2001)。学生の変化はその学生の内面から生じ，その学生の思いを必要とする。彼は教師が専門性を身につけるための学習における効果的な要因は，①学習者の内的要求によって展開されること。②学習者自身の経験に基づいていること，③自らの経験を詳細に省察することの3点を提示している。

　これらの議論において重要なことは，専門性を身につけるための学習が単により多くの知識を得ることとして展開されないことである。むしろ重要なのは生徒への働きかけがなされる文脈の複雑さや，その働きかけも生徒の捉え方によって効果が変わるということに意識を向けることである。置かれた状況においていろいろなことに気づく力を発達させていくことは，実践知を元に確言や葛藤，パラドックス (1.4 参照) といった学問知を構築していく訓練となる。さらに教えることを学ぶ学生にとって重要なことは，自分自身の教え方に目を

向ける機会を持つことである。それは教える，という自分自身の経験を通して学ぶことであるとともに，他の人の教え方を自らの実践に照らし合わせることで理論として会得していくことも含まれる。個々の事例を理解していくうえで実践知が有効であることは間違いない。しかし，文脈を超えてその知を活用していく際には学問知も同様に重要となる。自分自身の経験を大切にしつつ，他者の実践とその意味や見過ごされがちな自身の実践の特徴を改めて考えてみることで，各々の実践から学問知を構築していくことの価値を見出すことができるだろう。そしてこうした営みは自分たちの実践の発展，ひいては学問の発展につながるものとなる。

概　要

　本章では，教えることを学ぶうえで学生の経験が中心であるべきこと，経験的な学びを通して教えることについてのより深い理解が促されることを示した。教師教育のペダゴジーを発展させていくうえでは，特定の技術を身につけること以上に実践の本質を批判的に検討したり，分析したりする力を身につけることが重要になる。本質と向き合うことは時に困難を伴うが，自分自身の教育理念を実践に反映させていくためには教えることの複雑さと真剣に向き合っていくことが不可欠となる。実践を常に問い直したり，自分の実践がうまく行かないときの弱さも開示したりするなどして，教えることの複雑さと向き合うことが，教師教育のペダゴジーの発展をもたらす。

2.3 研究者としての教育実習生：専門的知識の発展を理解し評価すること

（9. Student-teacher as researcher：Recognizing and valuing the development of professional knowledge）

経験の持つ強い力　　学問知と実践知　　協働　　専門的対話
研究者としての実習生

はじめに

　スクリヴァンは教育的に最良とされる実践を明らかにしたり，教育実践を改善したりする点において教育学研究はその責任をほとんど果たしていないと指摘している（Cooley et al., 1997）。学級経営に関する真の熟達者は学界にではなく現場にいる。そこで実践の検討は理論に基づいたものから熟達者の実践に基づいたものへと転換を図る必要がある。現場教師の研究から「新たな知」が生まれるわけである。実践の熟達者として教師には研究を自分で進めることができるという特権的な地位が付与され，研究の問い，方法，結果報告にその教師の特徴が出ることとなる。教師の行う研究はショーン（Schön, 1983）の実践家の省察論に対する理解の深まりと適用性の高まりにつれ発展してきた。また，マンビィとラッセルは「経験の持つ強い力」という言葉を用いて経験から学ぶことの重要性を強調した（Munby & Ressell, 1994）。経験の持つ強い力を強調する立場においては教師は教育に向けられる要請に応えるために自らの経験や知識を重視していくことが推奨され，教師は知の創出者であると同時に利用者となる。教師はこれによって教えることや学ぶことについての経験から得られた自分たちの知識にさらなる自信や信頼を置くようになる。教師による研究活動は教育研究や実践知を発展させていくうえで強力なアジェンダを作り出すが，アジェンダを遂行するためには教師自らが研究に対する明確な関心を持ち研究に関わっていかねばならない。

　さて，リチャードソンは教師による研究について学術研究と実践の探究を

区別した（Richardson, 1994）。実践の探究は学術研究に移行する可能性があり，探究が実践改善に大きく寄与する学術研究の土台になるともいえる。実践の研究は学術研究に移行する可能性をもつと同時に実践改善に資する学術研究の土台になるものでもある。当事者が行う研究は，実践で活用されている知がどのようなものであるかを示すだけでなく，それが他の人にどう「理解される」かにも影響を及ぼす独自の特徴を持つ。教師は研究の主体として自身の教育実践を振り返り，実践を改善する過程で自信や技術を身につけ，専門家として成長する。専門家としての学びに重要なのは，自分自身の経験の場こそが実践改善のカギであり，そこにこそ実践改善のみならず教師としての成長の可能性があるということを受け入れていくことである。

　同じことは実習生についてもあてはまる。教えることを学ぶ際に教員と実習生は異なる現実の中にいるが，実は実習生らもまた彼ら自身の置かれた文脈，立場，期待，などを理解する熟達者だといえる。研究者としての教育実習生というスタンスを取り入れることによって実習生は教えることについての自らの学びを形成し，専門家としての学びをさらに深めるべく，新しく，意味ある学びの方法に気づきを得ていく。

教えることについて学ぶうえでの協働

　ブルフィンは研究的な視点を持つ実践は他者との協働により高められると考えた（Bulfin, 2003）。学生らは教えることと学ぶことに関して話し合う際，お互いの悩みを共有したり，問題を確認したりして互いに意見を交わし合う。経験や方法を共有する過程で自信や信頼関係を築き，自分の抱える困難や失敗なども他者と共有するようになる。そうする中で，学生たちは，自分より経験豊富な他者の臨席によって生じがちな評価の空気に囚われることなく，うまくいかなかった実践の原因を検討していく。似たような体験をしている仲間とともに，自分の問題や懸念を話し合うことで，自分の実践の一般化を始めることができるようになる。そしてそれが同様の状況にいる他者にもあてはまるかを確認していくのだ。適切な支援が得られればこのような形で一時的な理論を

構築していくことは可能であろう。しかし一方で，日々変化する複雑な現場に触れ，知識やその獲得方法，それが実践にもたらす意味が経験からの学びに影響を及ぼすことから，彼らの構築する知はおのずと実習の初期段階の経験に根差した特異な性質を帯びる。

知識構築の過程には省察的実践や経験の理論化，「真正な会話」や専門的な対話に積極的に参加することなどが含まれる。これらすべてに「教室のドアを開放する」可能性が秘められている。教師の仕事の特色はその個業性にあるといえるが，教師たちに知的，かつ実践的に協働できる時間を保証していくことによって，彼らは「教師として知っているべき」や「こうあるべき」といった「べき論」を脇に置き，教室を開き，協働していくことができるようになる。

この点において，教育実習生は現職教師や教師教育者のような経験を積んだ者よりも，教えることと学ぶことについて新たな知や識見を生成するのに適しているといえる。ここで音楽科の実習生であるクレアの経験を紹介しよう。

ベートーベン第5協奏曲をテーマにした前回の授業はひどいもので，これから始まる7年D組での授業がとても不安だった。何度も「今日は大丈夫，なんとか乗り越えられる」と自分に言い聞かせて教室のドアをあけた。相変わらず教室は騒がしく，私が出席を取り始めても生徒は静まる気配はなかった。仕方がないので授業の説明をする代わりに突然ジャグド・エッジ (Jagged Edge) の「結婚しよう」("Let's Get Married") を流した。すると驚いたことに生徒たちは困惑，というかむしろ衝撃を受けた目でこちらを見て私からの説明や指示を待つような表情をした。これには驚いてすぐに次のような質問をしてみた。「この曲の力強さはどこにあると思う？」すると，ある生徒が「リズム！」と，問いかけに応じたのだ！「よし！絶好の機会だ」と内心思い，この曲を導入にして，授業の本題に入った。

大切なことは学習内容が生徒たちに関係があるかどうかそれを学ぶ価値があるかどうかだったのだ。今回生徒たちとのやり取りを通して初めて教師と生徒の双方が理解し合うこと，尊重し合うことがどういうことなのかに気づくことができたように思う。

こうしたエピソードが示すように，自分の経験を見つめ直すことによって実

習生らは何が良い実践かを確認することができる。さらに，教室での出来事を客観的に理解することで新しいものの見方を獲得したり，不安や関心を他者と共有したりして満足感を得ていく。そしてさらに重要なのはこうした経験を通して自分自身の前提を問い，枠組みの再構築を行う重要性に気づいていくのである。これは同じように自分自身の当たり前を問い直している同僚とやり取りをしていくことで高められていく。そのためには，個人レベルの省察を超え，専門職としての対話・批評・探究を行い，実習生が実践の新たな知見を得るべく他者と対話していくことが必要となる。

「教えることを学ぶこと」におけるコミュニケーション

　実習生らが研究に取り組むことが重要である理由として，実践に対する新しい理解を他者との対話を通して構築することで個人的な省察の限界を超えるということが挙げられる。専門家のコミュニティでは新しい見識を明示化して共有していくこと，そしてエビデンスに応答するよう実践を発展させたり調整させたりしていくことが重要となる。実習生らは単なる経験の共有を超えて他者の視点を得ながら教えることや学ぶことに関しての見識を深めていく。

　しかしながら，適切なサポートがない場合は実習生にとってこうした学びが困難であるという批判もある。モナシュ大学の実践では学生らの強い関心は指導の手順や指導方法にあり，多くの学生の関心は自分の指導実践を発展させることに関係するものであった (Loughran, 2004)。そしてそれは教えることについて学ぶうえでの実践知の重要性をさらに強調するものであった。この報告の中には教師教育の特徴として学生への支援が重要であることが示されているが，その背景にある学生の特徴を以下に示す。

・実習生にとって，有益な問いやプロジェクトへの焦点化は難しい。そもそも実習生の関心の中心は教室内での葛藤やジレンマ，困難にあり，それらの改善のためにはいろいろと新しい手法を取り入れようとする。しかしそのことは結果的に問題の絞り込みを難しくさせる。

- 実習生は自分の実践が一般化の可能性を持つと理解しながらも個別的すぎて他人には当てはまらないと思っている。ここに理論的裏づけを持つことの重要性がある。文献は一貫した研究を行うための基盤となり，自分たちにとって有益な実践知を提供してくれるばかりか，研究そのものが専門家としての実践の一部であるという認識を構築する。
- 実習生は印象的な出来事をエピソードの形で構成することによって特定の問題の本質について他者と意見を交わすことができるようになる。そして自分自身の経験と結びつけることによってそうした問題が持つ「意味」を理解するようになる。
- 実習生は教えることに最大の関心を寄せる。それゆえに彼らは研究から得られた新たな知見を継続的に実践経験に織り込んでいく。新しい可能性を探りつつ知見を実践に編みこんでいくため，研究関心や研究の目的も学びの過程で変化していく。
- 実習生は実践の改善を企図して新しい取り組みや方法を実践しようとするが，それが常にうまくいくというわけではない。もちろん失敗経験は次につながる学びをもたらしてくれるが，上手くいかなかった場合は評価に関わることもあるため，研究は実習生の教師としての発展に大きな影響を与えるいわばリスクが高い取り組みでもある。
- 実習生の行う研究は公開の機会などが限られており，大学の課題として終わってしまうことが大半であるが，その知見は仲間や教師教育者などと共有されることで意義あるものとなる。こうした知見は実習生の視点に基づく研究だからこそ得られる知見として教えることについて教えたり学んだりすることの理解を促してくれるものとなる。

学生たちは学部時代の専門研究の取り組み方と大きく変わる「教育実践研究」に戸惑い，それが自分の関心やニーズにあった研究であるのか，手法は合っているのか，実現可能な研究であるのかといった困難な課題に直面する。それゆえに一層，上記の理由にも鑑み，研究者としての実習生を支えていくことが教

師教育において重要となるのである。

研究によって実践を理解する

　実習生を研究者と捉えるためには以下の2つを信じなければならない。第1は実習生が自身の実践から学べる存在であるということ，第2は教師教育者の熟達化は必ずしも経験の伝授によってなされるのではなく実習生の学びの支援によってなされるということである。

　デューイは「研究者としての教師」像は学校教育に関する知の発展のためだけでなく，「よりよく教える」ための知を発展させていくうえで重要であると主張した（Dewey, 1929）。よりよく教える，ということは教師教育の中核目標でなくてはならない。質的に意味のある省察は，実践における曖昧さ，矛盾，葛藤を含むその人自身の実践に対する理解を内包しており，それが教育改善の基盤となる。こうした視点が欠如すると教師教育は意味を持たなくなる。教師教育は現場のニーズや民主的な視点，複雑性を包含するものであり，決して言われたことを言われたとおりに実践するだけでは対処できない。それゆえ教師らは自律した学びの主体者として，また洗練された思考を巡らす者として，不確実で流動的な現場における積極的な研究者であることが求められるのである。

　このように，研究者としての実習生の議論は，実習生の実践を改善して実践を価値あるものにすると同時に，実践知と学問知を関連づけて理論と実践の架橋となる多様なアプローチを生み出しうるのである。

概　要

　本節では教師教育において実習生も研究者である，というスタンスをとることの重要性を示した。研究者としてのスタンスをとることによってその過程で教師教育者，実習生双方にとって，何を理解し，何を検討していくべきなのかということがいくつも見えてくるのである。

　教師教育の本質が変わるのは本節で論じたような研究者としての実習生の

スタンスが受け入れられたときである。教えることについて教えることや学ぶことを発展させる良い方法としてこのスタンスが受け入れられたとき、教師教育の本質が変わっていく。

Glossary & Further Reading

経験の持つ強い力　Authority of Experience　　　　2.3/2.5

　経験は理論にもまして個人の実践に大きく影響する。しかし、経験の捉え方は個人の持つ信念やそれまでの経験に大きく依存し、経験を積むことがそのまま熟達に繋がるわけではない。我々は往々にして「立場の持つ強い力」（authority of position）がある熟練教師や自信ある他者の経験を重視するものであるが、教えることを学ぶことにおいては、むしろ自分自身の経験の持つ力や意味と真摯に向き合い、自分自身の経験から学ぶことこそが重要となる。

☞ Munby, H., & Russell, T. (1994). The authority of experience in learning to teach: Messages from a physics method class. *Journal of Teacher Education*, 4(2), 86-95.

2.4　経験を通じて学ぶ：教育実習生が自身の実践を研究すること
（10. Learning through experience：Students of teaching researching their own practice.）

> 研究者としての実習生　　セルフスタディ
> クラス全体が参加する授業　　生徒中心の学び
> 教師教育者としての指導教員　　教師—生徒間の相互作用

　本節は，「研究者としての教育実習生プロジェクト」として行われたセルフスタディに着目し，その具体的な記述を参照しながらセルフスタディの重要性を論じることを目的としている。

　教師教育において「研究者としての教育実習生プロジェクト」に取り組む重要性は第1に，実習生が実践を通じて成長し，変化する過程において，教えることと学ぶことの難しさという本質や，教えることや学ぶことには多様な要素が影響を与えているのだということを理解するようになることである。第2に，実習生が経験を通じて学び，教室で直面したコンテクストに対応し，実践に対してより敏感に理解するようになることである。第3に，プロジェクトを通じて，指導法などの技術的な成長にとどまらず，理解につながるように教えるということについて実習生が専門家として独立し，自律的で洗練された教師に成長することである。

　こうしたスタンスでなされる教育実習で，実習生は実践とその振り返りを絶え間なく行い，大学で学んだ学問知と現場で獲得した実践知を結びつけていく。本章で参照するのは単なる実習記録とは異なる。そもそも，セルフスタディには，実践者が現場で直面した現実から生起される問題意識と問いがある。実践者は，「この教室にいる生徒たちに向けて，より良い実践をするために，自分はどう教えるべきか」を問い，実践的な試行錯誤と振り返りを繰り返すのである。実践者がこの視点を持ちながら教壇に立つ限りセルフスタディが終わることはない。

以下で参照する本章の大部分は、教育実習生ヴィッキのレポートに依拠している。ロックランは、彼女のレポートを「モデル」ではなく、ひとつの「事例」として位置づける。本章の事例は、教育実習生のセルフスタディによって、実践をよりよく理解する過程を描いており、さらに、それが教師教育者による適切なサポートを受けてのものであることも示唆している。
　では、実際に、教育実習生ヴィッキのセルフスタディを、彼女のレポートに依拠してみていこう。

研究者としての実習生プロジェクト：ヴィッキの事例から

1校目における経験：サリー高校における7年生のフランス語の授業での苦労

ヴィッキ　「正解。ありがとう、ユージーン。今、私たちはパリにいるんだと、みんなに想像してほしいの。目を閉じてもいいのよ。何が見える？それはどんな感じがする？どんなにおいがする？人々はどんな感じだろう？」

ユージーン　「パパは、「フランス野郎は傲慢だ」ってさ……」

ヴィッキ　「ユージーン、ありがとう。でもいったん置いておきましょう。OK、パリに戻るわ。たとえあなたがパリに行ったことがなくとも、そんなの関係ないわ。その街で見えるもの、聞こえることについて、想像し考えてみて。そうね、あなたはシャンゼリゼ通りを歩いている。誰かそれがどんなものか教えてくれるかな？……はあ、わかったわ、ユージーン。どうぞ。」(略)

　私の発問に対して、特定の生徒が発言すること、しかも、それが的外れな内容であることに、私は悩んだ。私は、サリー高校の授業での葛藤のあと、"すばらしき"ユージーンと、その物静かな"家来たち"とのバトルをなんとかしなければならないことに気づいた。状況を修正し、ひとりの生徒によって支配される授業について、毎回改善を試みた。が、5週間が経過してもなお、最前列のユージーンの手は高く挙げられ続けたのであった。
　12週間後、私は2番目の実習校に向けて出発し、聖マリー女子校の門を通った際、「ここはまったくの別物だ」と直感した。身だしなみが整った少女たちのグループが麻薬問題とその根絶のための自分たちの役割について話し合っ

ていた。女性を茶化す口笛や唸り声は，礼儀正しい挨拶に取って代わられた。最初の教室に入ったとき，深呼吸をして学問の芳しい香りに浸った。この学校では生徒をどう管理するのかではなく，知識を広げ重要な学問上の課題に向き合い，従来の授業の概念に挑戦するのだ。そして実習の最後の日には，映画『いまを生きる』〔原題：Dead Poets Society, 1989〕の生徒たちがそうしたように，彼女たちも机の上に立ち，私に対して親愛の情を込めて「キャプテン」と呼びかける姿が見える予感がした。

2校目経験：聖マリー女子校における7年生の英語の授業

ヴィッキ 「みんな，いいわね。全体を通じてこの曲が伝えたいメッセージは何だったかしら？シオバーン，あなたはどう思った？」

シオバーン 「マイケル・ジャクソンは整形手術に9000万ドルもかけたって，知っている？」

ヴィッキ 「本当に？それは興味深いのだけど，誰か彼の曲の持つメッセージについて，わかった人はいる？」

シオバーン 「私は彼が大バカだと思うわ。だって，歌では「きみが黒人か白人かなんて関係ない」って歌っているのに，白人になるために大金をつぎ込んだのよ！　大バカ者だわ！」

ヴィッキ 「よい指摘だわ。誰かほかにこれについて意見はある？彼は偽善者だって思うかしら？ターシャ？」

ターシャ 「はい。」

ヴィッキ 「そう……他にもっと付け加えたいことはある？」

ターシャ 「いいえ，別に。わたしはシオバーンが言う通りだと思います。」

ヴィッキ 「OK，誰かマイケル・ジャクソンを弁護したい人は？彼がもっと若い時，人種差別にすごく苦しんできたかもしれないと考える人はいないかしら？」

シオバーン 「そうかもね，でもどうして彼は歌っていることと言っていることが違うの？彼は単なる負け犬で……。」

ヴィッキ 「わかったわ，ありがとう，シオバーン。……（略）」

生徒たちは私のシナリオに全然のって来てくれない。まるで，シオバーンが

舞台の中心に立ち，ほかの生徒たちは彼女とグルになっているかのようだった。結局聖マリー校に来てもサリー高校の時と同じだ。いずれにしても問題を解決しなくては。私は授業後に残した自己評価に次のように記述した。

> たいていの生徒が授業に貢献してくれていると感じる一方で，なかにはほとんど授業に貢献していない生徒もいることに気づいた。これについてはしっかり考えて，追究していかなくては。私が質問をすると，いつも手が上がるのは同じ生徒。この子たちを無視したいとは思わないけれど，周りの生徒たちがただ他人事のようにクラスの支配的な生徒を頼るばかりであってほしくないとも思う。

そして，私は「研究者としての教育実習生プロジェクト」を思い出した。いかに教師はクラス全体の参加を促し，実際に行うのか。これこそが，次の5週間の基盤となる，私を導いてくれる問いであると考えた。

教えることに関しては事前にすべてを完ぺきに準備することが重要なのではない。研究者としての教師として状況に応じて判断していくことが重要で，そのために生徒の学びを常によく観察し，実践がうまくいっているのか常に考えながら，授業ごとに対処していかなくてはならない。

私は授業時間だけではなく，空いた時間にも自分のアンテナを広げようとした。生徒を観察し気がついたことをノートに取り，生徒の信頼を得ようとすると同時に授業を録音して生徒理解に努めた。そして生徒たちがどのように課題に対応していくかを見極め，教室での彼女たちの役割を把握しようとした。私の鬼門は9年B組と7年V組だということに気づくのにそれほど時間はかからなかった。

最初のうちは，私が質問し生徒が答える，そして私が別の質問をすると同じ生徒が答える，さらに別の質問をして他の生徒に答えてもらおうとすると誰も答えてくれない，結局，私はパニックになって仕方なく手を挙げているいつも同じ顔ぶれの生徒たちを当てる，という状況だった。私は生徒たちの掌（てのひら）のうえで踊っているようなものだった，というのも生徒たちの名前を覚えていなかったからである。

そこで試しに出席簿を使ってみた。しかし「どのように質問をしよう？」「前の質問には誰が答えたっけ？」「彼女はまだ何も発言していないな，うん，待てよ，もう当てたっけ？」「名簿はどこ？」「とりあえず当ててみよう。「ジュヌビエーブさん」」などとまごついてしまい，結局は「彼女は今日欠席です。」「質問はなんですか？」などと返されて無駄に終わってしまうのである。そこで今度は列ごとに生徒をあててみたが，最初から予想できたことなのだが，生徒たちはあっという間に「十分に手入れがされていない機械」になってしまった。活気や自発性といったものは全く感じられなくなってしまった。生徒は自分の「順番」が来るときしか参加しない。

　その夜，私は生徒の名簿を自宅のトイレの壁に貼った。そしてそれほど時間もかからずに名前と顔を一致させることができるようになった。生徒の名前を完璧に記憶し，「この世は私の思いのままだ」と思った。生徒の名前を覚えることは大事な授業改善の一歩だった。もはや私は生徒を手当たり次第に当てずに，きちんと根拠を持って生徒を当てられるようになったのである。授業における生徒の集中力は格段に上がったし，クラス全体の授業への参加度も大幅に上がった。そしてそれは生徒と自分とのラポールを築き，彼女たちの信頼を勝ち得る重要な要素となった。それだけにとどまらず，私が彼女たちの名前を覚えることによって一部の生徒がより積極的に授業に参加するようになった。おそらく生徒たちは私の彼女たちに対する関心を察知し，この「よそ者」はそんなに怪しいわけではないとわかったのであろう。いずれにしろこれまであまり発言をすることがなかった生徒たちも反応をしてくれるようになったのである。

　しかし指導教員はその点については評価しつつも，授業の検討会において「名前を使う手法はよいかもしれない。しかしあなたの立場を考えてください。立場が重要なのです。生徒たちは不意打ちのように感じているでしょう」と助言をした。それは今思えば，絶好のタイミングのフィードバックだった。次の授業で，チェルシーが怒りを爆発させたのである。「質問のあとに名前が呼ばれるなんて。全部の質問にどきどきし続けてて，不安でたまらない」と。そし

て，私は，教室が「恐怖の場」と化していることに気づいた。集中のレベルは高まっていたかもしれないが，それは教科内容のおもしろさや学びに対する熱意のためではなかったのである。

　私は彼女たちが実際にどう感じているのか知りたくて質問紙調査を行った。それは私の「研究者としての教育実習生プロジェクト」にとって有益だった（質問紙は節末付録（p.99）参照）。まず，授業への「参加」についての解釈について，多くの生徒は参加するとは発言することだとしていたが，2人ほど聞いて考えて別の方法（たとえば書くこと）で答えることも参加だと，異議を唱えたのである。次に，多くの7年生は一部の生徒によって授業が支配されているということはないと感じているようだったが，9年生は特定の生徒が授業を仕切っていると強く感じていた。

　質問紙調査は私の授業の振り返りにもつながった。7年生は私が十分に説明していないと感じているようだった。ある生徒は「別の先生の授業はとても楽しくて興味深くて多くのことを学べる」とコメントをしていた。私はこの質問紙調査の目的についても十分周知できていないことに気づいた。一部の生徒たちは大学による実習生評価のための質問紙調査だと思っていたのである。一方で9年生は正直に答えてくれた。少なからぬ生徒が，一部の生徒が授業の雰囲気を牛耳っていることを認め，あまり参加しない理由として「気分屋だから」，「基礎的知識がない」，「アクティビティをもっと楽しくしてほしい」などと挙げていた。

　次にわかったことは，私の関与の仕方が授業に影響を与えているということであった。私の授業は教室を恐怖の部屋にしているのかと不安だったので，「あなたが手を挙げていないときに，先生があなたを指名したらどう感じますか」という質問をした。するとそれに対して，38人中13人が「当惑する」あるいは「緊張する」に丸をつけたのである。なかにはただ怖いと感じているだけではなく，苦々しく思ったり，憤りを感じたりしている生徒さえもいた。

　私はクラス全員の参加を求めてきたけれども，まだ何かが足りないのだった。それは自発性である。確かに私は生徒たちを管理している。しかし私はそ

れを本当に望んでいるのか。そう思った時，突然，大学で慣れ親しんだ「生徒中心の学び」という言葉がよみがえった。私の授業は「教師中心」なのだ。確かに生徒たちは答えてくれるけれど，その過程を私は完全に管理しているのだ。「子どもたちは話しかけられて初めて話すものだよ」と老人は言うが，それが私の授業の不都合な現実なのだ。これまでやってきたことはすべて無駄ではないけれども，新しい方法が必要なのだ。指導教員の顔を見つめても，テキストを読み返しても，生徒中心の学びを実践する方法はわからない。簡単な答えなんかないのだ。もう一度，質問紙の結果を見る。「授業がより楽しくなれば参加する気になる」という回答があった。これだけではよくわからなかったが，私はそれに乗ってみることにした。

楽しみを取り入れる

　9年生のフランス語のクラスでは，電話でやりとりをして調整するという授業をしていた。この授業は双方向の学びを意識した活動であり「ゲーム」だった。私はクラス全体を2チームに分けて，普段と座席の配置も変えて，お互いに向かい合うようにした。それはこの授業がゲームであると生徒が納得してくれるという点，そして発言しない生徒は一目でわかってしまうという点で効果的だった。チーム「ブリジット」がもうひとつのチーム「ピエール」を小旅行に招くためにいつ，どこでどうするのかということを互いに交渉することが課題である。チーム全員が何かしら発言しなければならなかった。発言できれば着席することができるのだ。

　生徒たちは皆このやり方を気に入った。競争的な要素もあったのでチームとして互いに協力した。授業は，とてもうまくいった。普段あまり発言をしない生徒にも積極的な参加を促すことができたし，生徒たちも積極的に話をしようとした。言語の授業としても目標は達成できた。しかし，普段の授業がこれでよいのか？今回はたまたま授業内容がゲームに適していたが，いつもそうとは限らない。別の授業でも生徒の参加はみられたが，根本的な自分の課題であるクラスひとりひとりのある程度の参加が達成されたわけではなかった。議

論も形式ばっていたし，競争的要素を入れたからといって普段発言しない生徒の発言が促されるわけでもなかった。結果的に参加する生徒とそうでない生徒の溝を埋めるつもりが差を広げることになったのだ。これでは，問題の本質的な解決にはなっていない。ゲームという発想を捨て，振り出しに戻ることにした。

生徒の発言を待つ

　大学で学んだ決まり文句で思い出したのは「生徒の発言を待つ」である。私は十分にその時間をとってこなかったのだ。もし少し長く待っていれば，別の生徒が手を上げたかもしれない。次の授業ではそれを心がけることにした。私の発問のあと，いつもと同じ手がはつらつと挙げられた。しかしそのプレッシャーにめげずに，ほかの生徒の手が上がるのをしばらく待った。生徒ははじめ困惑の表情を見せた。その行為は彼女たちのルーティンを脅かしたからだ。しばらくすると教室後方の手が挙がった。「はい，ジョージア！」きっと私の声は少し興奮気味だっただろう。

　発問後に待つ時間を十分に持つことでいつもより生徒の反応がよくなった。考えることに若干時間がかかる生徒に考える時間が保証されたからだろう。待つことによって授業のペースが落ちると思っていたが，十分にその価値はあると思った。

　しかし一方で，こうした取り組みをしてもなお授業に参加しない生徒がいるということもわかった。ここで「授業に参加しないことの根底には何があるのか？」という問いが生まれた。教室の雰囲気についての感覚が私の自意識を後押しした。何であれ私はそれに向かい合って，そこから始めていかなければならないのだ。不安を感じたものの私は再び質問紙調査の結果を見直した。ある生徒のコメントに私は目を奪われた。「クラスが大きすぎで威圧的」。もちろん！　簡単過ぎるほど簡単なことだわ！　私もそう感じていたのだ。大人数の前で発表することは難しいはずだ。自己肯定感が低い生徒は特にそうであろう。私は，グループ分けをすることにした。

グループワークを取り入れる

　私は，ペア・ワークを導入した授業を計画した。その意図は，生徒がより心地よくオープンに自信を持って語ることにあった。私は指導教員の助言を退けて，ペアとなる相手を生徒に選ばせた。選択という要素は，友人とリラックスしてやりとりをすること，学習の主体を生徒とすること，生徒のやる気を高めるうえで重要であると考えたのである。

　ペア・ワークを取り入れたことによって，生徒はもはや誰かに頼ることはできなくなった。ひとりひとりがチームの一員であり，相手に自分を表現する責任を負ったのだ。また私には机間指導をしながら生徒たちの学びを確認できる余裕も生まれた。ある生徒は一対一の活動に少し違和感を見せていたが，私が彼女の話に興味を見せると，態度も話す内容も少し変化した。私はクラス全体が参加していくことの重要性を伝えていくことの価値を感じた。

　しかし机間指導をしていくうちにこの方法の抜け穴に気づいた。ほとんどの生徒がまじめに課題に取り組む中，その声に混ざって「マジ？金曜の飲み会で彼が彼女の親友とキスしてるの見たんだけど」と聞こえてきた。私はゆっくりしかし確実に大股で獲物に近づいた。しかし，捕食者が近づくことを察知して，獲物は急に行動を変えた。当然のように，彼女たちは課題に取り組んだ。指導教員の言葉がよみがえった。「生徒にパートナーを選ばせることは，おすすめしない」。結果的に，私が体験的に学ぶことを許してくれたのは，本当にありがたいことだったと思う。

　私は，生徒に選択権を与えすぎることによってもたらされるネガティブな結果を身をもって体験したが，教師が生徒のペアを決めるという考え方を鵜呑みにすることもまた難しかった。なぜなら教育に関する決まり文句のオーナーシップ，選択，生徒中心の学び，学びにおける責任の共有に反すると考えたからである。私は教師中心の授業という方法をとりたくはなかったのだ。

　指導教員は何も言わなかったけれど，表情では「しょうもないわね，最近のはやりを取り入れたがって」と語っていた。しかし一般的な教科書には，「選択権と自律的に学ぶ権限を有しているならば，生徒は質の高い学びにもっと

取り組みたくなるものだ」と書いてある。それゆえ，鍵となるのは，教師である私が独裁的にペアを決めるのではなく，自分たちでペアを組ませるという工夫であるはずだ。

　以前に私は，学びながらパートナーシップを形成する授業を参観した。フランス語の単語やフレーズを繰り返し叫びながら，自分の単語やフレーズに合う仲間を見つけていく，というものだった。それは見事だった。こうすることでいろいろな生徒とやり取りができるだけではなく，普段積極的には関わらない相手ともペアを組んで学習することが可能となるのだ。外国語の授業では，それを実践する余地がある。さっそく次の授業で，私は生徒にペア・ワークの相手を見つけるよう，生徒にフランス語を発音させながら教室を歩き回らせた。教室を通りかかった人は，その状況をカオスと呼ぶだろうが，楽しくインタラクティブな質の高い学びで，教師の小細工なしにすべてのペアが形成された。このペアリング戦略が，私の通常授業の一部になり，毎回異なる練習を生徒にさせた。怠惰な生徒は，誠実な生徒とペアになることで，フランス語のレベルもあがった。もっとこの学びを広げられないか，と今度はペアから小グループを作る活動を試みた。そして私は興奮し，希望に満ち，期待し，……そして失望した。

　多くの生徒が，昔に逆戻りしたのである。同じ生徒ばかりが発言し，他の生徒は黙っていたりノートに落書きしていたりする。結局，2人を超えると場は凍り，「船頭多くして船山に上る」であった。私は次のステップに進もうと熟考したが，戸惑いそしてどうしたら良いのかわからなくなった。すると昔の授業の記憶が蘇ってきたのである。

フラッシュバック：私の学校時代

　「私思うんだけど，スカウトは……」「この質問はスカウトとは関係ないと思う。ヴィッキ。アッティクスの役割を考えようよ。」「そうだよね。トレーシー，賛成。」トレーシーはグループを仕切り，ジェニーはメモ係である。そして2人の意見に反対すると，軽くあしらわれておしまいである。もちろんトレー

シーの意見が採用されるのだ。時には彼女たちの意見は正しいと思うこともあって，そのうちに抵抗するのは意味がないと気づいた。そもそも彼女たちのグループに入りたいと思ったことはない。しかしグループワークは楽しかった。私たちは，お互いの「役割」を見出し，それを心から楽しんでいた。

　私自身の経験から言えば，ひとりひとりに役割があるときに，授業でのグループワークはうまくいく。これを思い出した私は，すべての生徒に均等に発言の機会を与え，書記やグループの代表者などの役割を置くことにした。課題によって役割も変えた。私は7年生と9年生の両方でこれを実践したが，どちらも学級の雰囲気がよくなり，多くの共感を得られる発言が生まれた。生徒は役割を果たす重要性を感じ，楽しんでもいた。

　この方法で行う授業が最も効果的であった。そして最も重要なことは，クラス全体の参加がなされていることである。この美しい結論を台無しにしてしまうが，きちんと取り組まないグループがあることも指摘せざるを得ない。しかし，それはすべて生徒と私の学びの過程である。グループを定期的に入れ替えるが，それは生徒に異なるグループのダイナミクスを経験させ，誰とグループワークをすることが最善かを発見してほしいからである。生徒にとって驚きであったのは，それは必ずしも友人とは限らないということであった。

結　論

　気づいたら聖マリー女子校での最終日がやってきていた。涙をこらえて後ろ手に職員室の扉を閉め，足取り重く車へと向かった。車を発進させて駐車場から出ようとした時に「さようなら」と振られている手に気づいた。オリビアだった。彼女の手は私の実習の最後の数週間でよく見られるようになった。今では常に授業に貢献してくれる生徒になった。「その手，下げないでね」と心の中で思いつつ，私も手を振り返した。私は試行錯誤を通じて，授業へのクラス全体の参加を促すための，活用可能で効果的な方法をいくつか見つけることができた。私はすべての答えを見つけてはいないだろうが，これは確実に生涯続く旅の始まりであった。

付録：私が実施した生徒への質問紙調査の項目

1. あなたの授業貢献・参加を評価してください。　　　　　　低い／ふつう／高い
2. 質問1に対するあなたの答えの理由を説明して下さい。
3. あなたは，授業で十分発言の機会があると感じていますか。　　はい／いいえ
4. あなたは，先生に無視されていると感じたことがありますか。　はい／いいえ
5. あなたは，特定のクラスのメンバーが先生の注意を独占していると感じますか。
　　　　　　　　　　　　　　　　　　　　　　　　　　　　　　はい／いいえ
6. 質問5で「はい」と回答した人はそれについてどうすべきだと思いますか。
7. あなたは授業中質問しやすいと感じますか。　　　　　　　　はい／いいえ
8. 質問7に「いいえ」と回答したならば，あなたはなぜそう思っているのですか。
9. あなたが手を挙げていないときに，先生があなたを指名したらどう感じますか。
　　　自信満々である／なんとでもなる／どちらでもない／当惑する／緊張する
10. あなたが授業でより頻繁に参加・貢献する動機となるものは何ですか。

概　要

　本節では，ヴィッキの教育実習における「研究者としての教育実習生プロジェクト」に着目した。それは，教えることを学ぶことについての興味深い洞察を私たちに提示してくれた。教師−生徒間の相互作用の複雑な性質と，そうした相互作用の生徒の学びへの影響について，理解が深まっていく様子も描いていた。さらに，実践知としての経験を通して学問知を探究することによって学問知がより意味を持つようになり，その活用可能性が広がる。この事例のように，生徒のニーズに対応しながら，実習生は実践に対する理解を経験的に構築するのである。ヴィッキは自らの実践を研究することによって，明確に自身の理解の枠組みを言語化し，その中で，彼女自身の授業スタイルを発展させてきたのである。また教えることと学ぶことについての彼女の視点の発達に応じて，自身の実践を理論化しかつ精緻化し，彼女の教育者としての成長が単なる技術をどのように超えたのかという点についても十分によく示している。大事なことは，これらすべてが彼女の教育者としてのニーズや関心から生じているということである。それはうまくいく授業のための「レシピ」を探し回ること，あるいは誰か（たとえば管理職や教師教育者）の関心を引くための授業

とは鋭く対立する。最後に，学生にとって重要な手がかりは，隠されているがふと目を引くものである。しかしながら一部の事例においては，このプロジェクトは「ただただ時間，労力がかかる大変なもの」ともいえる。そのことに注意を払い心に留めておく必要があるだろう。

　本章は，実習生をサポートする教師教育者が，教えることと学ぶことについて正解のないそれぞれの方針で課題を追究しており，そこに実習生の学びと成長のための価値があるということを提示した。実習生は教室で状況に応じて異なる行動をするとはどのようなことかということを肌で感じる機会を必要としている。ときには，鮮烈な学びの経験をさせるために実習生たちにリスクをとることを促し，そこでは教師教育者からの指導や評価は最小限にして，実習生が実験的な実践をする機会も必要となる。さらには，何をするのか，どのようにするのか，なぜするのかについての学び方を学ぶきっかけ作りのために，自身の態度やふるまいについて学生たちに探究させることも必要である。そうすることで，実習生は，自分の実践を一般化し始め，自分のペダゴジーに直接的かつはっきりとしたインパクトを与える形で，教えることと学ぶことについての理論化を始める。「研究者としての教育実習生」というスタンスは，教師の専門性開発をサポートするひとつの可能性を開くものである。

　なお，『教育と教師教育実践のセルフスタディ国際ハンドブック』（Loughran, 2004）において研究者としての教師教育者が教師教育に関して抱える問題や関心の発展が促されたように，教師教育が，教えることについて学ぶ学生による文献を同様の形でまとめていくことが支援されるべき時にきている。そうした研究の価値づけは，教師教育のペダゴジーを通じて明らかにされていくべきである。

2.5　終わりではなく，始まりとしての教師教育
(11. Teacher education as a beginning not an end)

> クリティカルな会話　　メンタリング　　専門的な学び
> カリキュラム・デザイン

始まりとしての教師教育

　教えることについて学ぶことは「これこれのコンピテンスに熟達する」ということ以上の長期にわたる複雑なプロセスであり，養成課程のはるか後まで続くものである。教員養成は教師の専門的な学びの始まりに過ぎない。「教師教育はその定義からして，それだけでは完結しないものである」(Northfield & Gunstone, 1997)。それにもかかわらず，学校，政策立案者，教育システムなどが必要とすることと，「あれもこれも入れよ」という要請が結びつき，そうした期待に応えようとする中で，教師教育の本来の目的や価値を損なう実践が採用される可能性がある。教師教育は継続性ある真の学びを育むために次の文章を思い起こさねばならない。

>　「教えること」は人間が成し遂げることの中で最も難しいことのひとつだ。教師教育の成果は他のいかなる優れた業績もそうであるように実践研究を通して高められる。駆け出しの教師がただの実習生という状態を超えて，自分自身の思考や実践から学ぶ研究者となるために必要な諸条件を作り上げる方法を探求することである。
> 　　　　　　　　　　　　　　　　　　　　　　　(Bullough & Gitlin, 2001, p.11)

専門的な学び

　カルダヘッドとシャーロックは，実習生がプログラムの中で直面する5つの学びのプロセスと経験（知識の積み上げ，パフォーマンスを学ぶこと，実践的な問題解決，人間関係について学ぶこと，学校文化に慣れていく過程）をまとめた(Calderhead & Shorrock, 1997)。教師たちが状況をより幅広い視野から理解し，

それに応答できるようになるに従い，専門的な学びと知識は洗練されていく。その過程で，この5つの領域は専門性の発展と成長にインパクトを与え続けるという。

　また，専門的な学びのためには，「教えること」において熟達化するという視点から研究活動の展開という視点にシフトしていくことが求められる（Hoban, 2002）。ホーバンの視点は，ショーマン（1999）の研究活動についての「実践について理解したことを公にし，それについて解説することが，教えることと学ぶことについての見識を高める」という考え方と一致している。教師教育における研究活動とは，実践の不確実性をどのように予測し対応するかとともにそこから生まれた知を専門家として有意義な方法で他者と共有するということである。それは実践の中で不確実な部分に対応しなければならないときに，自らの専門家としての判断を信じることができるようにひとりひとりの教師を励ますことなのである。

　教師教育者たちが実習生に，自らの実践の中の不確実な部分にどのように予測し対応するかということを実際にやってみせる時，そして自分たちの授業計画や教職課程そのものが持つ構造が抱える矛盾や制約に対してどう対処するかを説明する時，彼らは研究活動のあり方の手本を見せ，実習生が自らの専門家としての学びの中で同じポジションを取ることの意義について考える機会を提供しているのである。

　教師教育の中では，さまざまな思惑や要求が競合することによって「教えること」と「教えることについて学ぶこと」の一貫性が損なわれている。そこでホーバンは，学びを育むために必須となる4次元の枠組みを概念化した。①大学のカリキュラムを横断する概念間のつながり，②学校と大学の間の理論と実践のつながり，③教師教育に関わる人たちの社会文化的つながり，④教師教育者のアイデンティティを形成する個人的なつながりである（Hohan, 2002, 2004, 2005）。

　最も重要なのは，③の教師教育者，実習生，教師の社会文化的なつながりである。このつながりが彼らのアイデンティティや，大学と学校での経験をつな

げる概念やテーマの共有に影響を与える。人間関係とコミュニケーションが一貫性あるプログラムを実現する (Hoban, 2004, pp.129-130)。そこで,「教えること」を学ぶにあたっては,交流と相互作用が意図的に促される必要がある。特に教師の学びに関する各種の研究において,クリティカルな会話とメンタリングが重要であると考えられている。

クリティカルな会話

クリティカルな会話を生み出すためには,参加者たちが安心して自分の不完全さを晒すことができなくてはならない (Brookfield, 1995, pp.142-143)。成功・失敗体験の双方が「教えることについて学ぶこと」の貴重な機会を作り出す。両方の経験を等しく振り返りに値するものと捉えることが大事である。

実習生が現場体験について語る際,彼らは失敗体験に注目しやすい傾向にある。たとえば下記のジュディの事例は典型である。これは状況に結びついた激しい感情が彼女にその場面を思い起こさせ,それによって書かれたものであるが,クリティカルな視点を持った話し合いがなければ,その振り返りは彼女にとってあまり意味があるものにはならないであろう。また適切なサポートやガイダンスがないまま仲間と共有すると罪悪感を抱いたり,責任を転嫁しただけで会合が終わったりする可能性もある。クリティカルな会話を通してこそ「教えることについて学ぶ」ための重要な論点が浮かび上がり,個人的な経験を超えて思考が深まる可能性が生じる。

訪問指導

6時間目,今日の最後の授業である。「どうしてよりによって9年C組なのだろう」と思った。さらに今日は大学から指導教授が授業を見に来るのだ。「たいしたことじゃない」私は自分に言い聞かせる。「でもごまかせそうにない。自分も指導教授も生徒たちも。」

喉が詰まりそうになる。私は授業を始める前に軽く冗談を言った。冗談は緊張をやわらげてくれる。ところが冗談はうけなかった。自信は一気に失われた。

生徒たちは私の不安に気づいている。「大学からの訪問者」の存在によって私がど

のくらい緊張しているのか見定めているのだ。「あいつ，今，評価されている最中だぜ」と生徒たちは思っているのだろう。「適当につき合ってあげる？それとも彼女の人生を台無しにする？」と皆の顔に書いてある。彼らは少しずつ授業をダメにしていく。私の質問に対して彼らから答えをもらうのは，まるで歯を抜かれるときの気分。私は叫びたくなる。「いつもはこんなんじゃない！昨日来てくれたらよかったのに。全然違う授業だったのに。」

　終了5分前，私は何をしたらいいのかわからず，放心状態でただ突っ立っていた。計画は失敗し，最後の5分間で修正するにはもはや私は疲れ果てていた。

　教室の後ろの時計の針がゆっくりと時間を刻む。秒針の音が耳の中にこだまする。「チク，タク，チク，タク，なんか言えよ！」その時，私は自分自身が言うのを聞いた。「私はあなたたち，9年C組には本当にがっかりしたわ。」

　（私，いったい何を言っているの？）私は自分に止めるように言い聞かそうとしたが言葉が次々と溢れ出した。授業終了のベルが鳴るまで，言葉は溢れ続けた。ただただ泣きたかった。私ががっかりしていたのは何を隠そう自分自身だったのだ。

（教育実習生ジュディの事例）

　ジュディの意識は最後の5分間の体験に囚われ，それが彼女の思考を妨げていた。失敗についてただ考え続けることは生産的ではない。このエピソードの中にはクリティカルな会話のきっかけ，他の実習生の共感と学びを促す内容が満載だ。教えることと教えることについて学ぶことにおいては辛い学びの経験は建設的な学びの経験となりうると覚えておくことが大切である。

　クリティカルな会話は教えることと学ぶことのさまざまな側面を照らし出す。教師教育者は，振り返りにおいて決めつけたりせずとも，なぜ授業が上手くいかなかったか，ジュディの指導教授やまわりの学生たちは授業の最後の5分間をどう感じたかについてじっくり考え直すよう彼女に対して求めることでクリティカルな会話を引き出すことができる。また，ジュディが緊張した時にどんな態度をとる傾向があるのか，気持ちを素直に表現するか，あるいは感じていることと外に見せる態度に違いがあるかなどと考えさせたり，その次の授業はどのように始めたか，なぜそうしようと考えたかについて尋ねたりすることもできる。この経験が彼女の教師としてのアイデンティティにどのような

影響をもたらしたかを考察してみたり，最後の 5 分間にどうすることが好ましかったのかを考え描写してみたりすることも意義あることだろう。同様に，「教えること」に対するフィードバックを生徒たちからどう求め，それに対してどう反応するか考え，言語化することも有効だろう。自分の「教えること」に対する生徒の反応や行動の中に，あるいは生徒たちの「学ぶこと」の中にどのような手がかりを探しているのかと考えてみるのである。以上の問いかけのどれもが，クリティカルな会話への入口になり，多くのことをジュディが学ぶ助けになるだろう。

　ブルックフィールドは，重大な出来事というのは，それらが「我々の実践に新たな可能性を開き，問題を分析し，対処する新たな方法を見出させる」から大切なのであるという (Brookfield, 1995)。会話の中にクリティカルな要素が入っていることが重要で，それは教師教育者たちがアドバイスを山盛りにすることでも，実習生に別の行動の方法を教えたり，どこで間違ったかあるいは何が「本当の」問題であるかを指摘したりすることでもない。クリティカルな会話では，実習生が自分自身でこれらに気づき，状況に対して彼ら自身が問いを立て，状況の理解を広げる形で枠組みを構築し，また再構築することが奨励される。つまり，彼らが実践の中で，自分自身の矛盾に自ら立ち向かえるようにする。これは「教えること」と「学ぶこと」の成功体験と失敗体験の両方において重要である。

　一方，教師教育者たちは，実習生が成功体験にも注目するよう支援する必要がある。彼らに自信をつけさせるばかりでなく，具体的な事例から普遍的な原理へと抽象化を始める作業を保障するのである。成功体験からペダゴジー上の合理性や行動に対する深い考察が生じるように支援しなくてはならない。そのような思考こそが，他の状況で自らの実践に影響を与える可能性について思考を巡らすことを促す。以下のマーガレットのエピソードは，その事例である。

関係づけること

「もうちょっとだけ」ジョブが教室の後ろから声をあげた。「そう，もうちょっとだけ，ダメ？」ミッチがその訴えに加勢した。「ごめんなさい。今日は時間がないの。次の授業でね」私は笑みをゆっくりとたたえて言った。

私は9年生の授業で96年公開の映画『ロミオとジュリエット』の喧嘩のシーンを見せていた。生徒たちはスクリーンに釘づけで，色，動き，音楽，車と拳銃に見入っていた。私は彼らの熱意が嬉しかったが先に進む必要があった。このシーンの映像技術について議論するために，いつまでも楽しく映画を見続けることはできなかった。

この課題はシーンを分析する初めての試みだった。私は，課題を彼らが理解し受け入れてくれることを望んでいた。私は最初にマイケルの方を向いた。自分の考えを滅多に言わない彼が手を挙げて意見を言いたそうにしている。まずは彼の言いたいことを聞くことが大事であると思った。「「炎に燃料をさらに加えなさい」という箇所では，燃料は，キャプレット家とモンターグ家がお互いに発している言葉のようで，炎がその家族間の争いのようです」マイケルは威厳のある声のトーンで言った。引き続きすばらしい応答が溢れ出した。シンボリズム，照明，衣装，音楽，セッティングや映画のジャンルについて。私は彼らの応答についていこうと必死でホワイトボードに彼らの発言を書いていった。

「本当に9年生の授業なの？」私は自分に問いかけた。この生徒たちは10分間のシーンで観察した撮影技術について積極的に意見を出した。

私はこの授業が彼らを虜にしたことに気づいた。歴史上最も偉大なラブストーリーのひとつの探求を始めて2週間半，思春期の男の子たちで満たされたクラスは純粋にその作業を楽しみ，演劇を理解しようとしていた。

(教育実習生マーガレットの事例)

マーガレットは9年生の男子生徒たちにロミオとジュリエットを教えることは「大変な作業」であると考えていた。そこで，想定される難しさにどのように対応するかを注意深く検討し，学習課題と「学ぶこと」を結びつけるために，その両方を生徒たちにとって「関係のあること」とすることによって，皆にとってすばらしい教育的な体験を作ることができたのである。

成功経験の検討にあたっては，エピソードが単なる出来事とみなされるのではなく，生徒たちがこの学びとどう関わっていたのか，なぜそのように関わ

ることができたのかを探ることが大事である。また実習生がこの経験から学んだことを熟考し抽象化して，実践の理解に普遍化しようとすることも大切である。関係づけることについて，あるいは「知ることの必要性」を生徒たちとともに作り上げる方法について再考しなければ，このエピソードは単なる活動とみなされ，実践について深く学ぶ可能性は失われてしまう。「教える」体験が実践の理解を深める重要要素となるためには，ディスカッションが必要なのである。

　PEEL（Baird & Mitchell, 1986；Baird & Northfield, 1992, 本書 p.196 参照）は，教師らがクリティカルな会話を通して，どのように彼らの関心事を指導法やアクティビティの収集から「教えることと学ぶこと」の性質の分析へとシフトさせていくかを示している。教職学生も同様の機会を必要とする。彼らは「教えることと学ぶこと」に関する自分たちの理解に，クリティカルな会話とサポートがどう良い影響を与えるのか実際に感じることが必要である。メンタリングはその機会を与える方法のひとつである。

メンタリング

　メンタリングは，実習生が他者とともに自らの実践を考え研究することを支援する方法で，オルタナティブな視点や可能性を明確にし，新しい行動を可能にする。さらにその後に続く行動が具体的な学びの成果につながるよう会話を重ねることが重要で，そこでは試行錯誤やリスクをとること，経験学習に価値が置かれ，教えることについて学ぶことは「学びの共同体における関心事」であるという意識が生まれる。メンタリングにはまた，個人が自分の経験を実践研究のために公にシェアするという，学びのコミュニティに対する献身の態度や感謝を示すという側面もある。その結果専門的見地からの批評は，それを知るすべての関係者にとって知識の構築を広げる機会となる。

　実習生はメンターたち〔ここでは日本における実習指導者にあたる教諭〕との交流の中で他者とともに学ぶ貴重な機会を得る。「実習生とメンターの関係は，実習生たちの経験からの学びを決定する重要な要素」（Calderhead &

Shorrock, 1997, p.177) である。メンタリングは信頼を必要とし，信頼は互いを受容する関係の中で育つ。受容を通して意見の一致も不一致も前向きに捉えられるようになる。辛い，うまくいかないと感じられる時にこそ信頼と互いの受容が重要になる。その結果個人的好みを離れて，実践についての学びに焦点を当て続けることができる。メンタリングは「立場の権威」による強制ではない「経験の持つ強い力」(p.87参照) を通した学びを育まねばならない。

メンタリングには6つの方法がある (Calderhead & Shorrock, 1997)。

1) **事例を使った**メンタリング。観察や批評，行動や判断の根拠，「教えること」の実践や視点の比較や対比のためのモデルを学生に提供する。

2) **コーチングによる**メンタリング。「教えること」の技術や実践を発展させ，洗練させる継続的な支援と丁寧な観察，よく考えられたうえでのフォローを含む。

3) **実践に焦点をあてたディスカッション**を通してのメンタリング。学生が実践の解釈を明確にし，目的，目標や意図に焦点を当てることを支援する。彼らが実際にすること，行っていると考えていること，実践したいことを，比較したり参照したりしながらメンタリングを行う。

4) **文脈の構造化**を通したメンタリング。実習生は文脈の中で特有な状況に直面しているため，文脈の構造化が必要となる。

5) **感情面でのサポート**を通したメンタリング。実習生は「不確実性と自己不信」に直面し，明らかに支援と励ましを必要とする。

6) **学ぶ経験**を通したメンタリング。実習生に「教えることを学ぶ」状況や実践を体験させ，その状況あるいは実践に「敏感になる」よう促す。

フェイマン-ネムサーは，メンターたちが実習生に自分のスタイルを押しつける危険と自由放任とのバランスを取ろうとしていることを指摘し，メンターたちがその役割の遂行の際に直面する困難をまとめた (Feiman-Nemser, 2001)。

概　要

　教師教育のカリキュラム・デザインについて，マッキンタイヤーは，①教師教育者は幅広いレパートリーと意図をすでに持っている実習生たちに彼らの努力の中でしか手助けできないことを受け入れなくてはならない。②教師教育者が，最適な教え方について根拠ある知識や答えを持っていると信じていても，実習生はそれを受け入れるのではなく，自ら試してみたいと思う。そのため教師教育者ができることは，彼らに試行錯誤のプロセスを奨励し，それによって大きな影響を与えることである。③教師教育者がいろいろと教え込むことによって学生たちの主体的な学びをおびやかすことがなければ，実習生は自らの実践研究に目的意識を持って取り組み，合理性を持って「教えること」の問題を探究する (McIntyre, 1988, pp.104-105)，と指摘した。教師教育者たちは，関心の対象をカリキュラムから学習者に変え，経験から学ぶことを定着させることによって，学生たちに多面的・多角的な観点から課題を指摘しつつ支援していくことに自信をもたなければならない (Loughran, 2001)。これは教師教育者と実習生がともに歩む実践に対してほとんど影響力のない「正しいプログラム構造」を探し続けることとは対極にあるのである。

2.6 おわりに：教師教育のペダゴジーの成立

(12 Conclusion: Enacting a pedagogy of teacher education)

> 教師教育のペダゴジー　　教師教育実践　　セルフスタディ
> 教えることと学ぶこと

　教育者は自分の仕事がどのようなものか深く思索する必要がある。仮定されているものに疑問を投げかけ，複数の視点を考慮し，判断を避け，複雑さを認識し，何よりも学生や生徒たちに必要なものは何かについて考え続けなければならない。

(LaBosky, 1997, p.161)

　そう考えた時，教師教育にペダゴジーが欠如しているということは明白である。「教室では，どのように教えているかという事実は見えにくく，当然のこととみなされがちである。学生というのは毎年，同じ方法で教師とやり取りすることに慣れてしまっている。教師教育の現場で「観察による徒弟制」(Lortie, 1975)によって生じた当たり前について考察されるようになれば，これまで教師教育において注目されず，また正当に評価されていなかったことが明瞭になり，それが教師教育のペダゴジーの開発に繋がっていくだろう」(Russell, 2004, p.1209)。

　本書において，教師教育のペダゴジーを概念としてまとめてきた方法は，何をいつどのようにするかといった一連の特別なルールや手続きではない。むしろ本書で示してきたことは「教えること」「学ぶこと」，そして教師教育について，豊かな情報を引き出すことによってこそ実践への基盤が作られるという可能性である。そうすることで学びの参加者である学生と教師教育者の課題や学びの必要性，学生の不安に対する責任を共有していくことになるだろう。見えないものを可視化し，当たり前とされてきたことを問題視し，複雑なことに取り組む。このような目的によって，教師教育のペダゴジーの心臓部で，教

師が一方的に講義をする「話の暴君」にとって代わるものが開発されるのだろう。そしてそれが教師教育においても学校においても，よりよい知を生むための教える営みを実現するのである。

　教師教育のペダゴジーの基盤の全体像は，教えることについて教えること，と教えることについて学ぶこと，が相互に影響を及ぼしあう世界を通して描かれる。これらの2つの世界を結びつけることで，それぞれの知識，概念，考え方，実践がよりよく互いに作用し，それゆえに影響を及ぼすのである。教師教育のペダゴジーの形は，参加者である学生と教師教育者のニーズや関心事，課題，実践に対して，力動的かつ柔軟で応答的でなくてはならない。

　教師教育のペダゴジーの中心には，教える者と学ぶ者双方それぞれの視点に継続的に対応することの難しさがある。しかし，教師教育のペダゴジーを通して，これらの二重の見解が明白に評価され，意識的に行動されるならば，「教えること」と「学ぶこと」は，静的でありのままで単純というよりはむしろ，変更可能で複雑，かつ変動するものであると理解される可能性がより高くなるのだ。そうする中で，専門的な学びは，さまざまな状況での教えることと学ぶことに対する理解を深めるという特別な意味を持つことになり，熟達化とはただ到達点に達することだという見解に，異議を唱えることになる。

　自らの実践をよりよく理解しようとすることは，教えることについて教えることをより深く理解したり，教えることについて学ぶことに対する影響をより良く理解したりすることにつながる自然な出発点といいうるだろう。そのような学習を通して開発された知識は，当初は自分自身の実践のために適用されたり役立てられたりするものであるかもしれない。しかしその知識が，このような学習を他者とともに，また他者のためにより良く言語化したり，他者とより繋がり交流していったりしたいというニーズを生み出した時，教師教育のペダゴジーが展開しているといってよい。そのような学習は教師教育実践の任を基盤として実践を探求し始めることによって実現するかもしれない（S-STEP, Hamiltonら 1998）。

教師教育実践のセルフスタディ

　疑問，問題，葛藤やジレンマは，しばしば実践の問題の本質を深く考えるきっかけを与えてくれ，セルフスタディの探求が始まる出発点となる。たとえば，教師教育者が学生に対して将来の実践のもととなるような方法を概念化させようと，彼らのこれまでの実践のあり方とぶつかるような挑戦的な状況を作り出すと，学生たちは直ちに困難に直面する。またたとえば，ペダゴジー上で適切な状況を構築しようとしても，教えることについて学ぶ学生たちは同じ状況に対して必然的に異なる応答をするため，適切な対処には常に不確実性が伴う。セルフスタディは，目的を持って「教えること」と「学ぶこと」の関係性を探求していく方法であるため，意図や成果に関して別の視点により気がつきやすくなるという特徴がある。セルフスタディを通して，教師教育者はより良い情報を得ることができるだろう。つまり現在の教育状況において「学ぶこと」がどのようなものであるかという情報だけでなく，将来の経験に向けて適切な選択肢を開発する可能性についての情報も得ることができるのだ。

　セルフスタディの重要な点は，自分自身の経験とやり取りすることによって得られる学びの性質にある。オースティンとセネーゼは，アクションリサーチとセルフスタディの類似点と相違点に関してうまく説明している (Austin & Senese, 2004)。

　　アクションリサーチにおいては，研究者教員と研究の間にまだ距離がある。私は自分の研究を再構築してセルフスタディにするときには，別のドア，つまりセルフの扉を通って入る。セルフスタディが私にとってはるかに挑戦的なのは，セルフスタディが，私の実践だけではなく教えることについても，精査して概念化することを求めるからだ……。アクションリサーチは，セルフスタディに似ているが，教師の実践を顕微鏡の下において，教師を傷つける可能性がある。同僚（または見知らぬ人）に自分の教室における実践を調査のために見せるということは，結局，威圧や脅迫になりかねない……。一方で……セルフスタディは，1人の教員として，その個人が誰であるかについて深く知ろうとする態度をもとめるのである。ある教師がどのように教えるのか，そして何を教えるのかはその人の人間性と信念が大きく関わっ

ているのだ。　　　　　　　　　　　（Austin & Senese, 2004, pp.1235-1236）

　セネーゼは，教師教育のペダゴジーを開発するうえで重要なセルフスタディの核心をよく言い当てている。経験の一部であるということは，教えることについて「教え」「学ぶ」ことが，認知プロセス以上のものであることを理解するために不可欠となる。もし，教えることと学ぶこと，研究者と研究される者，自己と経験との距離が離れていれば，実践に対する結果への影響は大きく異なることになるだろう。経験の一部であることは，教師教育のペダゴジーにおいて重要となる。なぜなら，教師教育のペダゴジーの開発は，教えることを「教え」「学ぶ」中で，認知的・情動的な，ニーズ，問題，概念に対して敏感に対応できる実践を作ることだからだ。それがまたコルトハーヘンによる「実践知の価値と場（リアリスティック教師教育プログラムで実証されている）が教育において非常に重要である」（Korthagen, 2001）ということを，教師教育コミュニティに対して思い起こさせ，その通りだと感情的にも納得させる理由だ。

　ハミルトンは，なぜ教師教育がこれほど難しいのか，それゆえになぜ教師教育のペダゴジーの開発が個人的知識と集団的知識の構築の両方を必要とするのかを気づかせる（Hamilton, 2004）。

　　教師は生徒をエンパワーし，教師教育者は生徒をエンパワーする学生をエンパワーしようとする。教職学生は公教育において子どもたちにより柔軟に対応できるひとりの人間性を持った他者となるために準備をしていく。したがって教師教育者は，そのような学生たちのためにより柔軟に対応できるひとりの人間性を持った他者なのだ。「教えること」と「学ぶこと」の関係は，教えるための知識と知識ベースを探求し考慮する際に本当に力強い視点となる。　　　（Hamilton, 2004, pp.400-401）

　さて，セルフスタディと教師教育のペダゴジーの関係についてコルトハーヘンとルーネンベルグは次のように指摘している。

　　従来の研究とセルフスタディの違いは，セルフスタディのほとんどの研究が，実

践のための研究としての有用性を持つということである。従来の研究は「教えること」と「学ぶこと」において独立変数が互いにどう関連しているのかという問題により焦点を当てていた。しかし一般的に教師教育者が対処しなければならない多様で複雑な状況に対して研究が意味を持つべき質問についてはほとんど答えないのだ。ハガーとマッキンタイア（Hagger & McIntyre, 2000）が指摘しているように，熟達者の実践の中核には，個別の状態で微妙な判断の必要性がある。

（Korthagen & Lunenberg, 2004, p.434）

ハミルトンとコルトハーヘンとルーネンベルグによって提起されたこれらの課題は，教えることを教え，学ぶ際の質の高さの実現に，教師教育のペダゴジーがなぜそれほど重要であるかを明確にしている。

教師教育のペダゴジーの開発

　この本では，教師教育のペダゴジーを構成する特徴を，知識，行動，信念，および教えることを教え学ぶ実践の理解などに基づいて詳細に記述してきた。そのようなすべての特徴に含意されているのは，もし，実践に関する見解が思慮深く問われ再考されるものであるとするならば，学生と教師教育者の双方が，教えることについて教えかつ学ぶことについて，技術を超えた形で把握できるということだろう。したがって，教師教育のペダゴジーを開発するためには，個としてのひとりひとりが重要なのだ。

　この本は，ひとつのレベルでは，ひとりひとりの教師教育者が自分の実践を形作っているものについて再考し，実践を意識的に作り上げる方法により注意を向け始めるために書かれている。そうすることで，ひとりひとりの教師教育者が教えることについて教えることを概念化する方法，そして教えることについて学生が「学ぶこと」の可能性を創り構築する方法，それらの両方がよい影響をうけるかもしれないのである。つまり，教師教育のペダゴジーを開発することは，教えること，学ぶこと，教えることと学ぶことについて教えることを深く理解しようとしているすべての教師教育者にとって，専門家としての責任を果たすことなのである。

しかし，教師教育のペダゴジーを開発するには個人を超えた2つのレベルが重要となる。第1は制度的なレベルである。このレベルにおいては，教師教育のペダゴジー固有の実践が教師教育者個人のレベルだけではなく，本質的に教師教育を創ろうとする方法を反映する教師教育プログラム組織とその構造を通してしっかりと行われることが必要となる。第2のレベルは，教師教育者コミュニティの共同責任である。アイデア，課題，懸念，あるいは概念化を発展させ，議論し，描写することは，教師教育コミュニティを通じて行われ，それが今後，教師教育分野を発展させていくためである。

　ちょうどS-STEPのコミュニティが，教師教育のセルフスタディのアイデアを深化させたように，教師教育コミュニティ全体も，教師教育者が知っていることとできることに焦点をあてる必要がある。ひとつの具体的な対応が教師教育のペダゴジー開発となる。

　教えることについて教える質の高い教え方をどのように行っていくのか，学生が優れた指導に内在する知識，スキル，能力について学び，それらをよりよく価値づけるようにするにはどのようにすれば良いか，そのような実践が描かれ，共有され，構築され，広がるような方法を，教師教育コミュニティを通してどう作るかが重要となる。教師教育のペダゴジーの開発は個人から始まるが，制度レベルで協働する研究者たちと，教師教育のコミュニティの中で協働する教師教育者たちを通して，全体で強化されている。したがって，3つのレベルのすべてにおいて，教師教育のペダゴジーを開発するうえで実際的な行動が重要となる。実際の行動こそが，私たちの教師教育プログラムにおいて教えることについて教え，学ぶ方法を実現していくだろう。

概　要

　コルトハーヘンとルーネンベルグは教師教育改革とセルフスタディによって起きる変化が4つの次元で一致していると指摘している（Korthagen & Lunenberg, 2004）。

　1）アカデミックな理論への焦点づけから実践の強調へ

2）アカデミックな理論への焦点づけから個人的な実践理論の強調へ
3）一般化への焦点づけから固有の文脈における特殊な状況への焦点づけへ
4）個人学習への一極集中から，個人学習と協同学習双方へ，またその統合へ

　教えることについて教えたり学んだりすることに関わるすべての人にとっての挑戦は，これらの転換を図り教師教育のペダゴジーを開発することだ。これらの次元において適切なバランスをとることは，教師教育のペダゴジーを開発するための鍵となるだろう。調和を求める挑戦を続けながら，バランスを求める旅は続くのだ。

第2部
教師教育者の専門性開発

3章 「教えることを教える」ということを理解する

【解説】

　本章に紹介する4つの論文はいずれも「教師教育において教師教育者がすべきことはどのようなことであるか」を具体的に示している論文である。

　最初の論文3.1「教師教育において教えることを学ぶとはどういうことかを理解する」は，教師教育者であるロックランが，同僚とともにどのように学生たちに教えることを学ばせるかについて工夫した授業についてのセルフスタディ（自分を対象とした事例研究）である。

　本論文要約を読む際には，最後についている草原による概念図（p.129）を参考にしながら読むとよいだろう。序にも書いたように教師教育は図のように三重構造になっている。つまり，教育（教師・実習生⇒生徒），教師教育（教師教育者⇒教師・教職履修生），教師教育者の専門性開発（教師教育者同士・ベテラン⇒若手）である。この三重構造が頭に入ることで，教育という言葉がどの部分の教育（あるいは専門性開発）を指しているかの区別ができるようになるだろう。

　さて，いわゆる教育実習およびその事前事後指導の中で，日本の学生たちはどのような体験をしながら教えることを理解していっているだろうか。その場を教師教育者（大学教員や教育実習の指導教員）はどう作っているだろうか。これまでの授業の枠組みをどう組み換え，どう工夫すれば，教師教育プログラムは学生たちが一歩一歩段階を踏んで確実に力をつける体験を提供するものになるだろうか。

　本論文要約を読めば，日本で教師教育に関わっている教師教育関係者は，自分が現在担当している授業で学生たちに提供している学びの機会とロックラ

ンが提供している学びの機会の比較をし，今の授業の改善に何らかのヒントを得ることができるだろう。また読者が学生であれば，自分の教職課程や教職大学院等における学びを振り返ることができるだろう。教師教育の具体的工夫については，コルトハーヘンもユトレヒト大学のさまざまな実践を *Linking Practice and Theory : The Pedagogy of Realistic Teacher Education*（邦訳『教師教育学』学文社，2010）に書いているので，そちらも参考になるだろう。

　また本論文を紹介するもうひとつの意義は，教師教育者がその実践を研究論文にすること（S-STEP）の意味を伝えることにある。日本においても各大学でさまざまな教師教育の工夫がなされているが，まだそれらが共通言語化されて他大学の教員たちに共有されることは多くはない。たとえ共有されていても実践紹介の域にとどまっている。

　本書に紹介されているいくつかのセルフスタディを参考に日本にも教員がセルフスタディを行う文化が根づくことが期待される。

　また，日本において，大学教育のあり方が検討され，ファカルティディベロップメントが推奨され，アクティブラーニングの導入が求められるようになって久しいが，それらが実質的に機能していると言えるのはまだごく一部の大学や個人の授業においてのみと言えるだろう。教育を研究している教育学，教師教育学の研究者たちは自らの職場において先頭を切って授業改革に乗り出すことができるはずで，海外にそういう事例は少なくないが，日本の大学ではまだ実際にはそうなっていない。本論文のような実践研究が報告される中で教師教育改革ひいては大学教育改革が促進されることも期待している。

　さて，2番目の論文3.2.「教師教育プログラムと実践のための基本原理の開発」は，オランダとオーストラリアとカナダの3大学の教師教育者が，教師教育実践の共通原理を導き出すために，それぞれの大学における実践例を分析し，共通要素を見出そうと試みた国際共同研究である。本研究によって，教師教育者と実習生双方の期待や要望に応じることのできる教師教育プログラムと教師教育実践がどのようなものである必要があるのかが明らかになったという。また，プログラムを変化させることによって，教師教育者にも実習生た

ちにも省察が生じたことも述べられている。本研究によって見出された原理は，世界の他の地域の教師教育においても普遍的に応用が可能であると筆者らは主張しているが，日本においてはどうだろうか。

　本研究もまた教師教育者による優れたセルフスタディ（S-STEP）である。データは先行研究で使ったものの再活用であるが，自分たちのそれぞれの教師教育実践を事例として，そこで起きていることを分析しており，データの用い方としても参考になるだろう。

　さらに，研究方法としては，遠隔地の研究者3人で国際的な共同研究を成立させ，互いが批判的友人として機能している点が興味深い。日本で言えば，たとえば教職大学院が3校集まってこのような比較研究を行い，教職大学院の課題を共通要素として抽出するとか，過疎地域の5つの小学校がSNSなどを使って情報交換し，条件比較の研究をするなどさまざまな可能性が考えられ，応用可能性の高い手法を提示している点も評価されよう。国際的な研究も待たれるところである。もちろんここで提示された原理が日本にあてはめた場合に応用可能であるかといった検証研究もできる。

　なお，本研究には当然のようにコルトハーヘンのALACTモデルによる省察を実践に用いていることが記述されている。日本の教師教育は，これらの教師教育で国際的に用いられている共通言語が通じる状況と言えるだろうか。研究者と実践家の共通言語を作ることが本研究の目的のひとつとされているが，本書に出てくるさまざまなキーワードが，日本の論文で，あるいは教師教育の場面で，研究者や実践家からあるいは実習生から普通の言葉として用いられるようになるように，まずは教師教育者や教師がこのような論文を読みこなしていくことが求められていると言えよう。

　3番目の論文，3.3.「教師のアイデンティティを確立するペダゴジー」には，学生が「教師としてのアイデンティティ」を確立していく過程を教師教育がどう作っていくかということが述べられている。

　日本の学生たちは，そして日本の多くの教師教育に携わっている大学教員も，また現場教員も，今もなお教育とは「知識の伝達」であると信じているこ

とが多い。あるいは「知識の伝達」以上の方法を知らない。知識を伝達すれば対象は学ぶはずであり，学び手が教えたことについて理解しないのは，あるいは記憶しないのは，学び手の側の学力の問題であると考えている場合もある。あるいは，伝達の方法を最大限工夫することで授業は良くなると信じている場合は，それが通用しないような学力の低い生徒ややる気のない学生たちは授業から落ちこぼれても仕方がないと考えられている。そして，教員によっては，生徒や学生が理解できるように工夫するようなパフォーマンスはむしろ二流の教師がすることであり，高尚な学問をそのような小手先の技術で「学生（生徒）受けするように」伝えるのは，学問を業とする者がすべきことではないと考えている。

　しかしここで論じられているのは，高尚な学問内容や教材内容を厳選して伝えることでもなく，効率的な伝達のための「コツやわざ」を身につけることでもない。教育の対象に学びが生じるように，意図的に合理的に繰り出される教育の営みがあること，それを身につけること，工夫できるようになることが教師としてのアイデンティティの確立となるということを，教師教育者が学生たちにどう示していくことができるのかということである。具体的な教師教育場面のエピソードを交えながら，教師教育者が自らの授業づくりの際の思考や迷いを開示しつつ学生の教育にあたっていく様子が描かれている。

　もし日本の教師教育者がこの力を身につけていったならば，教師教育は劇的に変化するに違いない。まずは自分の授業を振り返ることから始める必要があるだろうし，そうすれば「チーム教職課程」を構成して組織やカリキュラムの改革に取り組んでいくことの必要性にも気づいていくだろう。

　つまり，この論文は，日本においてもまた，教師教育者が自ら自分の授業をリフレクションしていくことの大切さと，大学の同僚と協働していくためのアクションが必要であることに気づかせてくれる論文なのである。

　さて，本章最後の第4の論文3.4「教師教育に対する理解を促進する」は，「教師の専門性開発」である教師教育を理論と実践を往還させながら実践していき，その理解を促進することについて論じている論文である。本論文要約の

3章解説　　121

冒頭には,「教育を単純な伝達行為とする通念は,教育課程を優れたものにすれば『即戦力』が形成されるとする誤謬を支えている」と述べられているが,日本の度重なる教育課程改革,学習指導要領の改訂は,この発想に立ったものになってしまってはいないだろうか。児童生徒も学生も長時間の伝達を受け止めるトレーニングをしているようなことが起きてはいないだろうか。それは,何時間授業を受ければ学んだことにする,放課後の勉強時間の長さを測定して学んだことにする,学習指導要領に書いてあることを読めば教員はそれができるはずであるという単純な発想であり,また,授業の数や時間,教える内容やタイトルを変えれば学びが変化すると考える単純な思考である。

　しかし,本論文では,学び,とりわけ教師教育において学びは単なるトレーニングではなくもっと複雑な試みであるという。そのような学びを,たまたま教育実習に行ったクラスで何かを経験するというのではなく,教育的に意図を持った機会を与えることで経験させることが必要であるというのである。

　そのためには,教師教育者は,教師教育において学習内容に関するペダゴジー上の知識(PCK)はどのようなものであるのかという問いに答えなくてはならなくなる。どのような対象に,どのような意図を持って,どのようなコンテンツをどのように教えるか。その最適化を図るにはどうしたらよいのだろうか。

　そのような問いが,日本の教師教育のさまざまな分野,たとえば教育原理,教育史,たとえば教育心理学,カリキュラム論,たとえば教育方法論,生徒指導論で議論されたことがあるだろうか。あるいは,日本史概説,言語学概論などの授業ではどうだろうか。これからの教師教育学は,それを具体的に研究し,議論し,教師教育者による教育の改善を図らなければならないのである。

　さて,4つの論文の内容を一度読んだだけで理解することはかなり難しいだろう。これまでの教師教育に対する概念枠組みがそのまま使えないかもしれないからである。しかし繰り返し読んで理解して,同僚や学生と対話して,教師教育はどうあるべきかについて根本から検討するとき,日本の教師教育に曙が訪れるだろう。まずは自らの担っている教師教育について,この4つの論文に添って振り返るところから始めてほしい。

3.1 教師教育において教えることを学ぶとはどういうことかを理解する

アマンダ・ベリー&ジョン・ロックラン,2002年

Berry, Amanda & Loughran, John (2002). Developing an understanding of learning to teach in teacher education. In John Loughran & Tom Russell(Ed.), *Improving Teacher education Practice through Self-study*, New York : Routledge, pp.13-29.

ペダゴジーの開発　マイクロティーチング　経験からの学び
弱みを見せる　教えの瞬間　不快な経験　協働

はじめに

　本論文では,教えることを教える,教えることを学ぶ,この両者の関係を明らかにすることを目的に,著者であるジョンとマンディ[1]がダブル・ディグリー用(たとえば,理学学士と教育学学士の組み合わせ)の教職科目「ペダゴジーの開発」で何を教え,何を学んだかが3段階,①目的とカリキュラムの構想段階,②協働授業の実践段階,③本科目の理念とペダゴジーを他の教師教育者に紹介する段階,で記述されている。

　本稿を通して,当事者(2人の教師教育者,教師教育者と実習生)の役割と責任がたえず入れ替わることによって,複雑に絡み合っているペダゴジーの理解がいかに促進されるのかを明らかにできるだろう。

論文の背景

　モナシュ大学教育学部では学士の学位取得者対象の1年課程の教職資格(Dip.Ed.)と,4年課程の学士のダブル・ディグリープログラムの2つの教員養成課程が提供されている。

　本論文は新課程の3年次科目「ペダゴジーの開発」の実践に基づいている。同科目は集中的な模擬授業の実践を通して,教えることの意味を学ぶ場を創

出することを目的としている。

科目「ペダゴジーの開発」について

「ペダゴジーの開発」という科目は，大きく3つのパートで構成される。

第1パートでは，実習生のペア学習で，1人の大学教員が一定の教育内容を教え，もう1人の教員が振り返りを行う。その後実習生がペアで指導案を作成し，そのうちの1人が地元の高校1年生に教え，もう1人がその状況を観察し，事後に高校生にインタビューを試みる。その後，役割を交代して同じことを行う。最後に実習生らは協働で経験を省察し，記録を残す。

第2パートは，大学における模擬授業で，実習生は3人組に分かれて授業準備をし，3人組が交互に実習生向けに指導を行い，その様子を録画する。最後に3人組は，全員の実習生からフィードバックを受けるとともに，協働して振り返りを記述する。ここでは多様な指導実践が奨励されているため，指導内容ではなく，教え方に焦点が当てられる。

第3パートでは，地元の学校に出向いて，5日間授業を実践する。最後に大学と学校での経験を包括的に振り返る。実習生たちはセメスターを通じて「教えることについて学んだこと」を報告する。

科目「ペダゴジーの開発」の構成で重要なこと

この科目では，教える経験を与えることに細心の注意が払われ，教えることと学ぶことについての問いを引き出すため以下の4点が焦点化された。

① 専門的批評を通して自己の経験を洞察する

教師は，批評を通して自己や他者の「教える」という行為の意味を解体しなければならない。教えることとは，決して思いつきや台本の実行ではなく，思慮に基づいた，専門的で意図的な行為であることに気づかせる。

② 教育的な意思決定の多様な類型を認識する

教師は，(a) 指導前，(b) 指導中，(c) 指導後，の各段階でさまざまな意思決定をしている。教師は各段階を振り返り，(a) 生徒に何を学んでほしかったか，

(b) どのように意思決定をしたか，(c) 生徒は何を学んだか，を理解する必要がある。

③ 意図と行為のズレを認識する

後述するように，ズレの認識には模擬授業が有効である。

④ 協働的な授業の価値を探究する

教師には，実践に対する多様な見方・考え方を共有する経験が欠かせない。したがって他者とともに授業を計画し，ともに教え，ともに振り返る経験が重要であり，その過程で考えを表現し合うように促す。

科目「ペダゴジーの開発」を教える経験

著者らのこの科目の教え方についての議論の記録データは，授業最終週に再度，検討された。2人の教師教育者が学んだこと，そして授業を支える基本原理として概念化できたことは4点に集約される。

・確言1：授業は道半ばのつもりで始める

教えるにあたっては，知的な面でのリスクを犯すことがある。しかし，そのためには学生がリスクを受け入れるだけの信頼の雰囲気が条件となり，それを醸成するためには，教師教育者が学生に弱みを見せること，そして教師教育者が相互に信頼し対話している姿を実演することが必要である。

ある授業の中で，マンディが単語と単語を線で結んだコンセプトマップを描いていると，ジョンがすかさず「その線は何を意味するの？」と尋ねた[1]。ジョンはこの線の意味を知っていたが，学生の視点から問いを投げかけたのだ。その結果，マンディは「学習者の視点」を意識し彼らの問いに答えていく重要性に気づいた。この経験によって，マンディは指導上の課題や意味を明確化する問いの重要性に気づいた。批評された経験や事後に得られた学びは，他者に曝してこそ批評の意味が伝わり，真の学びをもたらすことができる。

・確言2：教えの可能性に敏感になる

最も重要な学びは，「教えの瞬間（teachable moment）」に成立する。これは事前に計画できるものではない。教師教育者は潜在的な教えの瞬間を的確に捉

え，いかに対応するかを瞬時に判断しなければならない。

　模擬授業の日，アダムは遅刻して教室にやってきた。しかし教師役のサリーは叱りもせずに授業を進めた。ジョンが「なぜ何も言わないの？」とたしなめると，学生たちは「本当の授業じゃないし。グループメンバーを心配する必要なんてないよね」と答えた。するとジョンは，「アダムは外に出なさい。サリーは彼に言うべきことを言いなさい」としつこく2回繰り返した。これは決して意図されたものではなかったが，学生たちには非常に印象深い学習経験となった。教育的な営みとは，事前計画だけではなくいつ訪れるかわからない学びの可能性の機会に備えることも含まれるのである。

- **確言3：不快な学習経験こそ学習経験を構築する**

　学生たちに見えていないことを示していくのが教師教育者の務めである。通常は模擬授業後に質問や観察結果を伝えることでそれを行う。しかしそれだけでは不十分である。不快な状況を創出することで教える場をリアルに再現していく。

　実習生のアダムとベンは，長く難解な文章をOHPで映し，読み上げていた。実習生は誰も何も言わなかったが，マンディは大声で「読めません！」と叫んだ。彼女はさらに「よくわからないし」と付け加えた。ジョンも「そうだ，わからない」とマンディの異議をさらに深めた。アダムは丁寧に説明したが，ジョンは「つまらない」「どうにかしてくれ」と厳しく責め立てた。長く重々しい沈黙が過ぎたところでクレア（学生）が「ジョン，その言い方は良くないわ，やめて」と言い，彼女はその場面を引き取ってこの事態にいかに対処すべきだったかを話し始めた。この時点で学生たちはジョンの介入の意図が，リアルな教室を再現するためだったと気づいた。経験からの学びは，そこに埋め込まれた目的とリアルさが重要であり，それはそこに参加しているすべての人に実感されなくてはならないのである。

- **確言4：信頼できる他者と経験を共有できれば，状況が再構成される，また実践に関する仮説と向き合う機会が得られる**

　信頼している同僚とともに教えると，単独では為しえないことに挑戦する勇

気が得られる。一度信頼関係ができあがると，言語・非言語のサインを手がかりに互いに調整でき，学生を支援することもできる。

　例年，高校1年生を教える第3段階の実習生は，不安が滲み出て，あまり話したがらない傾向にある。しかしこの年は，こちらから指示せずとも，すでに小集団やペアで経験を振り返っていた。一度経験を共有した実習生に，もはや教師は必要ではなく，学生の視点で，彼ら自身にとっての経験の意味や他の学生が何を見取ったのかを共有することが重要となる。

新たな挑戦：独り立ち

　2年目には，ジョンに代わりマンディがコーディネータとなったが，プログラム内容や構成，実践に対する理解が共有されていたところに新しいスタッフ（ピッパとゾーイ）を迎えることとなり困難が生じた。当初マンディはゾーイとピッパと毎週打ち合わせをする予定だったが，時間の制約でなかなか実施できなかった。ピッパとマンディは授業を一緒に行うため経験を共有する機会に恵まれたが，別のクラスを担当するゾーイとは進捗確認だけで精一杯だった。3人組が機能していないのは明らかだった。

　そこで〈確言1〉に沿って方針を変更した。考える経験の中に実習生をどっぷり浸からせる授業をしたところ，ある実習生は「考えたことを表現できる心地よさを感じました」と述べてくれた。学習経験を短時間に協働して作り上げたことが功を奏した。

　しかし，優れた教師教育者で在り続けるのは，容易ではなかった。ゾーイは，国家的・社会的な論点と高校における教授法をセットで教えることを意図していた。ところが，ゾーイの意図と実習生の評価は乖離しており，実習生はゾーイとの対話を楽しんでいなかったうえに，不満さえ述べていた。「ノートを取りなさいと言われて，何か見くびられたように感じた」「友人への対応を聞いていて，自分の考えを述べるのを躊躇した」。授業中に聞くことのできない学生のコメントは参考になるが，一方でそのコメントで教師はいかに傷つきやすく，学生の感覚や声に士気を挫かれるかを悟った。これを契機に〈確言3〉

は教師教育者に転用され，次の新たな問いが芽生えた。「教師教育者が不快に感じるのはいつか」。科目コーディネータを務めるようになったマンディは，「ゾーイとの関係で，学生との関係で，そして科目の趣旨との関係で，私の責任とは何か」を模索するようになった。また教師教育者として弱みをさらけ出すことと学生が自信を持って学ぶことのバランスを考えるようになった。

自信の高まり

　2年目を振り返ると，1年目以上に「教えの瞬間」を見出し反応することに自信が出てきた。その理由として，第1に，1年目の経験を基盤にして潜在的な学習状況を把握できたことである。第2に，目標を共有するピッパと働く一方で，ベテランのジョンとは一緒ではなく自立した[2]。2人は経験が浅い。だから2人で協働的に取組むことによりリスクを負い自信を持って「教えの瞬間」を捉えるようにした。第3に，コーディネータに就いてから教師教育者としての視点が変わり，ピッパやゾーイのニーズに応える責任を自覚するようになった。一連の出来事が示すのは他者と経験を共有することによって実践を再構築していくこと〈確言4〉の難しさであった。話す機会が限られている中にあっても協働で実践と向き合っていった。

教師教育のペダゴジー

　今回の実践における教師教育者としての学びは以下4点に集約できる。第1に，学習者の関心に応えること。事前の予測は不可能である。第2に，日々傷ついたり過ちを犯したりするのが，教師教育者の現実である。第3に，教師教育者が奨励したい学び方は，（実習生に対して）明示的にモデリングされ，「感じて」もらわない限り伝わらない。第4に，教えている時，当事者（教師教育者と実習生）は，それぞれ別のことを見ている。それゆえに，見えていないことを見えるようにするための知識と実践が必要とされる。

　実習生に関して明らかになったことは，以下の4点である。第1に，実習の初期は，教えることよりも内容に関心が向かいやすい。第2に，同僚に対する

専門的批評には努力を要する。通常は難しい論点を避ける傾向にあるためである。第3に，自分で実践しジレンマに直面して，はじめて単なる技術・原理の習得を越えて，教えることを学ぶ次元へと移行できる。第4に，信頼関係の醸成された場であっても実践途中で直面する矛盾に苦労する。

結論

教師教育者が実習生に「大学で学んだことを実践してほしい」と願うならば，教師教育者自身が大学の講義の中でも自己の弱さを実演しなくてはならない。ただ，弱さをさらしても教師教育者と実習生の溝を完全に埋めることはできない。だからこそ，教師教育者はオープンマインドな姿勢でなくてはならないのである。

注
1) ジョンとマンディは本論文の著者であるアマンダ・ベリーとジョン・ロックランのこと。ジョンは初任教育者であるマンディの指導者である。
2) 1年目のジョンとマンディの関係は，2年目にはマンディとピッパの関係に置き換わったことを意味する。

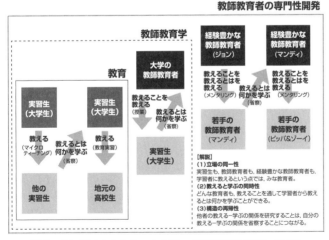

論文に組み込まれたセルフスタディの三重構造 (草原，2017)

3.2 教師教育プログラムと実践のための基本原理の開発
F. コルトハーヘン，J. ロックラン，T. ラッセル，2006 年

> Korthagen, F., Loughran, J., & Russell, T. (2006). Developing fundamental principles for teacher education programs and practices. *Teaching and teacher education*, 22(8), 1020-1041.

> 教師教育プログラム　　実践の原理　　共通言語の開発
> クロスカルチュラル・アプローチ

　長年学界において重要でない研究領域とされてきた教師教育が，1990 年代から徐々に学術研究の対象として重視され始めた。それには 3 つの理由がある（Fenstermacher, 1997）。

　(1) 学校現場の現実と教員養成課程の学びがつながっていないという不満が教師教育の構造と実践の両方を再考させる圧力となったこと（Barone et al., 1996；Sandlin, Young, & Karge, 1992）。また従来の理論に重きを置いた講義中心アプローチに疑問が持たれるようになったこと（Ben-Perez, 1995）。

　(2) 教師教育への批判に対する合理的な根拠が示されたこと。たとえば，教師教育で学んだ知見が「洗い流されてしまう」現象などから教師教育の効果が問題視されるようになったこと。

　(3) 構成主義（Fosnot, 1996；Sigel & Cocking, 1977）のような教えることと学ぶことに関する新たな考え方が広がり，状況に埋め込まれた知識（Brown, Collins, & Duguid, 1989），または経験と感情に強く織り込まれた知識のような新しい知識の特性が論じられるようになったこと。

　その後，20 世紀終わりに教員養成の新しい方法の模索が始まり，また，教師不足から生まれたオルタナティブな認証プログラムの数が増加し，高等専門学校と密接に関連したプログラムが作成されるようになった（Bullough & Kauchak, 1997a；Darling-Hammond, 1994）。そのような教師教育の再構築の試みにおいて理論より実践が重視されるようになり，理論を通して実践の理解を

深めていくのではなく，実践の技を凝縮して伝えるような，これまでとは逆の動きがしばしば起きたという。これは理論と実践の往還の議論が進んでいないということを示唆した。本論文では，教師教育のペダゴジーを実証に基づく実践志向のものとするために，理論と実践の融合が検討されている。

　本論文のテーマは，教師教育者と実習生の期待や要望に対応できるプログラムと教育実践の中心原理は何かということである。異なる環境や国においても通用する実践を築くための知識を開発しようとする場合，その前提条件として，実践の改善のための取り組み事例の分析や教師教育者と研究者の共通言語の開発（Loughran, 2006）が必要であると考えた。そこで，特定の文脈や文化を超えるために「クロスカルチュラル・アプローチ」が採用された。

　本研究では，3大学の事例（オランダのユトレヒト大学IVLOS教育研究所，カナダのクイーンズ大学教育学部，オーストラリアのモナシュ大学教育学部のプログラム）が分析された。伝統的な3プログラムの分析において，研究者たちが内部者の視点を提供できたため，また，それらが一般的な構造を共有しているため，比較が可能であった。なお，これらのプログラムはこれまでにも先行研究の対象となってきたため，本研究では既存資料のメタ分析を行った。また基礎となる原理や特徴を引き出すためにその他各種資料も活用した。

　教師教育実践の原理の抽出に用いられた基準は次のとおりである。

1. プログラムのスタッフが基盤と考えているもの。
2. あまりにも当たり前でないもの，他のプログラムとの違いが際立つもの。
3. プログラム全体を通じて多くの実践において認められるもの。

　プログラムの特徴を示す典型例は，より一般化可能な状況に応用可能なものである。つまり，我々はラサー（Lather, 1991）が反応を引き起こす妥当性と呼んだように，研究において実践の変容を引き起こす度合いを高めるようにしたのである（Zeichner & Noffke, 2001参照）。

　メール，対面の会議，ワークショップ，学会発表を通して，私たちは理論的枠組みの構築と再構築（Schön, 1983）を行った。そして相互に仮説を検討し導いた原理を事例で説明し，枠組みに事例を位置づけていった（Anderson, Herr, &

Nihlen, 1994)。また，省察こそが個人の知識を超え実践を発展させていくものと考え，実践の改善に直接影響を及ぼすと考えられる葛藤やジレンマにも着目した。省察によって意図的に個人の限界を押し上げ，知に関する共通言語にアクセスしやすくして知の一般化を目指した。さらにはこうした事例がつながって，事例の検討後も議論がなされる環境が継続するよう留意した。

クイーンズ大学では，第1タームの16週中14週間を実習とし，授業開始初日から実習を始めるようにした。この変化は専門性開発の場を大学における座学から実学に変えることを意図していた。30年近く構造に埋め込まれていた2つの前提を変えたのである。

1. 教えることを学んだら，容易に実践へ転移できる。
2. 学生指導のために，教科に焦点を当てる。

また，この変化は，教師教育者に自身の仕事や専門家としての信念や実践の問い直しを迫った。たとえば，

1. 教員志望者が豊富な教授経験を持っている場合，教え方を変えるべきか。
2. 中等教育段階の教員志望者に対して，専門教科外の指導教員がつくことは適切か。といった議論が継続された。

ユトレヒト大学では，プログラムは学校管理職や指導教員との緊密な連携の下で開発され，2回の主要な実習期間を中心に構成されている。プログラムは教育効果に関する調査結果に基づいて改善され過去20年劇的に変化してきた。

モナシュ大学では，伝統的な教育学のディプロマ（1年コース）は，ダブル・ディグリー・プログラム（BA［文学士］／B.Ed.［教育学士］およびB.Sc.［理学士］／B.Ed［教育学士］）の導入によって補完されている。

3プログラムに関わる教師教育者たちは，人は経験を通して学習するのではなく，経験の省察や他者との交流を通じて学習するものであるという考え方を共有している。それゆえ，教えることと学ぶことの両方において，省察と相互交流による学習支援が重要で，それらに焦点を当てることにより学習のプロセスが明らかになると考えている。こういった実践知は特定状況における気づきを促すもので教師教育の根幹を理解するうえで重要である。

本研究の結果,実習生の学びとプログラムの変化について7つの基本原理が構築された。

原理1：教えることについて学ぶことは,絶え間ない葛藤と相容れない要求を必然的に含むものである。

原理2：教えることについて学ぶことは,すでにある知を学ぶというよりむしろ新たに知を創出していくという知識観を要求する。

原理3：教えることについて学ぶこととは,カリキュラムから学習者へと視点を移すことを求めることである。

原理4：教えることについて学ぶことは,教師による実践の探究を通して強化される。

原理5：教えることについて学ぶことは,仲間と緊密に協力して,教えるために学ぶ取り組みに重点を置くことを必要とする。

原理6：教えることについて学ぶことは,学校と大学,そして教育実習生の緊密な関係を必要とする。

原理7：教えることについて学ぶことは,プログラムの中で推奨されているアプローチが教師教育者自身の実践の中で示されている場合に強化される。

以下の3つの構成要素は,相互に接続されている。①実践を規定する知識観と学習観－原理1・原理2・原理3,②プログラムの構造と個別の実践－原理4・原理5,③スタッフと組織の質－原理6・原理7。これらは個別に介入すればその領域の効果が上がるというものではなく,①の教えることに関する知識を高めようとするのであれば③の学びあう関係性の構築にも留意する必要がある。3要素のつながりがより高い効果をもたらすのである。

教師教育におけるプログラムの構造と実践の変化は,効果を発揮するまでに長い年月のかかる深いプロセスを要する。なぜならそれは教師教育に関する考え方の変化を必要とし,日々の仕事に多大な影響を与えるからである。スタッフ開発の長期プロセスや大学教員,実習生,指導教員のトレーニングも必要となる。さらに,大半の教師教育者が特別なトレーニングを受けずにその職についており（Korthagen & Russel, 1995）,ほとんどの場合同僚からの支援も受

けていない（Ducharme, 1993）。「スタッフや組織の質の重要性」は重く受け止められず，教師教育担当者の体系的な専門性開発は一般的ではない。

　教育研究の 40 年の歴史の中で，教えることの知識については顕著な発展があったにもかかわらず，理論と実践の乖離の問題は解決困難であるように思える。

　7 つの原理は教師教育のペダゴジー開発の共通言語を作成するひとつの方法であり，教師教育を内部から再構築しようとする教師教育者に指針と可能性を示唆している。これらは文脈に応じて応用可能で，独自のプログラムや実践がペダゴジーについての新しい理解を発展させることの手助けになるだろう。

3.3 教師のアイデンティティを確立するペダゴジー
J. ロックラン，2014 年

> Loughran, J. (2014). Pedagogies of Developing Teacher Identity. In Cheryl J. Craing & Lily Orland-Barak (Ed.), *International Teacher Education: Promising Pedagogies (Part A) (Advances in Research on Teaching, Volume 22)*, Emerald Publishing Limited, pp.257-272.

教師のアイデンティティ　　実践知　　教えることを学ぶこと
ペダゴジー上の合理性　　気づき

　教職履修生が教師としてのアイデンティティを確立するために教師教育者が行うことは，教えることと学ぶことが有機的につながる環境作りであり，そのためにはペダゴジーが必要である。ペダゴジーとは単に教えることでも授業の方略や手順のことでもなく，教えることと学ぶことの関係性全体である（Loughran, 2013）。ペダゴジーは教えることと学ぶことが相乗効果を上げるために必要な条件である。教えることは学ぶことに影響を及ぼし，学ぶこともまた教えることに影響を与える。これが意図的になされる必要がある。

　学生には，実践にビジョンを持ち，子どもたちの学びに対する期待や望みをかなえるべく，専門家の学びとしてペダゴジー上の合理性の重要性を理解してほしい。そのために，教えることは情報伝達以上のものであると理解し，教師からの一方通行型の授業における潜在的安心感を越えることが必要である。また，裏付けのある目的志向的な実践のために，生徒たちに対する働きかけについて思慮深く考察することが大切である。さらに，教えることを学ぶ際には，その探究を中心とすることが要請される。学生たちが専門家として実践知を発展させることに価値を見出していくこと，そしてそのような実践知は教育的でダイナミックなものであるということを理解することを期待している。

教えることを学ぶこと：期待と要求

　教師教育の目標とは教師の知が発展する道筋をはっきりと示すことである（Northfield and Gunstone, 1997）。

・教師教育プログラムは，「教えることと学ぶこと」の研究手法をモデル化すべきであり，教師という専門職としてのものの見方を広めるべきである。
・教師教育は，教師の先行体験や現在の出来事に対する認識を基盤にし，教師の知識や理解に対する尊重を促進しなければならない。
・教師教育者は学校や現職教師と連携をとり，教師という専門職が生徒たちの教育機会をより良くしようとするときにその支持者である必要がある。
・教えることを学ぶことは協働的な営みである。それぞれの考えが共有できる小グループで実施されることが最も望ましい。
・教師教育は，個人としての発展，社会としての発展と同時に，教師集団の専門職的発展を必然的に含む（Northfield & Gunstone, 1997, p.49）。

　これらの観点は教師教育について思索を深めるものであり，学生にとっては特に重要である。なぜならそれらは互いに矛盾する要求，つまり「コンテンツ・ターン」か「ペダゴジカル・ターン」（Russell, 1997）かという問題につながるからである。何がどのようになぜ教えられているのか，学習経験が学生たちの実践観にどのような意味を持つのかについてふりかえり，そこから学ぶことについても意識を向けなければならないのである。

　教えることを学ぶことは多面的でわかりにくく矛盾に満ちている。したがって実践に関する専門知の開発が，学生に対する支援のひとつの方法となる。それによって学生たちは自分の学びの構想を立て，教師としての学びに対するものの見方を培う。これは教師としてのアイデンティティの発展の基盤になる。

　パーマーは「よい授業は技術に矮小化できるものではない。よい授業はアイデンティティ，そしてその教師の誠実さから生じる」（Palmer, 1998, p.10）と言う。技術は教師としての資質を伸ばすものであり，具体的な方法や安心感を与える。しかしペダゴジーを確立する過程というものは決してそんなに単純か

つ直線的なものではない (Haggarty & Postlethwaite, 2012)。

　実習生や新人教員は，教職課程で学んだ知識や技術を教育場面で展開できず，それらの基盤となる知をきちんと考察することもできない。したがってその一部を見失ったり，元の意味から切り離して理解したり，曲解したりしてしまう (Haggarty & Postlethwaite, 2012)。学生には，教えることが専門家としての実践の裏づけとなる知識基盤によって支えられているものであるということがわからない。彼らにとっては教えることを学ぶことが，教えるうえですぐに活用することができる「コツとわざ」を習得することに思えてしまうのである。

　　(学生たちは)「よい先生」と見られたいと切望している。開放的な学びの場においてよい教師に求められることは，実践の探求を積極的に行うことである。なぜならばそこは生徒たちが学ぶ場であると同時に教師の専門的な学びの場でもあるからだ。しかし閉鎖的な学びの場では，「よい先生」は表面的なアドバイスしかしない。そのような先生にとって，学びとは単にその場に適応するためでしかないからだ。新人教員や学生が「よい教師」として学び成長していくためには，少なくともその最初の時点で，実践を探求し，その実践をよりよくしていくために苦労しながらも一歩ずつ進んでいくということはどのようなことなのかを見せることが大事である。
　　　　　　　　　　　　　　　　(Haggarty & Postlethwaite, 2012, p.260)

　教師の専門的実践知への焦点化は，教師であることは何を意味するのかという観点を創造するうえで重要である。なぜならば学生は教師としてのアイデンティティを発展させ，磨きをかけ始めたところだからである。

アイデンティティを形成すること

　教師としてのアイデンティティ形成は，経験と，経験からどう学びや洞察を得たか，実践知を獲得したかに影響を受ける。したがって非常に困難なことである。
　論文には，生徒たちが自分の勉強不足について突っ込んだ質問をしてくる

ことを恐れていた学生の事例が挙げられている。

　……生徒たちは教師の失態に対する期待を膨らましているように見えた。私は深呼吸をしてから「陪審員」に向けて言った。「よくわかりません」
　……永遠とも思える時間が過ぎ，私はなんとか落ち着きを取り戻した。生徒たちは静かだった。ざっと見渡すと，多くの生徒たちがこの課題について考えているようだった。1人の女子生徒が発言し，別の生徒がさらに自分の意見を述べた。さまざまな意見が教室内を飛び交っているうちに，私は我に返った。そして自らの知識不足が問題になっているわけではないことに気づいた。
　「素晴らしい。あなたは知らないことについては恐れずに知らないと答え，それを豊かなディスカッションを引き出すために活用した。そのような実習生の授業を参観できてよかった。よくできました。」　　　　　　　　（Loughran, 2004, pp.213-214）

　このエピソードは，経験をどのように実践知の発展につなげるのかということを示している。オルムステッドは「教えることを学ぶことはどのように模倣するのかということを学ぶことではない。自己の実践を専門的な対話を通じて捉え直すことである」(Olmstead, 2007, p.148)と述べている。専門的な対話の構築が物事を捉える新たな枠組みを提供し，こうした場で経験と学びと実践知を関連づけることによって徐々にペダゴジーが発展し，専門職としての教師の全体像が見えるようになる。そのような議論が教師の専門的な実践知によって裏づけられれば，議論はより価値あるものとなる。議論の中で何をしたかだけではなく，なぜどのようにそれをしたのかまで探求されるからだ。エピソードを通して学生たちが教師教育者の語るペダゴジー上の合理性に触れることは，実践における専門的知識と強く結びつき，専門職としてのアイデンティティ構築につながる。

ペダゴジー上の合理性と教えることを学ぶこと

　教育的な働きかけを形作る思考や観念，懸念を学生たちに明らかにする……前の

授業についての考察，次の授業の目標，次の授業に対する自分の期待，そしてこれらがすべて全体として繋がっていること……もし学生たちが教えることについて学ぶことの複雑な特質についてきちんと理解したいと思っているのであれば，教えるという行為に対して，教師がどのように考えているかが明らかにされなければならない。もし学生たちが自分自身の実践（と関連させて教えることについて学ぶことの複雑な特質）を真剣に考察したいのであれば，なおさらである。

（Loughran, 1996, pp.28-29）

教師教育の共通課題について，マンディとチームを組んで考察することは，個人では持続しえない新しい学びの力を創出した。私たちはペダゴジー上の合理性と実践知の発展を何より大切にし，私たちの実践が何に由来し何を目指すのかを明確にするよう心がけた。信頼できる同僚との協働によって継続的に知を洗練させより多くのものを学ぶことができるが，利点はそれだけではない。他者と協働することは，教えることにおけるリスクをとる勇気を与えてくれるのである。これはひとりではなし得ないことである。

学生たちは教師としてのアイデンティティを構築する過程で，合理性と実践と知を関連づけることによって，「教師のように考える」(Crowe & Berry, 2007) ことがどのような意味を持つのか考えさせられる。「いつもの手順や手続きの単純な繰り返しと表面的に見られてしまうよりも，教えることと学ぶこととの関係性が理解され，経験され，探求されるために，教師教育者が実践の見えにくい部分を明らかにする能力を持って積極的に追求するのであれば」(Loughran, 2013, p.130) 学生たちが独立した自律的な学習者であることを教師教育者が信じることが必要不可欠になるのだ。

　……教えることについて学ぶことの意義を見出し，発展していくために学生たちが自ら責任を引き受ける能力とやる気は……教師教育者の激励と支援によって促される過程である……それは学生たちの学びを導くと同時に個々の学習者の自己成長に対する権利を尊重することでもある。

（Berry, 2007, p.163）

ペダゴジー上の合理性を明らかにすることは容易ではない。なぜならば質の高い学びには学習者が納得することが不可欠だからである。どのような実践においても学習者の納得を得て進めることが教師教育の過程においては最も重要な原理といえよう。

理論と実践をつなげる

教師にとって必要な知は何か（Fenstermacher, 1994）と問うことは，多くの点において「通常は，より科学志向的」である。一方で学生が考える教師の知とは原因と結果が明らかな方法論であり，学生たちの認識を左右するとともに，一般化されうる成果を期待され，理想化される。

学生たちには教師の知がどのように発展し構築されるのか，実践においてその知がどのような価値を持つのかは曖昧でわかりにくい。これはしばしば言われる理論と実践の不一致である。学校現場から見れば大学は象牙の塔であり，大学からみれば現場は低湿地（Schön, 1983）に例えられる。しかし実践から知を抽出し構築すれば，実践知の価値はまた異なるものとなる。

教師は生徒の主体的な学びを支えようとするが，一方でその学びに責任を感じる。その葛藤の中心にペダゴジーがある。教師が抱える葛藤を実践から得られる理論を構築するものとして理解することは重要な観点であり，それは教師が探求を通じて得る「気づき」（Mason, 2002, 2009）である。「気づき」は教師としての意味あるアイデンティティを育成していくうえで重要である。葛藤に内在するメッセージを概念化していくこと，つまり教えることの背景にあるペダゴジー上の合理性に注意を払っていくことも重要となる。このように理論と実践は連続体である。教師教育者にとってそのような学習環境を創造することは学生たちを有意義な学びへと誘う非常に重要な取り組みである。

3.4 教師教育に対する理解を促進する
J. ロックラン，M.L. ハミルトン，2016 年

Loughran, J.J., & Hamilton, M.L. (2016). Developing an Understanding of Teacher Education. In J. Loughman & M.L. Hamilton (Eds.), *International Handbook of Teacher Education*, vol.1, Springer, pp.3-22.

> PCK　　TPK&S　　理論と実践の往還　　言行一致
> モデリング　　教師教育者のアイデンティティ

はじめに

　教師教育（初期教師教育である教員養成を含む）は，教師の専門性開発における導入教育であると同時に，専門性開発の実質的な出口と認識される傾向がある。このため，キャリア全体を通した教師の専門性開発についても一方向的な「伝達と受容」の教育観に基づいた専門性開発モデルが強固に存在する。本論は，「伝達と受容」モデルに依拠した教師教育が継続的に維持されているという課題を出発点に設定する。

教えるための学び

　教育を単純な伝達行為とする通念は，教育課程を優れたものにすれば「即戦力」（TEMAG, 2014）が形成されるとする誤謬を支えている。また，教師教育の文脈で「トレーニング」という語句が用いられている背景にも，教えることに関わる複雑な学び（Britzman, 2003）をトリビア化する認識がある。

　教育実践に関わる知の位置づけ，実践の困難な特性（Nilsson, 2009），実践におけるディレンマへの気づきとその克服に資する知識・技能・経験（Cabaroglu, 2014；Wallace & Louden, 2002）などは，「教えるための学び」は単純なトレーニングによって得られるものではなく，教育的に意図を持った経験が不可欠であることを明確に示している。教師の職能形成のプロセスをトレーニングとして単純化した認識は，教師教育のプロセスおよびその評価をも単純化すると

ともに，有識者が無学者に知識を伝達するという学校教育における権威構造を教師教育が追認・強化することにつながる。

こうした単純化は，教師教育をめぐる課題を深刻なものにしている。教えるという行為の複雑さを積極的に認識し，その特性を尊重することこそが，教師教育の質を追究していく核となる (Shulman, 2007)。予測不能で複雑な変化に，理論的基盤を背景にした判断と，高度な知識と思考とを活用して応答する専門性を学ぶ場として教師教育を位置づけるならば，学生と同様に教育者自身も理論と実践を土台とした高度な学びを追求する必要があることは自明である。

理論と実践：実践と理論

理論と実践との往還をめぐる議論は枚挙に暇がない。学校を実践の場として捉え，研究の場である大学を象牙の塔と揶揄するような理論と実践の断絶は，教師教育課程において実習をより有意性の高い学びとして捉えるといった意識となって現れる (Ferrier-Kerr, 2009)。そのような学生が教師になり実習生を指導する立場になると，教育実習を単なる通過儀礼 (Graham, 2006) の場に矮小化し，理論と実践が断絶した状態を再生産することになる。

「教えるための学び」を，トレーニングや見習いを介したものとする視点は，理論と実践との分断を助長する。さらに，十分な質を担保できていない実習，「良い教師は良い実践をする」という思い込み，教師は政府の方針を忠実に実行する技術屋であればいいという見方など，実習生の専門性開発の妨げとなる実習特有の問題もまた理論と実践の分断につながる。教えるということは何か，そしてどのように学ぶことが最良なのかは，理論と実践の分断というよりも教えることとは何かという観点の違いが示す問題である。教えることと学ぶことをめぐる諸課題の探究を「教えるための学び」とする場合，理論と実践は相互補完的に機能する。教師教育における理論と実践の分断の直接的原因は，教師教育が理論的側面と実践的側面を持つこと自体ではなく，「教えるための学び」をめぐるアプローチの差によって生まれる問題であるとする認識が肝要である。

学習内容についてのペダゴジー上の知識
(Pedagogical Content Knowledge：PCK)

　学習内容についてのペダゴジー上の知識 (PCK) は，(教育実践が扱う教科内容知≒Content Knowledge に対して) 教育を実践することそのものについての重要な実践知を表す概念としてショーマン (Shulman, 1986, 1987) によって提唱された。PCK の概念は教育実践の研究開発が単なる「有効な実践方法 (対処療法)」を集積したものではないことを明示する (Appleton, 2002)。PCK を用いることによって学生は，その学習内容をどのように，なぜ教えるのかということについて考え，自らの専門的な学びについての考えを発展させることができる。ウォルナフ (Woolnough, 2009) の研究は，PCK の枠組みにそって教員養成課程の理科専攻の学生にそれぞれの実践の省察をさせたところ，実践における「伝達と受容」モデルに批判的な視点が形成されたことを示した。また，PCK を基盤とする教師教育は，①学習内容の背景にある理念，②その対象を学習者が学ばなくてはならない理由，③その対象理解における学習者の課題，④学習者理解の必要性をあきらかにし，教師教育の質的変化を牽引した (Hume & Berry, 2011)。

　PCK は，教育実践を支える知識と技能の複合体であり，活用を前提とする活用知であり，学校現場や学習者，指導内容や指導環境など，特定の条件に応じた基盤的知識である。PCK を基に，教育実践を介して教育実践者 (教師) と学習者 (生徒) とに与える影響 (インパクト) をめぐる知見をも加えた基盤的知識が，Teacher Professional Knowledge and Skill (TPK & S：教師の専門的知識と技能) である (Gess-Newsome, 2015, p.39)。

教えることを教える

　優れた教育の実践者の資質能力を構成する要素は，教科の知識，教科教育上のさまざまな課題についての知識，それらの課題が呈する学習上の問題を低減する指導法の知識など多岐に渡る。こうした資質能力は，それぞれが複雑に絡み合い，教えることと学ぶことに意味のあるつながりをもたせている。

先に示したPCK（学習内容についてのペダゴジー上の知識）は，「優れた教育実践」の構成要素を顕在化させ，「教えることを教える」ための基盤となる知識を検討する切り口となる。「伝達と受容」の教育モデルなど，固定化した教育観からの移行を促す教師教育プログラムは，その実践が批判的思考を涵養し，実践の複雑さを理解し，実践を概念化する取り組みの具体化を図るものである必要がある（Bullock, 2009, pp.291-292）。そうなると必然的に，教えることについて教師が自らの実践を概念的に説明する方法が極めて重要になる。教えることを教えることの中核は，「教えることは伝えること」「学ぶことは聞くこと」とするモデルを超えて，教えることについて紐解くことと言える。

実践上の原理

　教えることについて教えることを個人のレベルで概念として理解するひとつの方法として，教師教育者が自らの実践における原理を明確に述べることが挙げられる。先行研究では，教育実践における言行一致（教育実践の意図と実践方法の一致）が重要なことが示されており（Berry, 2007；Brandenburg, 2008；Kroll et al., 2005；Russell, 1997；Senese, 2002），ブローは，教師教育実践を形作る重要な11の基本原理を示している（Bullough, 1997b）。

1. **教師のアイデンティティ**：教師である自分を思索することによって教師としてのアイデンティティが生じる必要性の認識。
2. **社会的文脈を伴う学校教育**：教師のアイデンティティ追求は，社会的文脈が学校教育に与える影響について学ぶことにつながる。
3. **社会性を支える哲学**：民主主義社会における教育の目的についての理解。
4. **信念**：教育に支持的でありつつも，既成概念を批判的に検討する専門職としての信念の形成。
5. **信頼**：養成教育プログラム（の意図や体系）を説明する重要性。
6. **学びの責任**：教職学生は養成課程での学びに関わる自らの責任を自立的に判断する。

7. **教えることへの姿勢**：最適な教育方法は存在せず，質の高い判断が質の高い実践を生むという認識。
8. **意味の形成**：養成教育での学びの経験について，学習者がそれぞれに意味を見出す。
9. **体系的な構造**：学生が養成課程の全体の体系を各自で理解できるような順序性を持ったプログラム。
10. **共通言語**：専門性を持つということは，学びに関わる共通言語を持つということである。
11. **自己評価・省察**：教育行為には目的ある継続したデータに基づく自己評価・省察が求められる。

教育実践の意図と実際の実践との一貫性は，その教師教育プログラムの学習者の学びの設計において重要となる。

教師教育者のアイデンティティ

教師教育者のアイデンティティをめぐる先行研究(Ben-Peretz, Kleeman, Reichenberg, & Simoni, 2013; Boyd & Harris, 2011; Bullough, 2005; Davey, 2013; Murray & Kosnik, 2011 ; Sachs, 2005)では，教師教育者とは，単に大学で教員養成に携わっている教師を意味するわけではなく，教師から教師教育者としてのアイデンティティを持つに至るまでには時間がかかるとしている（Murray & Male, 2005）。この移行が容易ではないことについてウィリアムとリッターはザイクナーを引き，「効果的な教育実践をする教師が必ずしも優れた指導者になるとは限らず，教師教育には学校教育実践とは異なる特有の知識や価値，技能が存在する。このため，学校現場での熟練教師が，教師教育者としては初学者になるという難しさがある」(Williams & Riner, 2010, p.82)と示している。

教師から教師教育者になる過程で必要なのは，教師の主要な役割として担ってきた実践をその役割の一部として担いながら，研究も同様に重要な位置づけとして担うことである。さらに教師教育者として入り口に立つ教師は，教育と

研究を独立した2つの役割ではなく，相互補完的な責任として認識する必要がある。しかし，近年の大学における研究評価環境は，「教えることを教える」研究を質的に評価するのではなく，管理的な量的成果主義（Menter, 2011）に傾倒している。この結果，教師教育者も教えることを教えるということが本質的に何かを問うことよりも成果主義の影響を受けた営みに傾倒する。そのために，教師教育者のアイデンティティとその成立過程は複雑化する。ディンクルマンはジー（Gee, 2001）のアイデンティティモデルを参考に教師教育者のアイデンティティ構築の検討を試みている（Dinkleman, 2011）。

ジーのアイデンティティ4観点
1. 特性（それぞれの特性によるアイデンティティ）
2. 組織性（それぞれの役割によるアイデンティティ）
3. 対話性（他者との関わりや対話によって規定されるアイデンティティ）
4. 帰属性（組織や集団への帰属意識が規定するアイデンティティ）

ディンクルマンは教師教育者が，教育者としての役割と研究者としての役割との間で教師教育の専門性を確立することに戸惑いを覚える実情を示したうえで，優れた教育実践者である教師が，教師教育の実践を対象にした研究課題を設定し，教育と研究の双方から求められる責任に応答することは，必ずしも現実的ではないと指摘する。

教師教育者に求められる教育と研究の役割と責任をめぐる課題は，ディンクルマンのみならず，他の研究者の多くも指摘している。しかし，教師教育プログラムが，その学生に実践を研究する教育者となることを求めるのであれば，教師教育者自身が教育と研究とをつなぐことに努めることは，教師教育プログラムの質を左右する重要な要素となる。

実践のモデリング

教師教育課程の入り口にある養成段階の学生に，教師としてどう振る舞う

べきかを教え込むことは，(教職キャリアを通した資質能力形成において) 有効とは言い難いにもかかわらず，入り口段階の養成教育に重度に依存する傾向がある。入り口重視の教師教育は，学生に対して「現場でなにかしら有用な知識」を教育しなくてはならないという認識を教師教育者の潜在的な意識として植えつける。そして，その意識が実際の教育実践に顕著な差となって現れる。換言すると，養成教育に偏重した教師教育は，カリキュラム内容の伝達を重視し，そこで教育されている学びの具体化を置き去りにする傾向を生む。

　養成段階で行われる教育実践のモデリングを介して，実践についての理解を形成し，専門性の構築を図ることは合理的だろう。異なった実践方法や姿勢から学ぶことは，学びの質について批判的に検討する機会を意味するとともに，実践における「なぜ・どうして」という教師教育における重要な問いに自ら取組むことにつながる (Cheng, Tang, & Cheng, 2012；Loughran & Berry, 2005；Segall, 2002)。教師教育者がその実践の根拠となる教育学的目的を健在化させることは，教師教育実践の模倣において有意である。こうしたアプローチのもとでは，養成段階の学生は，彼 (女) らがまさに経験している学びを形成する実践の背景にアクセスし，批判的に検討を加える機会を得ることになる。教師教育での実践における方法とその意図を明示し，これを共有することは，教師教育そのものを厳しい批判に晒すことになる。これは，養成段階の学生自身がまさに経験している「教えるための学び」とその背景にある実践の意図とを結びつけて考察し，実践を客観的に検討することを可能にする。

　この点についてセルフスタディの先行研究は，「言行一致」を重視してきた (Bullough & Pinnegar, 2001；Clift, 2004；Crowe, 2010；Ham & Kane, 2004；Hamilton, Pinnegar, Russell, Loughran, & LaBoskey, 1998；LaBoskey, 2006；Tidwell & Fitzgerald, 2004)。これは実践と実践意図とが必ずしも一致しない「実際の教育に生じる矛盾」に立ち向かおうとする姿勢の現れと言える (Russell, 2000)。

　養成段階の学生に，「教師のように考える」視点を形成するためのアプローチとして，以下の5原則が提示されている (Crowe & Berry, 2007)。

1．学習者の視点から教えることを考える学びが必要。
　学習者の役割を経験することは，学習者の視点を獲得することに不可欠。
2．経験豊富な教師がどのように思考するかを見る機会が必要。
3．教師のように思考する能力を獲得するために教師のように思考する機会が必要。
4．思考を発展させる足場として，実践についての方針や問いの枠組みが必要。
5．信頼関係の構築が必要。これが教師のように思考すること，また教師となるために学ぶ学習者を支援することの根幹となる (p.33)。

　教育実践における目的と方法とをはっきりと顕在化させることが，教師教育の教育手法として不可欠であり，教えることについて教えるためのモデリングに求められる根本的な要件である (Loughran, 1996；Loughran & Berry2005)。教師教育では，養成課程の学生が，教師教育の思考プロセスをたどることで，教育実践の意図と学習活動から得られる学習成果とについて理解し，異なった学習者や矛盾する条件での学習経験について思考することができるようにしなくてはならない。こうした思考経験を可能にする教師教育プログラムは，教えることをめぐるそれぞれの個人的知識や専門的能力形成を進める。この点において，教師教育のモデリングは，単に優れた教育実践を示すのではなく，教師教育の過程において教育実践と学びを批判的検討にさらすこと，教育実践を行う教師教育者の教育学的意図を明確にすることを指す。

4章　教師教育者になる

【解説】

　本章で取り上げる論文は，いずれも教師が教師教育者になることについて論じたものである。

　最初の論文 4.1「教えることについて教えることを研究する：教師教育実践のセルフスタディ」は，セルフスタディが関心を集め始めてから 10 年ほど経ち，研究の世界においてすでにセルフスタディという方法論が確立した後の論文である。セルフスタディの 4 つの要件，教師教育実践におけるセルフスタディの役割，実践と研究の関係性などについて説明しつつ，教師教育者にとってのセルフスタディに取り組むことの意味を解き明かしていく。

　本論文を読むためには，まずセルフスタディについての前提知識が必要となる。そこで，ここでセルフスタディについての基本を押さえておく。

　セルフスタディとは，質的であれ量的であれ，当事者（自分）の実践を素材とする研究のことを言う。自分および自分の関わる集団（協働する仲間や組織も含む）を対象として分析し，教えることについての知識を生み出すためになされる。セルフスタディによって，個人の実践のレベルを超え，教育実践の知識について研究し，他者と知識の共有を図り，知識を育てていくことが可能になる。方法や技術ではなく，メソドロジーのアイデアでありディシプリンである。なお，教師教育者によってなされるセルフスタディを特に S-STEP（Self Study of Teacher Educators Practices）と呼ぶ。

　セルフスタディは 1992 年のアメリカ教育学会（American Educational Research Association）におけるトム・ラッセルやコルトハーヘンらよるディスカッションの中からスタートした。学界からは当初，その研究スタイルを否定された歴史を持っているが，今日では，国際ハンドブックが発行され（編者はロックラン），

多くの書籍や投稿誌が刊行され，世界における教師教育のペダゴジーを形作る中心概念のひとつとなっている。

　一時期は，研究（学術論文として認められるレベルの研究）の世界から追い出されそうであったセルフスタディであるが，精緻な研究と理論の積み上げによって，反対の旗手であった研究者から，ロックランは「これからはお前がゲートキーパーだ」と言われたという逸話がある。そうした経験も踏まえてロックランは，時に教師教育者は「リスクをとる」ことが必要であると強調する。セルフスタディに取り組むことは従来の思考に対して挑戦することなのである。

　セルフスタディには，単なる実践記録や実践研究とは異なる明快な4つの特徴がある（LaBoskey, 2004）。それぞれの簡潔な説明を試みてみよう。

1) 実践の改善を目的とすること：個人の経験を明示化し，自他による記録等を繰り返し読み込んで隠れたカリキュラムを探求し，妥協してきた点を確認しつつ，脚色されたストーリーや生のストーリーを分析し，よりよい実践を意識して目指すものである。

2) 相互作用的，つまり批判的友人の介入があること：自分自身のナラティブな記録や実践記録等をもととして，安全な他者の視点を入れて研究を進める。つまり，メンターからの示唆を受けたり，同僚にインタビューしてフィードバックを受けたり，受講生（生徒・学生）の提出物等を分析したりして，多面的なエビデンスを得ることが必要である。

3) 多様な手法を用いること：質的研究であれ量的研究であれ，しっかりした研究手法（メソッド）を用いることが求められる。ただし，セルフスタディ自体は特定の研究手法（メソッド）を志向するものではなく，研究の方法論（メソドロジー）である。目的にあった研究手法を選択して用いればよい。

4) 専門家コミュニティの構築をめざすこと：熟議，検討，判断を協働して行う専門家コミュニティの構築を目指して行われる研究である。個人のリフレクションは，個人の実践の改善のみならず，教師教育機関のプログラム改革などの教育・学校文化上の重要な課題の認識をもたらすことにつながっていく。

さて，教育の世界でセルフスタディを特に必要とするのは，まず，教師教育者を目指す現場教員である。教員時代の実践記録等をもとに，セルフスタディによって教師教育者としての実践の向上を図りつつ研究の基本を身につけていく。協働できるコミュニティを構築する必要があるため，学会や研究会に参加しながら力量をつけていくこととなるだろう。

　また，大学教育において教師教育に携わる教師教育者がS-STEPを進めていくことは，教師教育実践の実践知の理論化を促進し，教師教育者のアイデンティティを形成し専門性開発を進めていくことになる。

　特に日本においては，実践家から研究者へという方向性のみならず，研究者から実践家へという逆の方向性もまたセルフスタディによって促進される可能性があるということは特筆しておくべきだろう。

　さて，2番目の論文，4.2「教師教育実践を研究する：セルフスタディに対する課題，要請，期待への返答」は，セルフスタディに取り組もうと試みる研究者必読の論文である。セルフスタディという名称から，自分の実践を記述すれば研究論文になるのではないかという甘い幻想を本論文は完全に否定する。

　実際のところ，セルフスタディが教師教育の学界で価値ある研究手法として認められるようになるまでには長い年月がかかっている。多くの研究者が努力して丁寧に積み上げた論理による説得力がセルフスタディを支えている。今ではセルフスタディは「学問」「研究」であると認められ，アメリカ教育学会の分科会から発展し，1996年から2年に一度イギリスのクイーンズ大学国際研究センターで開催されてきた教師教育者によるS-STEP SIG（Special Interest Group）の合宿研究会「キャッスルカンファレンス」の査読は大変厳しいと言われている。

　そこで，本論文を参考に今後セルフスタディに取り組む教員，教師教育者が出ることが期待される。セルフスタディがいかに教師教育の専門性開発に重要な役割を果たすか，教師教育が学問分野として確立していくためにどれほど不可欠なものであるかを本論文で確認していくことができる。日本の教師教育にセルフスタディが果たす役割は今後大きなものになるに違いない。

次に，3番目の論文，4.3「教えることを教えるための知識を追求する：ものがたりを超えるために」は，セルフスタディが「セルフスタディをする」レベルのものではなく「セルフスタディの価値を創り出す」ところにまで達する必要があることを説明している。

そこで最初に，日本において発展してきたいわゆる実践研究とロックランの言うセルフスタディがどう異なるのかについて確認しておこう。

日本の教育実践研究にはたとえば，以下のような研究がある。

① 著名な実践・実践家の実践記録の分析研究
② 生徒の作品などの「ローデータ」をもとにした教育実践の分析研究
③ 自分の，あるいは所属機関の複数の教員による実践記録による研究
④ ライフヒストリー研究やナラティブな物語を扱う研究

③，④がセルフスタディに類似のものと考えられるが，さて，これらはセルフスタディと呼べるだろうか。

たとえば，取り上げる実践を当初から肯定しよう追認しようとしている場合，たとえば，矛盾や葛藤が捨象されてきれいにまとめられ，そこにあるはずの教育の困難さの分析がなされていない場合，たとえば，外部識者による視点を得ていてもコメントが上意下達となっている場合，たとえば，問題意識は多少あるにせよ先にテーマが決められて，研究のための研究をしているというような場合。そして，残念なことに研究結果がその後の教育課題の解決に活かされていない場合。日本ではこのような実践研究が現場で少なからずなされてきたのではないだろうか。そして，そのような結果，研究をいかに進めていくかが教師教育の目下の課題であるという欧米に対して，日本は残念ながら修士化の促進が言われた割には研究が軽視される状況になってしまったのではないだろうか。日本のほとんどの教育関係学会の発表には今もなお査読がなく，「研究結果の詳細は当日」と書かれた口頭発表の抄録も散見されるのが現実である。

ちなみに日本教職大学院協会は，教職大学院の3つ目の特色として，「(教職大学院は) 教育分野の高度専門職業人の養成に特化しているので，研究指導や

修士論文は課されないこと」を挙げている．つまり，教職大学院は「理論と実践を融合した教育内容，方法を学ぶ」場であるとされている一方で，研究と実践の融合は目指されていない．

一方で，近年，急速な教育改革で日本でも話題のフィンランドにおいて，教員は研究を学ぶという意味において修士課程修了を求められており，フィンランドを含む北欧やオーストラリアなどでは教員にも研究能力が重要と考えられている．また，既述のように，欧州各地の高等専門学校で教師教育に取り組んでいた教員たちは，高等専門学校が単科大学化していったときに自動的に大学教員兼研究者となり，そこで自分たちの専門性とアイデンティティを活かした研究を探し求めて試行錯誤し，セルフスタディに行き着いた．このように，実践と研究の往還の模索の結果が，セルフスタディと言えるだろう．

本論文は，セルフスタディが単なる記録や物語を超えて，次の実践に役立つ知識を学術的な要求に応える形で提示すること，知識の生成を描写することであると説明している．セルフスタディは特定の誰かの振り返りの物語を超えて，学問と知識の発展に寄与する研究であり，研究に取り組んだ本人の研究力を高めつつ，教育や社会に貢献する研究の方法論なのである．

日本にもセルフスタディの考え方と実際の研究方法が導入されれば，教育実践の現場における研究のスタイルが変わるかもしれない．高度専門職業人や実務家教員に求められる専門性が変化するかもしれない．セルフスタディはそのような大きな可能性を持つ「研究観」の変革をもたらす概念ではないだろうか．

これまで日本において，いわゆる研究者教員が行ってきた教育学研究や教師教育研究と，実務家教員が現場で行ってきた実践研究や実践記録，そして教員養成機関で実践的教育を行う教師教育者が行う研究とセルフスタディはどう異なるか．それらは子どもたちに対する教育実践にどのような寄与をし，どのように教師教育に役立つのか．本論文は，そのような問いにも答えを示していると言えるかもしれない．

さて，次の論文は4.4「教師教育者になるということ」である．

教師教育者の専門性開発やアイデンティティに焦点を当てた研究は日本においても徐々に増加している（6章末参照）。またM. ルーネンベルグら（2014）の『専門職としての教師教育者』（邦訳：武田信子・山辺恵理子監訳・玉川大学出版部, 2017）には，世界各国の信頼できる教師教育者研究が網羅されており，これらを先行研究として精査し吟味していくことで，日本の教師教育者研究が飛躍的に進むことが期待される。

　これから教師教育者の専門職コミュニティが広がり，教師教育者の専門性開発に関する情報やアイデアがさらに共通基盤となる知識や情報として共有されていくことで，教師教育を取り巻く教育環境も大学環境も整備されていくのではないだろうか。大学がそれぞれの教員養成をどう変化させていき，どういう新しい教育を子どもたちに提供するための研究機関，教育機関として再生していくことができるのかが問われている。

　また，これからの数年は，教師教育に携わる研究者や実践家が，個人として「教師教育者」という新しい概念に自分のアイデンティティをどう重ねていくかが問われていくことになるだろう。教師教育学という学問も教師教育者という専門職も，まだまだ発展途上で社会的にはほとんど認知されていないというところから私たちはスタートしなければならない。

　ところで，日本では「理論と実践の往還」を標榜する授業で，研究者教員3名と実務家教員3名それぞれがオムニバスで並列に授業をしているというプログラムが行われていることもある。その背景には，「学生が自分の中で理論を咀嚼し，探求，理論化を行えばいいのであって，それこそが教職大学院における理論と実践の往還，融合である。」（国立教員養成大学・学部，大学院，附属学校の改革に関する有識者会議（第3回）平成28年11月8日発言より）という発想が根強くあると考えられる。このような正式な会議で往還がどのようなものであるかが共通理解となっていない現状でどうして学生に学ばせることができるのだろうか。また，ベテラン教員はこれまでの教育においてベテランであっても最新の教育については必ずしもベテランではないはずである。最新の教育や学問や研究を学ぶはずの大学，大学院では，学問の基盤を確かに押さえつ

つこれからの教育を作っていくチャレンジングな教師教育者を集めていく必要があるだろう。そしてこれからの新しい学校を作るためにどんな教師教育が必要かを教師教育者は協働して考えていく必要があるだろう。

　本論文には，教師教育者のアイデンティティを考えていくうえで必要な今後の研究方法から省察の方法と意義，そこで生じる揺らぎの意味と新しく構築すべき教師教育のペダゴジーについて書かれており，それらの記述は，これから教師教育を担っていこうとするチャレンジャーに智慧と力と勇気を与えるだろう。

　さて，本項最後の論文は，4.5「教師教育者の専門性開発」である。

　この論文は大学という場で教師教育者によって教師教育がどのように行われていく必要があるか，そのためにどのようなアプローチをとる必要があるかを解説している。教師教育は日本の大学においてもまた歴史的にも学問として一段低くみなされてきた。その高度で複雑な過程が知られなかったからである。したがって，日本の教師教育者たちはまず教師教育の高度さを自らが理解し実践できるようになり，その合理性を明示化できるようにならなければならない。研究機関としての大学において教師教育学が一定以上の地位を獲得して，優れた教師を輩出し子どもたちの教育を変えて行くためには，その努力がどうしても必要である。

　しかし問題なのは，海外と異なり，日本においては最初それを実務家教員がやるのではなく研究者教員がやらなければならないということである。これは世界でも他に類のないチャレンジである。大学で圧倒的多数を占め，研究のハウツーや大学という組織運営のあり方を知っており，研究者として学界で一定の評価を得，政策にもつながっている者たちが，自分の教師教育の歴史と環境と実践を振り返るセルフスタディに，矛盾や葛藤と向き合いながら取り組み，教育実践の力，教師教育実践の力を獲得し，理論と実践を往還する言行一致の教師教育を展開して，教師教育のペダゴジーを確立していかなくてはならない。

　あるいはそれをなすのはむしろ若手の現場経験のある大学教員であるかも

しれない。その場合は経験ある大学の教師教育研究者が，若手に道を開けて迎え入れる度量の大きさを見せなければならないだろう。自分たち研究者仲間で徒党を組んで彼らの道をふさいではならないのである。

　実はロックランの論文をまとめて紹介しようと思った理由についてはもうひとつのストーリーがある。それは，筆者がカナダにトロント大学大学院ソーシャルワーク研究科客員教授として滞在していた2015年に，トロント大学オンタリオ教育研究所で大学院修士一年の学生たちが世界各国の教師教育者の文献十数本を4か月で読むことから始めるというクレア・コズニックの授業を知ったことから始まっている。現職教員や学部卒の学生が教師教育に関わろうとする最初期に，教師教育の課題を世界的視点で理解するための授業が行われているという。もしそれを日本で実施すれば，一挙に教師教育に関する知識基盤を持った教師教育者が誕生すると考え，当初はそこで読んでいる論文を読む読書会の企画を目論んだのである。しかし，ロックランの招聘が先に決まってこちらの企画が先行した次第である。

　つまり，まずは圧倒的に不足している知識を補うために，今，世界の教師教育界で何が進行しているかを日本の教師教育研究者たちが海外文献から知り，それに基づいて実践を変え，実務家と協働してともに学び，ともに専門性を開発し，最終的には政策提言していくことがあたりまえになることが必要であると考え，このような翻訳紹介に取り組んだのである。今回の出版は日本の教育を変えて行くひとつのルートとなることを目指している。

4.1 教えることについて教えることを研究する：教師教育実践のセルフスタディ
J. ロックラン，2005 年

> Loughran, J. (2005). Researching Teaching about Teaching: Self-Study of Teacher Education Practices. *Studying Teacher Education*, 1(1), 5-16

> セルフスタディの目的・意義　　教えることを教えること
> 教育と研究の関係性　　実際の教育に生じる矛盾　　知識の明示化

はじめに

　教師教育実践のセルフスタディは 1990 年代半ばから急速に関心を集めた。教師教育者は，セルフスタディを通して教えることについて教えたり学んだりすることの複雑性をより良く理解できるようになった。

　ラッセルは，セルフスタディの本質を発展させてきた課題や事象として，反省的実践，アクション・リサーチ，実践者による研究を挙げる（Russell, 2004）。

　ロックランとノースフィールドは，セルフスタディには他者の存在が不可欠だという（Loughran & Northfield, 1998）。他者の存在により個人の省察の域を超えた振り返りが可能になり，実践で学んだことが共有できるものとなる。そもそもセルフスタディは「レシピ」や「過程」ではなく，方法論なのである。

　また，ラボスキーは，セルフスタディの方法論に4つの要件があると述べた（LaBoskey, 2004）。① 実践改善を目的とする，② 相互作用的である，③ 教育のプロセスを複合的に見るために主として質的研究法を用いるが，多様な研究法を採用する，④ 実践を体系化して専門家集団で共有可能にし，それについて熟考，活用し，その知について検討していく。4つが揃ってこそセルフスタディが実践にとって有益で真に価値あるものになるとしている。

セルフスタディを促すもの

　学生は，最初，教え方を教えてもらえると期待しているが，学習を進めてい

くうちに必ずしも伝えることが学びに繋がらないこともあると気づく。こうした認識のズレがあるからこそ熟達した教師教育者が必要となる。教師教育者の存在によって教えることと学ぶことの持つ複雑な性質が学生たちに伝わるのである。良い教師教育者となるには，良い教師以上になることが重要であり，その点で，セルフスタディが教師教育実践を「かみくだく」役割を担う。

セルフスタディには多様なものが存在するが，その発展の中で教育と研究が互いに不可分な関係にあるということが見えてきた。たとえば，ヒートンとランパートによれば，教育と研究をともに行ったことで，ヒートンが教師に教えたいと思っているペダゴジーが自分の実践に反映されていないという不一致に気づき，これによって教えることと学ぶことの複層的な意味を理解でき，新しいペダゴジーの想起が可能になったという（Heaton & Lampert, 1993）。

こうした不一致はホワイトヘッド（Whitehead, 1993）の「実際の教育に生じる矛盾（living contradiction）」を想起させるが，この不一致と向き合っていこうとするときにこそこのセルフスタディが生きてくる。

教師教育者になること

キッチンは，自分自身の教師教育者への移行に関するセルフスタディの経験について，知識の増加以上に，教えることについて教えるとき何が重要かを理解したことが，自身のペダゴジーの構築のうえで重要だったという（Kitchen, 2005）。自身の実践の課題について語った際に初めて，教えることについて教えることの真の意味を把握できたというのである。

初任の教師教育者が大学へ就職すると，大学と学校現場で求められるものの違いに悩む。彼らは学生たちから，授業を見せて欲しい，コツやわざを教えて欲しいというニーズを感じる。しかし教師教育において，自分の実践を学生に伝えることへの過度な依存は，教師教育が実践に独占されてしまうことに繋がる。教師経験から得られたコツやわざは学生たちに肯定的に受け入れられるが，裏を返せば，適切な支援がなければ，そうしたコツやわざが教師教育者にとって必要なことのすべてだという誤解を招くことにもなる。

ベリーは，こうしたコツやわざによるアプローチを乗り越えるには，教育の本質とは正解がないことだと理解することが重要とする(Berry, 2004b)。教師教育者の役割は自らの実践上の課題を示すことである。学生は，教師教育者の問題や戸惑い，葛藤に触れ，教師が専門家としての判断を下す過程を理解することの重要性や，実践に影響を及ぼす知識の価値を理解し始める。そのため，教師教育者は実践を合理的に理由づけられなければならないし，学生がその問題について考え，実践し，教えられるような機会がなければならない。

　伝統的な教師教育プログラムは，たとえば「ロールプレイを講義する」というように「話して，見せて，誘導するアプローチ」をとってきた。学生からしてみれば，こうした伝統的プログラムより，実践を示された方が有意義だろう。しかし「私のように教えなさい」や「コツやわざ」のアプローチを過度に用いると教育の目的は失われる。教えることについて教える際の複雑さを紐解き理解していくことを通してこそ，コツやわざを超えて知識を高めることができる。そしてセルフスタディによる教師教育の学習も発展するのである。

セルフスタディから学ぶこと

　セルフスタディに取り組む前提として，(1) 教えることについて教えるということに関する知識は重要である，(2) そうした知識が教師教育者に必要である，(3) 実践のみがゴールでない，という認識を共有しておく必要がある。実践についての知識を明示化し発展させていくために，セルフスタディを通して学ぶことはそれが個人の学びを超えることを示す例となるからである。以下3点はセルフスタディからの学びを異なる観点から示したものである。

(1) 公　理

　セネーゼは6年間の実践記録やインタビューなどのデータをまとめ，「公理」という形で教師の成長を概念化した(Senese, 2002)(1.4参照)。公理は実践からの学びや，自分の信念や教える際の行動や価値観の変化を示すものである。

　公理は，教育には正解がないという本質があり，時間とともに「経験から得られた一般化できる何か」は変化するということを認識させる。公理の形で示

すことで，自分が経験から学んだことが他者と共有できるようになる。これは，他者の実践を概念化する機会を作ることにもなるし，複雑で混沌とした教育現場に秩序をもたらす可能性を有するのである。

(2) 葛　藤

　ベリーは，自分の実践の検討を長期間行い，「教師や教師教育者にとって常に付きまとう曖昧さ」を表す「葛藤」を体系化することで多くの教師教育者が経験する困難を示すことが可能になるとした（Berry, 2004b）。

　葛藤は，教えることについて教えるということに関する知識を明示化し暗黙知を形式知化する。たとえば，「教えることと成長すること」「自信と不確実さ」「協力することと反発すること」「不快感と挑戦」「気づくことと経験を積むこと」「事前準備をすることと即興的に応じること」の6点である。このうち「教えることと成長すること」は，正解がないという教育の特質を掴んだものである。何かを教える際，教育経験を学ぶための有効な機会を作るような実践開発が重要となることを示している。葛藤は，学生のニーズに的確に応答する一方で，学習者を技術中心アプローチから離すという特別なスキルが必要であることを明らかにもしている。こうしたニーズにどう応じるかということが，教師教育の教授法を考えるうえで最も重要なことのひとつなのである。

(3) 確　言

　ロックランは，自身のセルフスタディからの学びを示す方法として，「確言」を用いた。たとえば「1. 教えることについて学ぶことは，個人的経験に埋め込まれていなくてはならない」「18. 教師教育では教えることについて研究することと，そうした研究について教えることに参画していかなくてはならない」などである。これらの意図は，先述の公理や葛藤と同様，他者が理解可能でかつ使える方法で，教えることについて教えることの本質を把握できるようにするためである。さらに，これら一連の確言の理解のためには，教えることについて教えるうえで必要な知識やスキルは実践に埋め込まれていることを踏まえておくことが重要である。確信の重要性を認識することは教えることについて教えたり学んだりすることの複雑さを理解することになり，実践上の適

切な方法を探究し続けなければならないことにもなる。これは学生と教師教育者の全員が，実践に関わる経験から学ぶ必要があることを示している。

結　語

　教師教育を学ぶには，共有化された知識の発展を可能にするため，個人の経験を乗り越える必要がある。

　コルトハーヘンとルーネンベルグは，セルフスタディによって個々の教師教育者の専門性が向上し，組織としてはカリキュラムやプログラムの再編成が行われて，全体としては継続的な情報共有や交流によって発展する専門家集団が形成されるとした (Korthagen & Lunenberg, 2004)。「セルフスタディは教師教育者コミュニティ全体の専門性を高めエンパワーする」(p.446) のである。

　セルフスタディによって実践を新しい視点で見る。その新しい視点は，セルフスタディによる理解を意義あるものとし，実践での活用を可能にする。セルフスタディによるペダゴジーの明示化により，専門家コミュニティの中で，他者の実践においても有意義で実践可能な知が提供されることとなるだろう。

Glossary & *Further Reading*

実際の教育に生じる矛盾　*Living Contradiction*　　2.1/3.4/4.1/4.3

　教師が教育に対して抱く価値観や理念が実践の発展を後押しする一方で，この価値観や理念が実践に反映されない，もしくは実践現場で不一致を起している状態。こうした実際の教育に生じる矛盾 (living contradiction) が探究され，その内容が他者の批判的検討に晒されることによって実践に活かされる理論 (living educational theory) が生まれる。

☞ Whitehead, J.（2018）. Creating a Living Educational Theory from Questions of the kind 'How Do I Improve My Practice?', *Living Theory Research As A Way Of Life*, Bath：Brown Books.

4.2　教師教育実践を研究する：セルフスタディに対する課題，要請，期待への返答

J. ロックラン，2007 年

> Loughran, J. (2007). Researching Teacher Education Practices: Responding to the challenges, demands, and expectations of self-study. *Journal of Teacher Education*, 58(1), 12-20.

> 教師教育実践　実践の専門的知識　省察　セルフスタディ
> 教えることを教える　教師教育のペダゴジー　専門的学び

　教師教育は矛盾と葛藤をはらんでおり，それらが実践研究のあり方に影響することは避けられない。また研究者と実践者が同一人物で，研究結果が個人を越えたものになる以上，何がどのようになぜ行われたかを注意深く詳細に吟味することが重要となる。

　ハミルトンとピネガーは，この葛藤がセルフスタディという研究分野で考察されない可能性を憂慮し，ある程度定式化する必要性を強調した（Hamilton & Pinnegar, 1998）。彼らの憂慮は引き継がれ，他の多くの研究者によって学問的検討を進める呼びかけにつながっている。セルフスタディの価値が看過されないようにするには，この学問的視点が必要となる。

　ボイヤーは，研究者，または学問とは何かに関する見地を見直し学問領域として教えることと研究に関するより統合的で総体的な理解を築いていく必要があるとしている（Boyer, 1990）。またショーマン（Shulman, 1999）は，教授学（scholarship of teaching）という概念を紹介し，3つの鍵になる特質として，第1に公にすること，第2にコミュニティのメンバーによる批判的な審査と評価の対象とすること，第3にそのコミュニティのメンバーが，そうした心的態度に基づいた行為と創造を活用し，つなげ発展させることを提案している。これらの教授学の鍵となる特質は，セルフスタディにおける学問性の概念と連動し，質の高いセルフスタディを行うための方法論を形作る中心概念となるだろう。

その理由は以下の通りである。

　他の良質な研究と同様に，セルフスタディは，厳密なデータ収集と分析を示すものでなければならない。データ・ソースは安定した経験的なものであるべきで，方法は明瞭でなければならず，量的方法はすでに確立されている。データの理解には，理論共有が非常に重要となる。広く認められている理論よりも個人の理論を重視すると，独善的になり，複数の魅力的な結果に振り回されたりする。収集すべきデータは，安定したデータと精密な分析のみである。これは，単に認識論的な課題ではなく，セルフスタディが周辺的な存在を脱して，学問的な対話や教授学や教師教育学に影響を与えていくためには，越えなければならない課題である

（Bullough & Pinnegar, 2004, pp.640-341）。

　個人の理論という概念は，セルフスタディの性質について考察するうえで興味深い概念であり，学問という概念と関連付ける場合は特にそうである。ブローが述べているように，物語は，「我々が信じている，行動を捉えるモデルや比喩やイメージを扱い，それらの意味を捉えるひとつの方法である—物語を通して個人の理論が明瞭になっていく」（Bullough, 1997, p.19）。しかし，ブローとピネガーによれば，実践を個人的に理解する方法を学ぶことは実践を高めるために重要であるが，同時に，すでに行われている実践を憧憬的に捉えたり正当化したりする傾向を不用意に助長しかねない知見を重視することにもなるという（Bullough & Pinnegar, 2004）。セルフスタディによって実践を研究するうえで重要となるのは，実践研究を行っている研究者（と読者）が，個人的な実践の捉え方を越えていけるよう，個人の理論が十分批判されていることである。学問性を明白に示すには，研究者は精密なデータ収集と分析ができているかを検討し，用いている方法を明示し，個人を越えて，教師教育一般にわかりやすく言い換えられるような知識へと発展させられなければならない。その過程を通して学問は，単に研究成果が自己正当化や自己防御の手段ではないことを示すことができる。こうした検討事項は，アメリカ教育学会の教師教育実践のセルフスタディ分科会 S-STEP SIG で吟味され，すでに多くの問題点を整理する研究がな

されてきた（Hamilton, 1998；Kosnick, Beck, Freese, & Samaras, 2006；Loughran & Russell, 2002）。

　しかし，セルフスタディの理想を追求することと学問的にセルフスタディを行うことの間には，大きな違いが存在する。省察的実践，アクションリサーチ，ナラティブ探究等，教育と教師教育を追究する他の領域のように，名称自体の親和性だけでセルフスタディの名前が使われることがあるのである。名称から連想されるもののために，学問性をめざす動きが妨げられてしまう。もちろん，個人の理論を無視するわけではなく，どちらか一方が大切だというものではない。個人を越えて適度なバランスを探すことが必要となる。そのために，提示された結論を支えるだけの信頼に足るエビデンスを提供できる研究を行う必要がある。

なぜセルフスタディを行うのか

　　セルフスタディを行う教師教育者たちは一般に，教育実践を向上させることで教師教育での経験を高めようという動機を広く共有している。ホワイトヘッド（Whitehead, 1998）は，この実践向上の動機を一連の質問によってうまく表現した。「どのように私の実践は向上するのか」「実践の中でいかに自分の価値観を大切にできるか」「どのように自分の学生たちの学びの質を高めることができるのか」自分の実践を研究しようとする教師教育者は，信頼性という概念に重きを置く。「私が推奨しているような方法で私が実践しなければ，教えることを学ぼうとしている学生たちにどうして信頼されることができるだろうか？」　　　　　　　　　　（Berry, 2004b, p.1308）

　ベリーはさらに文献研究により教師教育者がセルフスタディを行おうと思う4つの主な動機をまとめている（Berry, 2004b）。(a) 実践哲学を整理し，実践と信念が一致しているかを吟味する，(b) 実践の特定の側面を吟味する，(c) 批判的省察のモデルをつくりあげる，(d) 制度的な評価よりも意味のある代替案を作り上げたい，である。もちろんこの4つだけがセルフスタディへの動機ではなく，むしろこれらはセルフスタディを記録する方法の分類となっている。こうした分類は肯定的にも否定的にも捉えられ得るが，いずれにしても，セル

フスタディの限界の向こうにある，質の高いセルフスタディによって可能になることを考える必要がある。

多くの研究者は，研究を始める時の目的と一般的なセルフスタディの目的を区別しているが，特殊性と一般性のバランスをとってセルフスタディをまとめることによってセルフスタディの重要性はより明白になるであろう。

セルフスタディの重要な特徴は，教えることに関する理論と実践の関係を理解し，その関係に対応していることであり，実践者の視点から研究報告されることで，セルフスタディはよりうまくいく。目的が明確に示され，うまく研究報告がなされてはじめて，異なる観点から示される批判に対しての考察が可能となる。そのために注意深く方法論を議論する必要があるのである。

セルフスタディの方法論

ピネガーは，セルフスタディに唯一の正しい方法はないと述べた（Pinnegar, 1998）。何を明らかにしようとするかによって方法は変わる。研究と実践が補完し合うことで課題がより焦点化されて洗練され，収集データの種類やデータの蓄積方法が変わるのである。ラボスキーは，研究結果の妥当性は，信頼性のある確認手順によって担保されるとしている（LaBoskey, 2004）。セルフスタディで信頼性への配慮を怠ることは，教師教育者コミュニティが行う研究全体への疑問へとつながってしまう（LaBoskey, 2004）。

セルフスタディの政治的側面についても議論がなされているが，教師の声をより広く社会に届けるためには，研究手順を信頼性に足るものにしなくてはならない。これに関してラボスキー（2004）は，方法論上の４つの特徴を指摘した。

・実践を再定義し変革するエビデンスの必要性
・前提や価値観を「問い直す」ために，同僚や生徒とのやりとりや，文献（権威ある研究も含めて）に，常に疑問を持ち，新たな理解を生み出す必要性
・多様方法を使用し，「異なる視点や，総括的な見地から，研究対象の教育プロセスを検討する必要性

・セルフスタディを専門家コミュニティが使いやすく検討できるよう定式化する必要性

　セルフスタディを方法論と見なすのであれば，他の研究と同様その方法論が精査され，批判的検討に開かれていなくてはならない。セルフスタディが注意深く適切に活用される時，質の高い研究を保証するものとなる。

セルフスタディを報告する

　クロールは，実習生とともに探究を習慣化する試みを行い報告した (Kroll, 2005)。ここでは理論的見地から研究，方法，状況，データ，分析が構成され，報告の構成や実習生との協働についての見識，さらに批判的友人が研究計画や枠組みに与えた影響についても示されており，またセルフスタディそのものが参加者に与える影響についても知る必要があるということを読者に気づかせるものとなっている。この研究は，研究が結果を個人的なものから教師教育コミュニティ全体にとって有用なものにしている好例である。

　セルフスタディの報告では，何を焦点とし何が課題だったのか，またどのように行われたのかを表すのだが，個人的な経験に没入してしまうと，実際の教育に生じる矛盾を理解することができなくなる (Loughran, 2004)。常に他の見方がないか，枠組みの再構築 (Schön, 1983) はできないかと追究することが欠かせない。独断的な判断や既存の実践や行為を正当化することは避けねばならない。

　多くの研究が学び手の視点を研究に持ち込むことによって新しい可能性を見出している。学び手の声に光を当てることで，教師教育者の暗黙の前提を問い直す別の視点を得ることができ，見えていなかった視点を掘りおこすことができるようになるのである。

セルフスタディを通して学ぶ

　セルフスタディの重要な成果は，教師教育者の専門的知識を伸ばすこと以上に，それが何かを探りだせることである。教師教育者の知の大半が暗黙知で

あることから教師教育における知を定義し，整理することは困難な作業である。

　知識の蓄積はさまざまな形式で行われ，どれが特によいというものではない。たとえば，コズニックとベックは，フルタイムの実習2年目の終わりの学生たちの感想をまとめ，学生らがどのように養成プログラムを捉えていたか，プログラムがいかに学生たちにとって現実味を帯びた（あるいはその逆であった）ものであったかを明らかにした (Kosnik & Beck, 2006)。また，セルフスタディによって学びを整理して記述するには，クラークら (Clarke et al., 2005) のブリティッシュコロンビア大学の CITE (Community and Inquiry in Teacher Education) に関するセルフスタディも参考になる。複雑性の科学 (Davis & Sumara, 2004) の概念を用いて，専門性を整理し，提示している。彼らの研究が影響力を持つのは，プログラムを全体的に捉える視点を常に意識的に保ち，安易な方法に流れなかったからだと考えられる。

Glossary & *Further Reading*

批判的友人　　*Critical Friend*　　　　　　　　　　　　　　　　　　　　4.3

　自分自身の実践を振り返り枠組みを再構築することを助ける仲間。実践者が実践を振り返るために，互いへの信頼感をベースとしつつ時には厳しいコメントや質問もし，ともに実践を振り返りながら実践者が経験から学び，専門性を高めることを助ける。

☞ Russell, T., & Schuck, S.（2005）. Self-Study, Critical Friendship, and the Complexities of Teacher Education. *Studying Teacher Education*, 1(2), 107-121.

4.3　教えることを教えるための知識を追求する：ものがたりを超えるために
J. ロックラン，2010 年

> Loughran, J. (2010). Seeking Knowledge for Teaching Teaching: Moving beyond stories. *Studying Teacher Education*, 6(3), 221-226.

他者の視点　　実践に潜む知見　　教師の物語　　実践研究
教えることを教えること

　セルフスタディの多くは教師教育者の個人的な課題や問題意識から生まれ，特定の実践について研究されている。セルフスタディに慣れていない人は，その特定の実践についての語りに注意を向けがちで，ただの実践の話と受け止めるため，セルフスタディによって得られる知識が次の研究につながらない。

　物語に留まらないためには，研究デザインやデータやその分析ではなく，研究によって明らかにされた「実践に関する知識そのもの」が重要である。個人的な問題解決に留まらない，学術的な要求に応える研究になるかどうかは，この知識の生成を描写できているかどうかによる。そこで本論文では，セルフスタディがなぜ物語だけでは十分とされないのかという問題を取り上げる。

なぜセルフスタディにおいて物語が優れた方法なのか

　『教育と教師教育実践のセルフスタディ国際ハンドブック』(*The International Handbook of Self-Study of Teaching and Teacher Education Practices*, Loughran, Hamilton, LaBoskey, & Russel, 2004) は，豊かなセルフスタディの世界を示している。『教師教育研究』(*The Journal of Studying Teacher Education*) からも，多くの研究が，自分の教え方が学生の学習に貢献しているのかどうかを知りたい要望に突き動かされて始まっていることがわかる。しかし，自分の実践を研究しても，厳格に方法，分析，得られた知見とその重要性について議論が良く練られていなければ，学問として受け入れられない。

教師教育者は，学校教員と同じように教師であり，実践の経験を逸話やエピソードや物語で共有するのが一般的である。物語は，教師にとってなじみ易く，学校の状況を含めて伝えることができる。ナラティブによる探究は，我々が自分自身の実践を理解する機会を産む (Clandinin, Pushor, & Orr, 2007)。ところが物語は必ずしも，明確に教師の学びや実践を描き出すとは限らない。なぜなら，物語は，その状況や過程を捉えることを重視しているので，そこから得られる知見は重要だと捉えられていないからだ。教えるという行為である以上，教師や教師教育者が実践を共有する時に語られる物語は，その人の行った特定の実践のためのものであることは避けられない。

　良い物語を共有すれば他者がその実践の重要な情報を読み取って，その物語と似た取り組みを自らの教室で行うことができるはずだ。ただ，この観点から物語を捉えると，なぜそのアプローチなのかということよりも，どのように教えるかということが問題として取り上げられがちである。確かに，良い物語には力があり他者の実践に影響を与えるメッセージと情報を含んでいる。その際，物語はなぜその方法なのかについても物語の内に含んでいると言えるが，同時に，物語であることによって，なぜが無視されているとも言える。だから私は，学問と知識の発展のためには物語だけでは不十分だと考えている。

　また，物語は重要な目的を持つが，その目的が見過ごされたり，他の競合する目的と混同されたりする時に問題が発生する。物語に含まれる知識が暗黙的なために，物語から読み取れる教え方や状況特有のことだけが注目され，その実践から得られるはずの本質的な知識が見過ごされてしまうのである。教師が実践研究を行ううえでは，こうしたことが起きるのは避けられない部分もある。だから，学問的な期待に応え知識の生成がなされるためには，セルフスタディ研究者は，実践現場の目的を注意深く踏まえたうえで，学べたことと教育方法とを区別して扱わなければいけない。"セルフスタディをする"のではなく，セルフスタディの"価値を創りだす"と考えれば，物語の中で問うことができることは「その物語は何を語り，それはどのような目的に貢献できるのか」である。その場合，目的は最前面中央に押し出され，そのセルフスタディ

について報告すべき意味を形作る主要な要因となる (Loughran, 2007)。

なぜ実践の知識が重大な問題なのか

　教育と研究を2極化し，一方を他方より特権的な知識だとみなすと，上記の問題を間違って捉える議論を引き起こしてしまう。しかし，むしろザイクナーの言葉を借りれば，

> 　今日教師教育に関するセルフスタディが多くなされているが，セルフスタディを行った教師教育者がその研究経験から学び，結果的によりよい教師教育者となることは明確に示されている。一方でこうした個人的な研究に共通する知識を，教育政策立案者や他の教師教育実践者に影響を与える方法でどのように蓄積していくのかについてはあまり注意が払われてこなかった。　　　　　　　　(Zeichner, 2007, p.37)

　この点が，学問として考えていかなければいけない，またセルフスタディを学問とする重要な点である。実際には卓越した研究例の特徴から，教育実践とその授業に潜む実践の知見をどのように真摯に区別できるかを読み取ることができる。研究者らは，自らの実践知を形成するうえで興味深い方法をとり，その過程で実践の意味を理解し，さらに他の教師が同様な取り組みを行う可能性を現実的に示している (1.4参照)。

　ブランデンベルクは，その実践において，前提としているあたりまえのことを生徒の視点を通して捉え直し，実践の物語から精製した自らの実践知を抽象化し，自分自身の実践改善に繋がり同時に結果的に学生の学びにも変化をもたらすものにした (Brandenburg, 2008)。物語であることを越え，個人的エピソードの向こうにあるものを捉え，思い込みを発見していった。これは当初の意図にはなかったことだが，読者が自分の実践を吟味して，より深い考察や実践を越えた理解に向かう機会を創り出している。

　同様に，ベリーの研究における葛藤の記述は，教師教育において実践知をどのように開示して表現するかに留まらず，相反する目標に向かって教えるとはどういうことかということについてその本質を捉えている。彼女は，自分の実

践を課題を含むものとして位置づけることで，肯定的に改善方法を模索した。彼女の物語は他の教師教育者にもなじみがあるものだ。そのセルフスタディから生じた知識を実践者としての葛藤をもたらすものとして捉えることで，特定の実践の根底に流れている議論すべき内容を明らかにすることに役立てたのである。実践から生まれる知識を，葛藤を生むものとして捉えることで，他者に自分の状況を研究するための概念化のヒントを提供している。

　これらの研究から引き出される知識は，何かを提案しているものではない。これらの知識があることで，実践を問題をはらむ躍動的なものとして位置づけることができる。そうすることで，自らの研究を，生産的に他者の研究に積み上げていくことができるようになる。これらの研究から得られた知識は，他者の可能性を拓いていく。なぜならば，正誤によって成果を定義づけるのでもなく，ある状況の最適な解決方法でもない。それは，自分たちが何をどのように，なぜ行っているのかを考察する方法を提供する知識である。こうした知識の産出は，他の教師教育者にとって何をどのようになぜ行うのか検討する術を提供する意味のある情報として，他者の授業に影響を与えることができる。

　上記のような研究成果は，実践の方法を超えたものでありながら，実践に敏感であり続けることによって支えられている。セルフスタディの報告において重要なことは物語を超えていくと言うことである。セルフスタディの強みを損なうことなく，どのように知見を発展させていったかを伝え，先行研究とのつながりを明確にしながらこの分野をより社会的に認められるものにしている。

結　論

　セルフスタディからの学びを拡張し，今後の検討や発展につなげるような構造化や共有はどうしたらできるだろうか。「だからどうして」セルフスタディなのかを問い続けるのを止めてはならない。実践を行うことと実践から学ぶことのバランスを取りながら物語を越えていくことが，生産的な方法で，実践の限界に挑戦する方法のひとつだろう。教えることを教えることに関する研究者である我々のために，そして，教えることを学ぶ学生たちのために。

4.4　教師教育者になるということ
J. ロックラン，2011 年

>Loughran, J. (2011). On becoming a teacher educator. *Journal of Education for Teaching*, 37(3), 279-291.

>教師教育者　　教えることについて教えること
>教師教育者のアイデンティティ　　教師教育のペダゴジー
>教師教育　　S-STEP

　教師教育に関する政治的論争が繰り広げられても，「政策立案者は専門職集団である教師教育者に関心を持たない」(Swennen & van der Klink, 2009, p.1)。

　しかし，オーストラリアの教師教育には過去 20 年間に重要な変化があった。1980 年代後半まで初等教員養成と一部の中等教員養成は教員養成カレッジが担って 3 年で資格を提供しており，高等教育カレッジ (CAEs) が教育学学士号を 4 年で提供していた。しかし 1989 年に高等教育の二元制が廃止され，教員養成カレッジと CAES は大学に統合された (Dawkins, 1988)。1990 年代初期から，教師教育は完全に大学で実施されるようになる。4 年間の学部教育において，教育学学士または 2 つの学位が一体化した学位（自然科学系学位と教育学士，人文・社会科学系学位と教育学士）が得られるようになった。またさらに一般的な，大学卒業後の一年間の教員資格プログラムもある。

　教師教育は大学の要求と期待に応じるようになり，教師教育の実践や学問としての教師教育に関する解釈とその評価も変化してきた。教師教育者のアイデンティティは問われ揺さぶられて形作られてきたと言えよう。

　今や教師教育プログラムは大学における研究と学校における実践から成り立つ。経済効率を重視する大学では受講生の多い講義とチューターによる個別指導が中心となってしまうが，実習校では学生に個別の指導教員が付き集中指導を行うことが可能である。コストの問題は質の高い学習の提供に影響を及ぼすのである。伝統的プログラムの構造 (Korthagen, et al., 2001) のように，理論と

実践を二元的に捉えていては，教えることについて教えることと学ぶことの複雑さが見えなくなり，理論と実践の乖離は解消されない。その複雑さを引き受けることこそが教師教育者の仕事の中心でありアイデンティティの本質である。オーストラリアの教師教育は，理論と実践の統合を成しえたことによってその学問的地位を確立した。教師教育が大学に統合されたことの成果のひとつは，教師が教師教育者になるプロセスが明らかになったことである。

研究方法

キッチンはセルフスタディの方法論において，未来に進むために，過去をふり返って教師教育実践を展開させていくというナラティブを検討した (Kitchen, 2005)。本稿でもこの方法を用い，教師教育や教育に関する過去15年間の出版物を検討した。教師教育の本質と学びを探究するために，コクラン－スミスら (2008) もこの方法を用いた。叙述は先の検討の結果として得られたもので，論点の提示，議論の喚起，そして信頼性への配慮が重要である。

教師教育者になる

リッターは，学校教育と教師教育との違いをセルフスタディによって明らかにした (Ritter, 2009)。教師教育者になるということは自らの実践を持続的に探究し，教えることに関する学びを続けていくプロセスであるという。この研究では，教えることについて教えることを学ぶプロセスで生じる重要なできごとを分析しており，本稿も同様の学習プロセスを分析する。

教える以上におこなう─省察の位置づけ

学校教員が教師教育者になる際，仕事上の期待が変化する。しかしこれは新人の教師教育者には見えにくい。教えることに加えて学問研究の成果を挙げることが期待されるようになることは，教師教育者のアイデンティティ形成にとって重要なことである。教えることについて教えることは実践知によって裏づけられるべきものであり，個人の学校経験やコツや技を伝えるといった限

定された仕事を超えるものだという理解が必要である。

　教えることについて教えることを概念化するためには，単純に行為として教えるというレベルを超え，教師教育のペダゴジーを形作る思考，理論，研究，実践からなる世界のさらなるひとつの要素として省察がなされなければならない。省察とは，一般的には状況を振り返ることであり，また教育活動においてはその実践計画の再検討に注力することであるが，教師教育においては，教師教育者の持つ専門知識の不確実性を徹底的に探求することを意味する。

　行為としての教えるというレベルを超えて先に進むことは，教えることについて教えることと学ぶことの複雑さを理解する重要な側面である。省察の微妙な違いを理解することで，状況を踏まえて知を構築し，さらにそれを解体して再構築する能力が得られ，これまで問われて来なかった実践にも目を向ける機会がもたらされる。省察の目的と価値は，教師教育者がいかに実践とともにあるかに影響を与える方法で変化する。教師教育者はアイデンティティの緩やかな再形成を経験するだろう。その経験は，省察の本質への深い理解から生じた，実践を深く検討した結果としての学習からもたらされるだろう。

実践について探究する—研究の位置づけ

　S-STEP（たとえば Hamilton et al., 1998）では，実践者の探究に焦点をあて，研究とは何でありどのようにすべきかを問う機会を作り出している。教師教育者は自分の実践を公開することによって，学生たちに，自分の実践を研究することが教育実践における知を提供する重要な機会であると示すのである。だから実践が探究の場となる。研究成果は実践現場に返され，ペダゴジーの裏付けのある応答を踏まえて，予想もつかなかった方法で教えることや教師教育の本質を探求することにつながる。これらを通しての学びは，教師教育者の協働によるセルフスタディ（Berry & Loughran, 2004）の中で明らかにされている。

　セルフスタディを行うと教師教育者にアイデンティティの揺らぎが生じ始める。実践の知識が暗黙のままである時，学生の学習に意味を持たせるうえで重要となる実践の「理由」が問われない。すぐ役に立つ実践に惑わされること

なく暗黙知を明示化することでその先を見ていく必要がある。実習生は，よく考え，思慮深く実践を構造化し，専門家として実践を行う経験をする機会を持つべきである。実践の知識の本質を解明するために，こうした根拠を鍵概念と見るべきである。知識が暗黙のままであると，教えることの意図と実践が調和しにくくなる。調和を図る第一歩が，実践の原理を言語化する能力である。

　研究者としてのアイデンティティを構築する中で，教師教育者の経験がより洗練されて明確になるのは，ペダゴジカル・ターンを通してである（Russell, 1997）。アイデンティティの構築は，大学における教師教育者の価値，地位とともに教師教育という仕事に対する理解を形成するうえで重要である。研究者としてのアイデンティティの構築は他人の知識の利用者という以上の位置づけを教師教育者に与える。それから，教えることについて教えるうえで教師教育者の知識がどのように理解され用いられているかを再考察し，その仕事が将来どのように理解されるかに影響を与えるという点において，教師教育者が熟練した知の生産者であるということを社会的に認めさせることになるのだ。

未来を展望する

　教師教育者としての学習を省察する中で，ラッセルは，教師教育実践の中で長期間にわたる探究を通して知ったことを書き出している（Russell, 2010）。それらは，教師教育プログラムを作るために，実践に関する知識について議論し，発展させ，明らかにする可能性をもたらす。教師になるための準備は，訓練プログラムによってではなく，経験として理解され経験される。

　教師教育者は，教師教育のペダゴジーに関して合理的な説明ができるように取り組むことによって，教育実践の未確立の知に向きあい，研究者としての位置を確立する。こうした教師教育者が先陣となり教師教育に対するより良い理解を構築し，教師教育の学界における地位を確立していくのである。そうしたことを追究する教師教育者は，教えることについて教えることに関する知識と実践を，教師教育に関する大学での活動の中心に置くことによって，確立された専門職としてのアイデンティティに十分に納得できるだろう。

4.5 教師教育者の専門性開発
J. ロックラン，2014 年

Loughran, J. (2014). Professionally Developing as a Teacher Educator. *Journal of Teacher Education*, vol.65(4), 271-283.

> 専門性開発　専門職のビジョン　教師教育の準備　教師の学習
> 教師の研究　教師から教師教育者への移行　アイデンティティ

はじめに

教師教育者の専門性開発を専門性学習と言わないのは，開発という語が成長への動機づけを含意するからである。教師教育者は，学び手の成長のために，教師の学び，学び方の学び，知識の実践への移行について理解する必要がある。

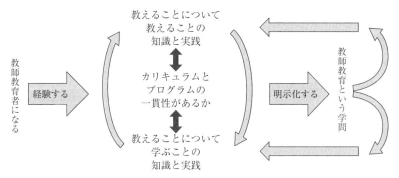

図1　教師教育者の専門性開発が進む探求＝研究の過程

図1は，教師教育者が「教えることについて教えることと学ぶこと」に関する知識と実践を開発することこそが，教師教育者のアイデンティティを理解し，教師教育の試みへの挑戦と期待を高め，教師教育の知識や技術，能力の証を示して学問上の地位を確立することを可能にするのだということを示している。

教師教育者になる

　高等教育機関において教員養成プログラムを担当する専門職が教師教育者である。教師から教師教育者への移行が難しく不安を伴う理由のひとつは，教えることに関する役割の変化と大学からの期待にある。教師教育者であることは，学校で培った技術を別の新しい教育現場で応用する以上の意味を持つ。しかし，多くの大学では，教師教育における専門性開発に必ずしも高い価値を置いておらず，教育学部の教授陣は教員養成における持ちコマ負担によって生じる研究時間の不足を避けようとする。「教師教育から逃れること」が，大学での成功モデルであるならば，それは教職学生たちの学びを変えようとする個々の教師教育者の期待や望みとは真っ向から対立するものである。

　教師教育者としてのスタート地点において，その専門性はその人が形成しつつあるアイデンティティのありようによって方向づけられる。しかし，実際には教師教育者が抱く期待は，大学における教師教育が固有に抱える教育か研究かという現実の課題によって揺るがされる。

教師教育とは

　教師教育は多様な要素を含む複雑な職業であるにもかかわらず，その専門性開発への支援や理解が十分ではない。教員や学生の指導技術向上への貢献が求められる一方で，研究者としてカリキュラムやプログラムの検討を行うことも求められる。現状変革のためには教師教育者自らが教師教育の本質を理解し，学び続け，専門性を開発しながら教師教育を変革していく試みが重要となる。

① **教師教育のカリキュラム**

　コルトハーヘンは，「伝統的な」教師教育プログラムと，「リアリスティックな」プログラムの本質の違いを示した (Korthagen, 2001a)。前者では，教師教育者は自分が教えている「科目」あるいは領域に関心があり，一般的に基礎科目あるいは方法学科目に分類されたクラスを担当する。当然，実習経験は方法学科目としてみなされる傾向（実践が最も重要な学習とされる）にある。一方で基

礎科目は理論的であり実践と離れた傾向にあるとみなされやすい。そのため，カリキュラムには理論と実践の乖離が生じる（Chang, Tang, & Chang, 2012）。結果としてカリキュラムの構造，内容，価値に対して学生に疑念を抱かせるだけでなく，各科目を別個に位置づけてしまい，プログラムの一貫性は揺らぐ。

教師教育のカリキュラムを構造化かつ制度化する方法に関する多くの研究は，「理論と実践を架橋し，カリキュラムの断片化という問題を解決するための」(Margolin, 2011, p.7) 取り組みを，自覚的に継続して行おうとしたものである。断片化が進む要因は，多くの教師教育者が長年学校で働いた後に教師教育者となっていることにある。彼らは経験豊富な実践者である一方で学問的な経験が不足しており，大学内で「声」を持つことが難しい。コルトハーヘンら (2006) による言行一致の問題を扱う試みは，教師教育者が教えることについて学ぶべき7つの基本原則を明らかにした。それらは，教師教育者が受けいれ，プログラムの中で対応する必要があるものである（詳細は3.2を参照）。

教えることについて教えたり学んだりする方法が概念化され確立されることが重要である。そして，教師教育のペダゴジーへの理解を深めることが，教師教育者の専門性開発を方向づけるために重要である。

② 教師教育のペダゴジー

ロックラン (Loughran, 2006) によれば，教師教育のペダゴジーは，教えることについて教えることと教えることについて学ぶことという知識と実践に関する相補的な2側面からなる。第1の側面は，ペダゴジーに関心を向けること，教えることの難しさを概念化すること，実践に関する暗黙の本質を明らかにすること，教えることと学ぶことに関する共有された言語を生み出すこと，実践の原理を明らかにすることを含む。知識と実践は，教えることに関する情報をただ提供することや，学校で教えた経験に基づくコツやわざを共有することにとどまらない。教えることを教える，というのは単なる技術の伝承を超え，教えたり学んだりする経験を協働で探求し，専門性の背景にある思考や意思決定過程を明らかにしていくことなのである。

第2の側面，教えることについて学ぶことは，学生が経験から学ぶ方法や，

経験を展開させる方法に関する知識と実践に関連づけられる。学生は，「観察による徒弟制」(Lortie, 1975) を通して，教えることを,「生徒の立場」から長い間経験してきている。しかし，机の反対側で「教師の立場から」教えるという行為に向き合って初めて，その役割に鋭い意識を向けるようになる。教えるということが意味するものに対して，欲求や関心や期待が膨らみ，それらが個人のものの見方や感情や自信と相互作用し始めるからである。

　教師教育の経験を通した教職学生のイメージ，アイデンティティ，信念の発達に関連する研究は多い。ブロー (Bullough, 1991, 2005) は，アイデンティティ形成が，学生の行動のみならず，教育者としての発達のありかたまで方向づけることを示した。ヴァン・マーネン (van Manen, 1999) は，教師教育者がアイデンティティと実践の相互作用について理解を深めるためにアイデンティティへの着目が有効であると示した。フォーガズ (Forgasz, 2013) は，教職学生が，自分はすでに教え方を知っていると思い込んでプログラムに参加する傾向があることを示す研究を行った。その研究では，わかりやすい業務に吸い寄せられる学生の関心を，目には見えないが実践を支えている教師の業務に注目するように仕向けることの重要性を指摘している。学生らが答えを得たいという誘惑に抵抗し，不確実性と向き合い，考え，行動することを教師教育者は促す。困難な感情の解消や解決に向け，協働で探究するための共有空間を作るのも教師教育者の仕事である。

　教えることを学ぶ，という複雑な世界の探究によって，知識や技能，能力がどのように発達していくかを理解することができるようになる。このような理解は特に学習者の視点から検討された時に顕著に進むものであり，教師教育の研究者となるうえで，教えることを学ぶことについて学ぶことは理にかなった学習方法であるといえよう。

教師教育の実践を研究する

　教師から教師教育者への移行に関して議論がかまびすしいのは，大学に研究への期待があるからである。しかし新人教師教育者にとって，それは必ずし

も自明ではなく，時に避けたいものでもある。研究への理解と研究者であることの意味の理解は，教師教育者の職務に影響を与える。職務に研究を生かすことは容易ではないが教師教育が学問たるためにはこれは極めて重要なことである。

① 研究についての賢明な消費者になる

教師教育者は，研究の「賢明な消費者」として情報を十分に得ている必要がある。実践の複雑さを理解し，多様な観点や矛盾した結論などを考察するためには経験の枠を超えなければならない。学生が教育実践の腕を磨くために個人的な考えの枠を超えて学ぶのであれば，教師教育者自身も学生の学びを支援する研究に関する情報を獲得し理解していなければならない。そして研究から知を獲得する過程や現場の複雑性と向き合うさまも併せて学生に示す必要がある。

② 自分自身の実践について研究する

教師教育実践に関するセルフスタディは，多くの教師教育者に影響を与えている。セルフスタディグループは，アメリカ教育学会（AERA）の特別分科会（SIG）として，イギリスでカンファレンスを隔年開催し，教師教育研究誌を編纂している。

セルフスタディの方法論の鍵は，「確実で固定しているというよりも，議論をひき起こし，前提や暗黙的実践に挑み，焦点を当てていく」ことにある（Bullough & Pinnegar, 2001, p.20）。多くの実践者による研究成果は，教師教育者が追究する学問に，研究を取り入れる価値があることを示している。

③ 価値観と信念

教師教育者の専門性開発に関する議論において，価値観と信念の本質が問われてきた。信念は，整理を必要とする「こみいった構成」を持っているという見方を示したパジャレス（1992）の指摘によれば，特に，私たちが一体いかなる者であり，どのように行動するかを決定していくうえで，信念は強い影響力を持つ。同様に，価値観はものの見方に大きな影響を及ぼし，教師教育の経験の捉え方にも影響する。教師教育者が自分の価値観や信念を認識して，それ

らに向きあうには，深く個人的な対応が必要で，それは他人の価値観や信念をうんぬんすることとは異なるレベルのことである。

　教師教育者の価値観や信念について焦点を当てるうえで，コアリフレクションと「玉ねぎモデル（onion model）」(Korthagen & Vasalos, 2005) が重要な観点を提供している。コアリフレクションとは，教師教育者の使命感につながる心理的に深いレベルにおける振り返りを促すアイデアであり，玉ねぎモデルとは，コアリフレクションを可能にするために玉ねぎをメタファーとして用いたモデルのことである。人の行動の動機づけは，玉ねぎの層のようになっていて，外側から内側（コア）に向かって，環境，行動，コンピテンシー，信念，アイデンティティ，使命，目標が順に位置している。ラッセル（2007）やコズニック（2007）が指摘している通り，教師教育者は自分の価値観や信念を意識することによって，自分の使命をより明確にすることができるのである。

教師教育者の専門性開発に関する概観

　極めて高度な教師教育者の専門性は，慎重かつ意図的な概念化を行い，有意味に活用されねばならない。ハミルトン（Hamilton, 2004）は，「専門性開発に焦点化した教育的な研究の世界」(p.376) の考えを，地図に例えて示した。冒頭の図1は，この知をいかに切り開くか，その方向性を示すことを試みたものである。

5章　セルフスタディ実践

【解説】

　元科学教師であるロックランは，学習内容についてのペダゴジー上の知識（PCK）を実践に活きる理論にすべく，科学教育におけるPCKを研究してきた。従来しばしば形而上学的に語られてきた教育学の理論を現場に落とし込む試みである。理論は理想的で非現実なものであり実践に役立たないと受け止められることがあるが，学生の頃から理論が実践に役立たないという認識を持ってしまうと，教育の理論と実践も乖離していると捉えられ，教育がより即物的で対処的な方法に席巻されてしまうし，理論を生み出す研究は役立たないものとみなされてしまう。たとえば教員養成の授業でPCKを概念として教えても，教師教育者がそれを実践に用いる場面を例示することができなくては，現場でPCKが役に立つものとはみなされない。

　そのような現場の風潮の中で，コルトハーヘンはリアリスティックな教師教育のペダゴジーの必要性を感じ，理論と実践をつなぐALACTモデルを開発した（Korthagen, 2001）。しかしALACTモデルは個人のリフレクションのモデルであり，個人の気づきから理論への流れは当人のものに留まる。もしどのように理論を実践に組み込んでいくかの部分が研究によって明示化され，体系化，一般化されるようになったらどうだろう。個人の体験が他者の実践に役立つものになる可能性が生じるのではないだろうか。

　その意味で，科学教育におけるCoReとPaP-eRs（用語解説 p.194 参照）は，PCKの具体化一般化を実現するための概念枠組みとして着目すべきであろう。本章ではこれらに関連する2論文を紹介する。科学教員以外の読者は，科学教育の話だから読み飛ばそうと思うかもしれないが，それは誤りである。もしCoReやPap-eRsを他教科の教育に応用することができれば，PCKはより

現場にとって有効な実質的役割を果たす概念となるだろう。

　最初の論文である 5.1「科学のより良い理解に向けて」は 10 年以上前の論文であり，現在は科学教育をこれらのモデルで考えていくことはかなり一般化してきているかもしれない。いわゆる逆向き設計（ウィギンズ（Wiggins, 2005）の"Understanding by Design"）と通じる発想であり，コルトハーヘンが事前構造化と呼んだものともつながるだろう（Korthagen, 2001）。ここで論文の理解促進のため提示するのは，2017 年 2 月に広島大学で行われたロックランの講演「理科教育における教えと学びの質の理解～オーストラリアの状況から」を中心にした編者によるまとめである。

　授業で，あるトピックを扱おうとしたら，①そのトピックの内容が学問的に次第にどのように深く探求されていくかが表されなければならず，また，②教育という観点からそれらがどのように扱われることが必要かが明確化されなければならない。

　そこで，たとえば中学生に「粒子」というトピックを教えるとしたら，①粒子とはどのような科学的概念であるのか，それにまつわる知識を素人レベルから学問レベルまで徐々に理解していくために具体的に表す順序を立てる。たとえば，A) 物質は分子と呼ばれる小さな粒からできている，B) 分子と分子の間にはすきまがある，C) 分子は常に動いている，というようにである。

　次に，②このトピックを取り扱うために，以下のようなペダゴジーの観点から検討する。

1) 生徒に学ばせたい概念は何か。
2) この概念を知ることが重要な理由は何か。
3) この概念についてまだ教えないでおくことは何か。
4) この概念を教えるにあたっての難しさと限界は何か。
5) この概念を教えるときに，影響を及ぼす生徒の既有知識。
6) 教える手順とその手順を用いる理由。
7) この概念を教える際に予測される生徒の理解度や混乱の具合を確認する

具体的方法。

すると，たとえば，

イ）実際に真空を作るような探索的活動をさせてみる。
ロ）結果を予測させ，実際に観察させ，説明させるような状況を作る。
ハ）水の中に自分が分子となって入り込んだら何が見えるかを書かせる。

というような対象に身を置く活動（ロールプレイやモデリング）を取り入れる。といったアイデアが，各先生によってリソースフォリオ（クロス表，p.194参照）に書き込まれることになるのである。

つまりPaP-eRsは，科学の授業で扱う内容の一部分に焦点を当てるためのナラティブな説明であり，リソースフォリオは，PCKのある側面に関する教師の思考を意図的に開示するように，教師がある科学的な内容のある局面を教えるときの理由，思考や行動を表現するように，デザインされているものである。

この方法で，教え方を分解していくことによって，ホリスティックに捉えられる「自然」とそれを教える際の複雑なPCKを把握することができる。この方法を知ると，教師は生徒に「意味のある方法で教える」ことが必要であるということを深く理解するようになる。

しかし，従来の教育はこれらを検討しないまま，トピックを生徒たちに「伝えて」きた。だから，①「教科に関する科目」と，②「教職に関する科目」が別々に教えられ，橋が架からなかったのである。そして，教師教育者もそこに橋をかける役割を担わず，①と②を別々に「伝えて」いたのである。

このプロセスを実際に進めるためには，同じ学年を担当する複数の同僚教員が，授業でどのようなトピックをどう扱って深めていくかを話し合いながら，①×②の図表に書き込んでいくディスカッションのワークをする必要がある。そうすることで教科教育のコンテンツに関する知識が深められていく。

つまり，これまで授業内容について生徒たちにやみくもに「伝えて」いたものを，ペダゴジーの観点からきちんと検討・分析し，目の前の子どもたちの既有知識や生活常識，思い込みなどを予測しつつ，それらに合わせた形で「表出

する」「提示する」ことによって「教育する」ことが必要なのである。そのため，さまざまな「教科に関する知識」「教職に関する知識」を，目の前の学生に合わせて自分がモデルとなって教えていく必要があり，教師教育者の仕事は，そのための「教師教育に関する知識」を学習者に提示し実践することであり，そのような仕事に対して，教師や教師教育者はセルフスタディしていく必要があるのである。

しかしこのディスカッションには時間がかかり力量が必要である。目の前の生徒たちに合わせてその担当教員が工夫して作っていかなければならず，「出来合いのレシピ」でないために実施が困難であるのも事実である。これらの工夫はできる人はすでにやっているが，それがまだ経験に依拠するものでしかなく，ベテランの「コツやわざ」にとどまっていて，研修においても伝達にとどまっている。オーストラリアでもまだこの方法を用いている教員は多くない。

さて，読者のみなさんは授業を組み立てるとき，PCK を意識しているだろうか。この論文が具体的検討のきっかけとなるに違いない。

しかしながら，実際のところ毎日の授業でこのような形で PCK を明確化していくことは現実的でないのではないだろうか。多くの教員の中でも，学習指導案を書くのは初任の頃か研究授業の時だけであるという教員がほとんどであるように，これを全ての授業で実践することは非現実的であるし，計算通りに授業が進むこともないだろう。しかし問題は PCK の成り立ちがわかるということであり，また問われた際にペダゴジー上の合理性が説明できるということであり，同僚と教える授業について語り合う共通言語と観点を持つということである。コルトハーヘンの指摘するように，人はあいまいなゲシュタルトの中から一瞬で行動を選択する (Korthagen, 2001)。その選択は，本人のコアにある願い，ミッション，信念や慣習，時には囚われなどからなされる。それを認識し，変化させ，コントロールできるのがベテランの専門家であるが，そこに至るためのリフレクションのプロセスを支えるのがこのような「概念」や「理

論」なのである。

　したがって，教員がこのような授業設計のあり方が理解できるようになるためには，教師教育においてどのような教え方をしていくことが必要であるかを教師教育者たちが考えることが必要である。そのためには教師教育者自身がそのような教え方をしているのかという問いとセルフスタディが必要になる。また，現場教員が，国家の定める学習指導要領やカリキュラムに従うばかりでなく，自らカリキュラムマネジメントできるようになるための教師教育者による支援システムも必要であろう。

　さて，次の論文 5.2「科学教師の PCK の理解と開発」では，自分の教室における従来の教育のあり方を変える試みについて PEEL（Project for Enhancing Effective Learning）という実践への転換を図った教師たちの経験を通しての学びが書かれている。日本においても，アクティブラーニング，教えない授業，『学び合い』，学びの共同体，学びの責任を生徒になどの言葉で，オルタナティブな教育の試みが広がっている。コルトハーヘンの ALACT モデルで丁寧に授業（Action）を振り返ってみれば（Looking back on the Action），生徒たちが真に学んでいるかどうかは必然的に見えてきて（Awareness of Essential Aspects），オルタナティブな教育を選択（Creating Alternative Methods of Action）しなければならない（Trial）こともあるだろう。

　一方，欧米の実践はおおむね日本より進んでいると誤解されがちだが，日本国内でもさまざまな新しい実践への移行は進んでおり，欧米でも旧来の教育実践から変化していない教員は少なくないということに気づいてほしい。今や日本においても PEEL がとりわけ目新しい方法であるとは言えないだろう。もし読者の中にまだ学習者中心の授業を観察，体験，実践したことがないという先生がいらしたら，ぜひ，現場に足を運んで，自分の PCK を再確認してほしい。とりわけ大学の教師教育関係者には率先して見学していただきたいと思う。その最新の実践をしているよい見学先がもし思い当たらないとしたら，そのこと自体の意味を考える必要があるのではないだろうか。

5.1 科学教育のより良い理解に向けて
J. ロックラン，2006 年

Loughran, J. (2006). Towards a Better Understanding of Science Teaching. *Teaching Education*, 17(2), 109-119.

> ニューサイエンス　　暗黙知　　学習内容についてのペダゴジー上の知識 (PCK)　　CoRe　　PaP-eRs　　リソースフォリオ

　理科教師の専門知識と技術は低く見積もられている。専門知識を共有して，実践から理論を発展させていくことが必要である。旧来の自然科学が，万物を細かく分解して理解しようとする要素還元主義に基づくのに対し，1980 年代に登場したニューサイエンスは，ものごとを全体的に直感的に捉えていこうとする動きであり，同じく 1980 年代頃からの教師教育の変革への動きと相まって，「(学校の教室において) 科学を教えることと学ぶこと」と「(教師教育において) 科学を教えることを教えること」の相互の関連性が重要であると認知されるようになった。今や，熟達した理科教師の専門家としての知識と技術の再検討が必要であり，それらを理解するための新しい方法が求められている。教育と教師教育の関連性を解明するために，またさらに教師教育そのものに対するニューサイエンスの重要性を捉えるために，ニューサイエンスをどう解釈し理解するかを明らかにすることも重要である。

　ニューサイエンスの理論が教育実践に影響を及ぼすのは必然である。教えることと学ぶことに対する知識と理科の内容知識が統合された学習内容についてのペダゴジー上の知識 (PCK) は，科学教育の今後の展開の要となるだろう。これまで PCK は，学問上有益なモデルであるが教師にとってはそれほど役立つ概念枠組みではないと言われてきた。科学の教師の実践的知識を描き出して概念化する仕組みとして，PCK の本質を再考し再構築するうえでニューサイエンスの考え方は，効果的に活用できるもので，このレンズを通してみることで，これまで暗黙知であった実践的知識を綿密に精査して明示化

し，共通言語化することが可能になり，熟達した教師の専門技術と知識を他の教師が活用できるようになるのである。

PCKと実践の統合

　ショーマン (Shulman, 1986, 1987) は，すぐれた教師は実践を捉える独特の方法，つまり学習内容についてのペダゴジー上の知識 (PCK) を持っていると主張し，PCKを「教材を他者に理解しやすいように提示し，形作る最も強力なアナロジーであり描写であり事例であり説明でありデモンストレーションである」と定義した。ショーマンの初期の研究は，教師の仕事の理解に役立ち，新しい価値観を生み出すと考えられた。そこで，研究者たちは教師の持つ知を調べる方法を模索し始めた (Clandinin & Connelly, 1995；Cochran-Smith & Lytle, 1990)。しかしながら教師は自身の知に対して意識的ではなく (Duckworth, 1991)，それらを適切に議論するための言語や枠組みを持たないため (Carter, 1993)，教師が自らの仕事をどう理解し，彼らの知識がどう成り立ち，教師の行動が何に基づいているかを研究しても，実践を明快に理論化することは難しい。

　したがって，ニューサイエンスの発想によって，教師の教える内容知識と，教師がその内容知識を生徒に理解できるようにどういう方法を用いて変換するかということの2点について焦点をあてる必要があるのである。ニューサイエンスを教えることの本質を探求するもの，つまり教師が生徒のよりよい学習のために教えることをどう構成し概念化しているかを理解する方法を見出すためのものとする。教えることに関する知識を明示的に捉えて記録し，関連づけることは困難であるが (van Driel, Verloop, & de Vos, 1998)，それらが教師にとって認識可能で役立つものであれば，この困難さもまた研究対象にされなければならない。

ニューサイエンス・アプローチの概念化

　教師は暗黙知を明示化し共有可能な形に発展させるための議論に参加する

機会，時間，そうすることに対する期待や理由をほとんど持たない。これに加えて理論と実践の乖離は，よい教育が必ずしも理論に基づくとは限らないという認識を教師の間に作り出していた。しかし，「理論的にはわかるが実践では通用しない」という多くの教師が持っている見方とは反対に，ニューサイエンスのアプローチでは「実際にうまくいっていることの背景にある理論」を問うていくことができ，実践の言語化の重要性が自明のものとなる。

　ここで提案する方法は，CoRe（Content Representation：教える対象にふさわしいコンテンツ）と PaP-eRs（Pedagogical and Professional experience repertoires ペダゴジーに基づく専門的な経験則からのレパートリー），つまり「科学の内容知識」と「ペダゴジーの知識」の融合である（Loughran et al., 2001；Loughran, Mulhall, & Berry, 2004；Mulhall, Berry, & Loughran, 2003）。これによって，教師は「行為の中の知」（Schön, 1983）を明示化する方法を見つけ出し，教育における専門知識と技術をよりよく認識し評価するようになった。このアプローチから明らかになったのは，教師の実践とその背景の理由が，本質的に暗黙的であるにもかかわらず，実は理論によって導かれているということであった。

　さらに，このアプローチは，(PaP-eRs による) 実践の豊富な説明とともに教師たちが (CoRe の構築を通じて) カリキュラムを作成し教える際になぜそのような実践を展開したのかという理由を明らかにするものである。CoRe には教師が内容領域の主要概念を考えると同時に特定の目的を持つ質問を通して，それらの概念がどのようになぜ重要なのかを分析することが含まれる。たとえば，「あなたの生徒はこの概念から何を学ぶのか。なぜ生徒はこれを知ることが重要なのか」などである。

　PaP-eRs は教師が CoRe に関連する理解と実践について議論し，教室における教育実践とその学びについて完全かつ豊かな記述がなされている事例を選択し考察を加えることによって開発されたものである。PaP-eRs は特定の概念を適切な理由かつ方法で教える具体例として卓越している。科学を教えることと学ぶことについて徹底的に検討していくことが，いかに共通言語の必要性に対する認知を高めるか，また，CoRe や PaP-eRs を構築していく過程でい

かに共通言語が開発され強化されていくかは想像に難くない。そのような作業に携わる教師は，彼らの思考や行動を慎重に再考することによって必然的に専門知識の重要性を認識するようになる。さらに彼らは，他者にとってアクセスしやすく，かつ役立つ形で知を明示化することの価値を見出し始める。

新任教師が教育という専門性のある領域に参入する際には，教えることや学ぶことに関する議論の必要性に対して明確な意識や価値観を持っていることが求められる。ニューサイエンス・アプローチは学生がそのような認識や意味づけを形成する方法として教員養成プログラムにおいて重要となる。

教師教育

教職課程では教師としてのものの見方，態度，実践の理解が形作られる。教員養成は，学生が学生から教師へと移行する過程で，教えることと学ぶことの本質を再考することを支援する。教えることと学ぶことの本質についての議論が実践の発展を促進することや，そうした議論が教師の専門性開発に不可欠であるという認識を生じさせることがなければ，教師としての見方と認識を形作る重要な機会が失われてしまう。

教師教育者がニューサイエンスを意識しつつ教員養成プログラムの中で教えることについて教えることは新たな意味を持つ。なぜならばモデリングが重要だからである。教師教育者が学生に対して実践の理論的な視点が生まれる過程と合わせて彼らの根底にあるペダゴジー上の合理性を明示できるようにする。まさにこの点こそが教えることに熟達した教師としての教師教育者の育成の中心となるものである（Korthagen, et al., 1999, 2001）。

コルトハーヘンは，理論の重要性と理論が概念化される方法を強調するために学問知と実践知の概念を構築した。彼は実践知を記述する方法を示しているが，それは，経験を通した学習が理論的な見方を発展させるという考えに拠る。しかし，その学習は学校教員の間で，日々の教育実践と学習の必要性からは切り離されており役に立たないとみなされているような，より抽象的で一般的な伝統的知識である学問知とは異なるものである。

教師教育において，学問知と実践知を区別することは経験を通して教えることを学ぶ方法，そして実践を通して得られた知識を概念化する価値を説明する方法とに注目していく賢明な方法である。重要なことは教師教育者だけでなく学生も学問知と実践知を理解することである。たとえば，教師教育者が「代替概念（学習者が共通して持つ素朴で非科学的なものごとの捉え方）」について教えるとする。一般的に教師は，学生たちにあるトピックに関する学問知を情報として伝達し，科学的な概念を教え込んでいく。このような「教える」状況で学習者がどのように代替概念から科学概念へと思考を変化させていくのか，という話を教師教育者から聞いて，学生は興味深いと思うかもしれない。しかし現実には，実習生が生徒たちにある現象を説明する際，非科学的な代替概念を用いた説明へと逆戻りしてしまうことがある。

　そのような状況では残念ながら，代替概念の知識が学問知として枠づけされ事実として伝達されてしまう。つまり，伝達的アプローチによって，彼らが一般的に保持している「教えることは伝えること」という既存の教育の見解が強化されてしまうのである。代替概念について生徒に説明して教えるべきだとした場合，学生はこれをトピックについての「コツやわざ」のために必要な方法と解釈する危うさがある。したがって適切な働きかけの過程をみせることによって教えることについて教えることの重要性が暗黙の実践知を明示化する方法になる。これは，教えることを通して学ぶことを省察すること，学習の成果と教える手順を結びつける意味のある方法を作り出すことなど，教えることと学ぶことについての本質的な議論を伴う。

教師教育とニューサイエンス・アプローチ

　教えることを教えるとき，教師教育者はその内容をなぜ，どのように教えるかを慎重に検討する必要がある。学生が教えることと学ぶことの複雑な性質をより良く理解するために，教師教育者の実践における意思決定過程を理解する必要がある場合は，教師教育者たちはその論拠を学生に対して明確かつ明白にできる必要がある。そのような機会が教員養成の間に担保されない場

合，学生は，自分自身で発展させてきた実践知に対してどのように吟味したり，批判的な視点から考察したりすることができるようになるだろうか。教師教育者の中には自身の実践の背景にある考え方と向き合うことに不安を感じる者もいる。しかしセルフスタディ (Hamilton, 1998；Loughran & Russell, 2002；Loughran, Hamilton, LaBosky & Russell, 2004) による多くの研究が示しているように自分自身の実践の検討は軽視されるべきではない。というのも教師教育者は，実践知を明示化するうえで予期せぬ困難に直面するからである (White, 2002；Nicol, 1997；Berry, 2001)。

　教師教育においてニューサイエンス・アプローチを採用することによって教師教育者として自らの授業の何を明らかにするのかというジレンマにうまく対応する方法を提供できる。先に概説したニューサイエンス・アプローチの意図を再び考えたい。特定のトピック（たとえば粒子理論）における内容の知識を紐解くことは教師教育者や学生が特定のカリキュラム／内容／コンセプトの概念化と，その構造を掘り下げるための新たな機会を作りだす。これに加えて「あなたの生徒にこのアイデアを学ばせるにはどうするか。」「なぜ生徒はこれを知ることが重要か。」といった問いを検討することによって教師教育者の実践の知恵が明らかになる。同時にこうした問いの検討によって学生の熟考を促していくのである。

　PaP-eRs という概念を通じて具体的な内容分野における実践例を議論したり開発したりすることで得られる洞察は，「コツやわざ」よりもはるかに重要な「環境」を作り出すのに役立つ。それはひとつの概念に対する代替的アプローチだけでなく，教師の意図と意図の対象である学生の学習成果とを結びつけることにも繋がっている。

　このようにしてニューサイエンス・アプローチによって科学教育を教えることは実践の深い理解につながり，「教えることについて話し合い，学習内容についてのペダゴジー上の知識 (PCK) を明示化することが，専門職としての教師の基本的な要素である」という認識を生む。実践知が開発され使用される際には，実践知の価値の本質についての認識を変える，教えることと学ぶことに

ついての共通言語が必要となる。

結　論

　ラッセルは「どのように教えるかこそがメッセージ」であると主張した（Russell, 1997）。ラッセルの物理学の知識は，教師としての彼の技能とともに彼が科学を教える際の鍵となる。しかしそれ以上に，彼が実習生に対して抱く，「実習生の実践を精査し，批判的な検討を支援したい」という思いは，実践における彼の学習内容についてのペダゴジー上の知識（PCK）を明白に説明する術を開発した。ラッセルとバロックは，科学を「教えることと学ぶことについて教えること」がどういうことかを「紐解く」ことの価値とそれが教えることを学ぶことに対する実習生のアプローチに及ぼす影響について，実習生とともに行ったフォローアップ調査によって示している（Russell & Bullock, 1999）。

　教師教育者には教えることと学ぶことについての知識を明示化する能力，自分自身のPCKを明示化して学生に示す能力が必要となる。ニューサイエンス・アプローチは次世代の科学教師が理論を形成するうえでの実践の中心的役割をモデル化する手段であり，これを発展させるひとつの方法である。ニューサイエンス・アプローチは，もしうまくいけば洞察に満ちた理論の開発につながる可能性を持つといえよう。

CoRe
教える対象にふさわしいコンテンツ　　Contents Representation

PaP-eRs
ペダゴジーに基づく専門的な経験則からのレパートリー
Pedagogical and Professional-experience Repertoire

　ロックランは，① 教える対象にふさわしいコンテンツと，② 専門的経験により蓄積された実践のレパートリーの組み合わせによるクロス表（リソースフォリオ）を発案した。これは理科教師の複雑な学習内容についてのペダゴジー上の知識（PCK）を紐解き，教師の専門性開発に向けて共有するために教師の声を基に開発されたものである。ある科学的な概念を教える時の理由や思考，行動を体系化することで複雑な PCK や教師の暗黙知の理解，明示化，共有を促す。
☞ Loughran, J. J., Milroy, P., Berry, A., Gunstone, R., & Mulhall, P. (2001).　Science cases in action: Documenting Science Teachers' Pedagogical Content Knowledge Through PaP-eRs. *Research in Science Education*, 31(1) 267-289.

リソースフォリオの例（Loughran, et al., 2001）

		CoRe（教える対象にふさわしいコンテンツ)					
		A. 循環系全体としての循環システム	B. 体に必要なものの供給並びに老廃物の除去	C. 他の身体システムとの関係	D. 血液と血液成分	E. 心臓のポンプ機能	G. 拡散と細胞膜透過性
PaP-eRs	なぜこの概念が重要か	自分の体に関係のあることだから	全生物が同様のシステムを持っているから	—	栄養素や老廃物を運ぶ媒介	血液が体内全体を循環するから	循環システムに入るために必要だから…
	この概念について何を学んでほしいか	全生物が同様のシステムを持っていること	どのように血液が肺を通って循環するか	体のそれぞれの部位とシステムが相互依存関係にあること	・血液の成分 ・細胞事に異なる機能を持つこと	血液がどのように体内循環を続けるか	障害が透過性のあるものであること…
	この段階でまだ学ばなくてよいこと	リンパシステムについて	化学物質とエネルギー供給について	必要性が出てくれば s.a/vol 比の理解	いろいろな種類の血液細胞の種類について	心臓のメカニズム	・拡散機能の詳細……
	この概念を教えていくうえで予想される困難	・あまり詳細に触れない事	・老廃物としてでないに参加炭素	・開閉機能については必ず理解させる	・粒子理論の概念について・	・有機物と細胞の関係を理解する	・細胞の知識…

5.2 科学教師の PCK の理解と開発
J. ロックラン，A. ベリー，P. マルハル，2012 年

Loughran, J. J., Berry, A. & Mulhall, P. (2012). Teaching: Learning through experience. In *Understanding and Developing Science Teachers' Pedagogical Content Knowledge* (2nd Edition). Dordrecht：Sense Publishers, pp.1-6.

意図と実践のズレ　　学習内容についてのペダゴジー上の知識 (PCK)
PEEL　アクティビティを越える　　流れを壊す　不安

ホーバンは14年間の教員経験から自分自身を良い理科の先生だと信じていた。しかし彼は科学の教科内容は知っていたが，生徒の学びのあり方についてほとんど知らなかったことに気づいた (Hoban, 2002, pp.xvi-xvii)。

教師の専門的な学び

多くの教師は，日々の授業の中で，指導の意図と実践のズレを経験する (Loughran & Northfield, 1996)。しかし残念なことに，両者に違いがあっても意図と実践のズレへの対処を促すような専門的な学びのための支援体制が学校や行政レベルで保証されているとは言えない。ベリーとミルロイの学校にも活用できるサポートも役立つ研究の蓄積もなかった。そこで自分たちで計画を立てて実験的に始めた (Berry & Milroy, 2002, pp.196-197)。

教師の専門的な学びは，文献や研修で得られるというよりもむしろ，生徒とともに教科の理解を深めようとしたときや成果を他の教師と共有し，記録を書いて振り返りをしたときに得られるものの方が大きい。

アクティビティを超えること

教えることに関する観点をきちんと持てるかどうかは，教えることがただ「優れたアクティビティの引き出し」を持つ以上のものであるという認識が持てるかどうかにかかっている。教えることがルーティン化されると，その質（関わるとか楽しむとか知的な挑戦をするというような）は大きく下がり，ひどいと

きには質を支える要素が一挙になくなってしまう。そのため，多くの教師は，役立つルーティンだけを発展させるという困難に挑戦しなくてはならない。

「通常のルーティン」を砕くためには，ある種の教育方法（たとえば概念マップ，ベン図，ロールプレイなど）を取り入れることが有効だろう。しかし，ただある方法を活用するのと，その時点でのペダゴジー上の合理性によって特定の方法を用いるのは異なることである。特定の状況において特定の実践を特定の理由で選ぶ人は，そうした実践が生徒の概念理解を高める方法であることがわかっている熟達者である。刻々と変化する状況に対応し，調整し，適切な専門的判断を下す教師の能力は重要である。

教えることを，複雑で多層的かつ骨の折れることだと理解することは，教えることが「教え方のネタを詰めた袋から何か違うものを取りだしてみせる」という以上のものであるとわかっていることである。この点は，PEEL（Project for Enhancing Effective Learning）という実践に最もよく示される。

PEEL（Baird & Mitchell, 1986；Baird & Northfield, 1992；Loughran, 1999）とは，生徒の受動的な学習に対して教師が懸念を持ったことから生まれた教育活動である。PEELを実践する教師は，伝達するだけの教育の正反対に位置する方法を開発するエキスパートとなった。研究会や学会，出版物など多様な範囲で共有され広められた彼らの知見は，生徒の受動的な学習習慣に挑戦し，メタ認知的なスキルを習得させ，生徒により活発に目的を持って学ぶことができる人になって欲しいという願望によって引き出されたものである。

ダスティンは，PEELの教師として，教えることは伝達だという見方から，生徒のよりよい理解のためだという見方へと移行した例を報告した。彼女は教えることと生徒の学びへの期待との不一致に直面し，新しい教育方法で乗り越えようとしたが，時間が経つにつれ問題は教育方法ではなく，教えることと生徒の学びへの期待を関連づけることだとわかってきた。そして，PEELの手順で学ぶ生徒を見て，教えるということの意味は，生徒に活発な学習者になってもらうことであると理解するようになった（Dusting, 2002, pp.177-180）。

サリヴァンの場合は，他の教師たちとともにさまざまな教育方法を試し，授

業で使われる方法，手順や生徒の学びの様子の記録を検討し，プロセス評価を行った (Sullivan, 1996, p.32)。明らかになったことは，生徒たちが学習内容について考える場合と内容が単に伝達された場合では，学びに向かう様子が劇的に異なるということである。これは POE (Predict-Observe-Explain 予測・観察・説明) 実践において特に顕著で，予想段階で出てきた誤概念の修正や，観察後の事象の説明が，生徒の主体的な学びへの関わりや理解を物語っていた。

POE の活用は，教師の思考と実践に大きな変化をもたらした。教えることは生徒に学ばせることであるという彼らの認識は，教えることは生徒が自身の学びに対する責任を持つように支援することであるという認識に変化した。

生徒が自らの学びに対する責任を認めると，自分の行動とその理由に気づき，学びに疑問を持ったり，既有知識と新しい考えを統合して新しい概念を構築したりするようになる。生徒が自分の知識を再構成する意味ある機会を創造し促進することにもなる。良質な学びは強制的に得られるものではなく，学習者の同意を必要とするのである (Loughran & Northfield, 1996, p.124)。

ペダゴジーを展開させる

ペダゴジーという語はさまざまな意味合いで使われる。しばしば「教育」の同義語としても使われるが，それでは本当の意味を弱めてしまう。ヨーロッパの伝統に則っていうと，ペダゴジーは，子どもたちの発達と成長を促進する方法であり，教えることと学ぶことの関係性を理解することである。

ペダゴジーが展開しているとき，教師は，学びにとって適切な状況を理解し，その状況を作り出し，状況に対応するために専門家として活動している。学ぶ条件を作り出すためには，実践を微調整する巧みさが必要であり，ペダゴジーの本来の意味である「教えることと学ぶことを結びつけること」にしっかりと取り組むことが重要となる。

経験から学ぶ

ノースフィールドは，PEEL の教師を経験しようと大学を休職し高校で教え

た。7年生（高1）の理科と数学とホームルームを担当し，教えることと学ぶことに対する新しい知見を得る機会を持とうとしたのである。そして「今までのやり方を完全に変える」つまり流れを壊すという概念を獲得した。

　流れを壊すことは生徒たちが学びに対する責任を受け入れるために必要であった。生徒たちの居心地のいい授業の状態は教師中心に回るものだった。講義を聞いて必要な作業をし，時間が来ればその作業は終わった。そこで彼の関心は，生徒自身が考えたり学びの責任を持ったりすることを後押しする活動をいつどのように行うかとなった。流れを壊すことは難しかった。というのも流れを壊すということはすなわち自分自身の慣れ親しんだやり方を壊していくことであり，自分自身を不安定な教室環境におくことを意味するからである。

　「今までのやり方を完全に変える」ことが教師にとって先の見えないリスクある状態に身を投じることであるように，生徒にとっても慣れ親しんだ安心感ある状態から突然見通しのきかない不安な状態がもたらされる。もし本当に流れを変えようとするのであれば，教師と生徒の双方が，流れを変えることが学びに効果をもたらすのだということを認識することが必要である。

　ノースフィールドの挑戦は，従来の研修では伝達され得なかった専門的な学びの機会を彼に提供した。専門家の学びは，異なる視点から状況を眺め省察を続けることによって新しい意味を理解し構成するために探求していくことである。従来の観点に挑戦するアプローチを確立するためには，枠組みを構成したり再構成したりする（Schön, 1983）能力が重要であった。

変化のために行動する

　多くの教師は，自分は授業内容を教えたつもりだけれど生徒はよく学んだようには見えないという不安や不満を経験する。しかし，これらの不安は出発点となりうる。実践について自分自身が考えていることを明瞭に記述することが，そこで得た知識を共有する言語の発展を促す。そうした言語のひとつが学習内容についてのペダゴジー上の知識（PCK）と言われるものなのである。

6章　結
——日本の教師教育者の専門性開発に向けて

6.1　セルフスタディの黎明

　日本では，いまだ教師教育を単なる単位の集積と思っている人や教員採用試験対策のことだと思っている人がいる一方で，教師教育のあり方を真剣に考え，自らの教師教育者としてのアイデンティティを模索し，実践をセルフスタディして実践研究にしたり論文化を試みたりしている教師教育者，実践の改善を試みている教師教育者たちの層は徐々にその厚みを増してきている[1]。

　S-STEP 前代表のアイスランド大学教育学部ハフディス・グズヨンズドッティルの下でセルフスタディを実践研究している西田めぐみは，2018 年夏に日本のセルフスタディを取り巻く状況を *2nd International Handbook of Self-Study of Teaching and Teacher Education Practices*（Springer）に紹介する目的で調査を行ったが，文献検索サイトではほとんど研究がヒットしなかったため，フェイスブック上のグループページ教師教育学研究会（主宰者武田）のセルフスタディの情報に気づきアクセスを求めてきた。西田は武田への私信の中で，日本の教師教育の現状とセルフスタディの状況を概観し，近年の国際的なセルフスタディの動向がより当事者の心の内面の変化に焦点をあてるようになってきているのに対して，現在の日本の教師教育研究は教育技術の向上を目的としたアクションリサーチから教師自身の内面をみつめるセルフスタディに移行しつつある「黎明期」であると指摘した。次に紹介する研究もそのようなタイミングに現場教員によってなされたものである。

　6.3 の実践研究のスライドは，2017 年 2 月の広島大学 RIDLS 講演会シリーズ No.19「Dr.Loughran 教師教育を語る 教師教育者に求められる Self-Study の

方法論」の際の口頭発表で用いられたものの加筆修正版である[2]。当時，粟谷好子氏は広島大学附属中学校・高等学校教諭であった。この実践研究を本書に収録するのは，セルフスタディのアイデアが「条件を整えれば現場の先生が挑戦する価値のある実践研究の形態」であることを示したいと考えたからである。つまり自分自身の実践を客観的に記述し，そこから導き出される実践知を他者に役立つよう一般化することをまずは多くの読者に試みていただきたいと考えた次第である。実践研究を論文化する作業はまたひとつ研究者への道程として必要な困難な作業であるが，ここでは研究が実践と一体であるということ，理論と実践は往還可能でありさらに融合するものであることを読み取っていただきたい。

　また，本研究のポイントは，「命題7：教師教育者であることの自覚・再認識」である。日本においては，まずここから始める必要があることを強調したい。

　というのも，現場で毎年繰り返される教育実習の指導は多忙な学校教員にとっては負担と思われるが，実は指導教諭も実習生も成長することのできる貴重な教師教育の機会，「学校ベースの教師教育 school based teacher education」であるということが，この研究では示されており，その認識が日本の学校現場の教師教育者たちに必要だと思うのである。学校ベースの教師教育とは，1990年代以降欧米で徐々に広がった学校現場でなされる教師教育を言い，今や世界各国で多彩なパターンで実施されている。主に学生を実践的で有意味な経験を通して学ばせるために，教員養成を行う大学と実習の機会を提供する学校がともに責任をもって協働して学生を育てる仕組みをさす。それは学校現場の教員にとっては改めて教育について考える機会となる貴重な学びの場であり，また実習生を学び手とした教師教育を経験する場でもある。たとえばオランダには実習生の指導経験をきっかけに教師教育者になろうと決め，本格的に大学院に進学して教師教育の勉強を始めたという教師教育者たちがいる（Lorist & Swennen, 2016, 2017）。今後，日本においても，学校と大学の距離が近くなり長期の実習やインターンシップが一般化するとしたら，この機会を学校

教員が「教師教育者」になる機会と捉えて積極的に活用していただきたいと思うのである。

　さらに付記するならば，学校ベースの教師教育者には校内研修などにおいてリーダーシップを発揮するミドルリーダーとしての研究主任なども含まれると言っていいだろう。教師を対象に「教えることと学ぶことについて学ぶ機会を作る」役職である。これまで単に「割り振られた役職」と捉えていたかもしれない学内業務を積極的に「教師教育」という概念で捉えてみてはどうだろうか。

6.2 粟谷好子氏のセルフスタディが教師教育者に示唆すること

広島大学　草原和博

　セルフスタディを仮に「自己言及的研究」と訳すならば，粟谷氏の報告は文字通りそのような研究である。「私は教育実習生を指導する教師教育者として未熟ではないか，もし未熟ならば何をなすべきか」。このような専門職としての向上心と知的謙虚さに根差した問いが，本研究の原動力になっている。

　本研究の意義を筆者なりにまとめると，大きく3点に整理できる。

　第1に，エビデンス・ベースドな考察が行われていること。聞き取りデータを手がかりに，①やみくもに指導案をつくる実習生 vs 作成の経緯を問わない教師教育者，②指導案作成にあたって，意識的に（自己の意思を）折り，従う実習生 vs 無意識的に（相手の意思を）折り，強制する教師教育者。このような両者間に成り立つ緊張関係，葛藤を見事に描き出している。

　第2に，考察を通して自己の専門性を省察できていること。実習生によると，過去には理不尽な「後出し」指導を受けたり，「自分をちょっと殺（す）」経験をしてきたという。粟谷はこれらの語りと上述の緊張関係から逃げることなく正対し，私たちが取り組むべき実践課題を7つに命題化している。

　第3に，省察の結果には意図せざる波及効果が期待できること。導かれた7つの命題は，同僚教員にとっては，自分の実習生指導を見直す有益な鏡となる。また附属校という組織からみると，長く教育実習という空間を支配してきた制度や規範・ルールを見直す視点を与えていよう。

　本研究の過程と結論は実に刺激的である。セルフスタディとして本研究の意義をさらに引き出すには，よき批判的友人を仲間に加えることが条件となるだろう。

6.3 附属学校教員が実習指導を分析する意味

広島大学附属中学校・高等学校教諭　粟谷好子

（広島大学 RIDLS 講演会シリーズ No.19「Dr.Loughran 教師教育を語る 教師教育者に求められる Self-Study の方法論」2017 年 2 月における発表資料より）

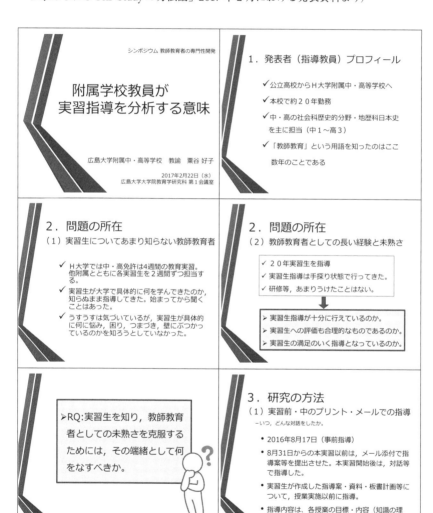

3．研究の方法
（2）実習後の聞き取り
―いつ，誰に，どんな問いをしたか

- 2017年1月17日
- 実習生 2 人
  （実習生Aは粟谷班，実習生Bは他班）
- 質問内容
  - どのような指導を受けたか？
  - 何か悩みはなかったか？
  - 目標は提示されたか？
  - 指導は役に立ったか？困った指導は？
  - できるようになったことは？課題は？

4．成果の考察　教材研究
（1）指導内容と省察
―やみくもな実習生，経緯を問わない・規準を出さない**指導者**

指導教員	実習生
● 事前に実習生に対し，複数冊，関連する書籍を読むように指導 ● 授業直前に「こんな資料はないのか？」と指導 ● 「この資料はいれておいてね」と授業直前に指導	● 実習生はやみくもに書籍を借り，読み，資料を探さねばならない。 ● 授業は明日で準備できない。 ● なぜ入れなければならないのか理解できない。

➢ 実習生が，教材研究をどのように行っているのかについて，十分に確認したことがなかった。

4．成果の考察　教材研究
（1）指導内容と省察
―やみくもな実習生，経緯を問わない・規準を出さない**指導者**

実習生A：・・・準備段階では，勉強するときに，やはり1冊でもダメいままで，中高と教科書のみで学んできてプラス資料集かなというものだったところが，教える側になると，事業の確認だったりとかというところで，2,3冊，多ければ4冊ぐらいの同じ範囲を読んで，これは複数書いてあるから，やっぱ大事なんだなとか，これはほんとに正しいのかなとか，というところを確かめながら進めていくと，時間がどうしてもかかってしまう。……うーんこの解釈聞いたことないな，今迄勉強したことないなっていうこともあって，別の本読んだらあった，で，別の読んだら違うかな，と思って，右往左往というか・・・

実習生B：・・・山川の国史大系ですかね。小さいほうの，はい，そのほうに，参考文献はこれがいいです，っていう欄をみつけて，あっここから見ればすぐにわかるじゃん，っていうのを発見しました。なので，そういう概説書にある，参考文献っていうのを参考にしながらやれば，もっと効率よくできたのかなぁ，と今思います。・・・

4．成果の考察　指導案評価
（1）指導内容と省察
―やみくもな実習生，経緯を問わない・規準を出さない**指導者**

- 指導案を指導のたびごとに提出させていない。
- 授業実施の指導案のみで実習を評価してきた。

➢ 実習開始の時の指導案と最後の指導案で成長度合いを見る，という視点の欠如
➢ その他の観点でも同様な視点なし
　ex.他の実習生の授業観察録，班での批評会の意見…

4．成果の考察　到達目標
（1）指導内容と省察
―やみくもな実習生，経緯を問わない・**規準を出さない**指導者

事前指導で提示した到達目標
- 教材研究を適切に行い，指導する内容をすべて把握している。
- 授業の目標をたてることが出来る。
- 目標にそって指導案・板書案を作成できる。
- 指導案にそって授業を実施することが出来る。
- 授業を観察し，分析することができる。反省会で適切な意見を述べることができる。

⟹ ルーブリックは？

4．成果の考察　到達目標
（1）指導内容と省察
―やみくもな実習生，経緯を問わない・**規準を出さない**指導者

実習生B：・・・確かに，先に説明会とかの段階で，まぁ，こうすれば一番効率がいいかもしれないね，だったり，最低限，やってきてね，ということを確かに示してもらえれば，もっと効率よく，あの，前準備の段階で，ある程度，形が整ったものができるかもしれない，っていうのは，あるかもしれない。・・・
・・・特に時間がないので，これはいれといてね，といわれるんですけど，なんでそれを入れなきゃいけないのか，自分でよくわかってないまま授業をしてしまったのが，本当に自分でも力不足だな，ていうのがありますし，なんでそれをいれなきゃいけないか，考えるためのもうちょっとヒントくれてもよかったかなぁ，・・・

4. 成果の考察　到達目標

(1) 指導内容と省察
－やみくもな実習生，経緯を問わない・規準を出さない指導者

・到達目標はしめしているが，ルーブリック未提示

> 実習生への評価は経験則に基づく主観的・相対的なものになっている。

実習生にも5段階で自己評価させているが，なぜそのように自己評価したのか，理由は確認していない。主観的にならざるを得ないだろう。

4. 成果の考察

(2) 指導内容と省察
－意識的に折られ・従う実習生，(無)意識に折り・強制している指導者

指導教員	実習生
「自分ならこうする」といった，経験豊かな教員の指導	自分のためになるもの，と実習生は思っている(思おうとしている)
「なぜこの資料を用いないのか」「こちらを授業しなかったか」という指導	(別の資料を使用したいが，反論できない)(授業後に言われても困る)
「なぜ発問をMQにするように努力しなさい」という指導	(従わざるを得ない)

> 実習生は自分の実施したい授業が実現できているのか

4. 成果の考察

(2) 指導内容と省察
－意識的に折られ・従う実習生，(無)意識に折り・強制している指導者

実習生A

・・・指導いただいた先生でいえば，何のために教えるのか，常に考えているんだとか，ゆう言葉とかはすごい心にのこるし，考えさせられるので，授業単体の指導よりも，そっちのほうが心に残りやすい・・・
・あとからなんでこっちの知識で教えなかったのと聞かれたときに，あーなるほど（笑い）なるほど，後出し感ですよね。……えーなんでそんなこといわれないといけないの，と思うこともあったかもしれないですね・・・
・・・(教員と実習生が)かみ合わないので，毎回毎回いろいろあるらしくて，まぁ**実習生的には，逆らえないので**，もう，だって，その道の何年もやってきた方々なので，やっぱ指導いただいてるだけでまぁ，正直あれなので，そういわれると，**やっぱ，そういうのかなっていうふうに，自分をちょっと殺しつつ**・・・

5. 省察によって気づいたこと

> RQ：実習生を知り，教師教育者としての未熟さを克服するためには，その端緒として何をなすべきか。

今まで，実習全体を振り返ることはほとんどなかった。実習生への評価や定期試験の前に内容確認をする程度であった。

> 実習全体の省察が必要である
> 聞き取り調査も行いたい

課題
時間の確保

6. 実習生指導を分析する意味

実習生に対して

命題1：実習前に到達目標とそのルーブリックを提示する。
　－後出し指導をなくす
基本的な教材研究の方法や最低限の量を示し，やみくもに取り組まなくてもよい，見通しをもって取り組むことができるようにする。

命題2：指導と強制を見極める。
最低限触れなければならない資料があれば，直前ではなく，事前に提示しておく。

6. 実習生指導を分析する意味

指導教員としての自己にとって

命題3：実習生への形成的評価が実施できるように，指導案等，評価の対象となるものは残しておく。
命題4：実習後に実習全体を省察する。そのために諸資料のコピーを残しておく。
命題5：適切な評価ができるように社会科教育学特に評価の勉強を怠らない
命題6：実習生指導ための研修の機会は必要である。(特に指導教員としての初任者)
命題7：教師教育者であることの自覚・再認識。

6.4 日本の教師教育者の専門性開発に必要なこと[3]

　最後にこれまでの議論を踏まえて，日本の教師教育者の専門性開発の促進に寄与することを試案としてまとめ，箇条書きで提示する。

教師教育者に必要なこと
1．すべての教師教育者
① 自らの実践をリフレクションする方法と力を身につけること。
② 批判的友人と共に専門性開発のコミュニティを形成すること。
③ 自分の実践をセルフスタディして，学習内容についてのペダゴジー上の知識（PCK）やペダゴジー上の合理性を明らかにすること。
④ 言行一致の授業で，理論と実践の融合のモデルを示すこと。
⑤ 学習者の学習後を意識したカリキュラムマネジメント力を身につけること。

2．大学ベースの教師教育者（すでに教師教育に携わっている者）
　リアリスティックな教師教育実践への移行期には，教育学や教師教育学に関連する研究を主たる業務とし，直接的には教員養成に携わらないというあり方を選択する「教師教育研究者」「教育学者」が引き続き少なからず存在するかもしれない。また，引き続き教科教育のコンテンツを紹介・伝達する役割を担う教師教育者（たとえば，教科に関する専門分野を持ち，非常勤講師などの形で教職課程に関わっている教師教育者であり，この役割は後にメディアやICTにとって代わられる可能性がある）も並行して存在するだろう。

　教師教育者が，本書に示されているような教師教育者に移行するためにはしばらくの時間が必要であり，また専門性開発プログラムの開発が必要であるが，そのためには教師教育者の専門性開発をする人材がまず必要になる。

　教師教育のペダゴジーの確立に寄与するそのような人材が，リーダーシップをとりつつ複数人で協働することが必要であり，オランダであればユトレヒト大学のように先陣を切って研究と実践の開発に取り組む大学が出てくるこ

と，また教員のリフレクション研修やセルフスタディへの取り組みを全国的に展開して，教員の意識や教師教育者の意識を変えていくような試みが必要となるだろう。

そのうえで，一人一人の教員には以下のようなアクションが求められることになる。

1) 研究を中心とする教員に必要なこと

① 幼小中高の教員経験の不足を認識し，従来型および先進的な学校教育現場を視察・体験・比較すること。
② 大学教育を現場と考えて授業実践の力を身につけること。
③ アクティブラーニングを始めとする学生中心のリアリスティック・アプローチに基づく教授法を身につける積極的努力を行うこと。
④ 国際的な教師教育にアクセスし，海外との研究交流を行うこと。
⑤ 教師教育研究を実践につなげ，教育実践の改善のための研究にすること。さらに実践研究結果の論文化や成果や課題をシェアするための学会発表をすること。
　⇒これらの実現に寄与する研究者教員の再教育プログラムの開発とそれへの参加方法の確立。

2) 現場体験のある実務家教員に必要なこと

① 大学・成人教育の経験不足を認識し，教師と教師教育者の違いを理解し，教師教育者という全く新しく複雑な仕事に必要な学習に取り組むこと。
② セルフスタディのメソドロジーを習得し，研究を通して自分の実践を相対化し，実践知を明示化・一般化して自覚的に活用すること。
　⇒これらの実現に寄与する実務家教員の再教育プログラムの開発とそれへの参加方法の確立。
※雇用者は実務家教員ポストを数年契約の管理職の再就職先とせず，意欲ある中堅教員が実践研究の力を身につけた実務家教員になる道を積極的に開

くこと。

3. 学校ベースの教師教育者
① 実習指導教員は自らを教師教育者と認識し，教師教育を学ぶこと。
② ピアコーチングや校内研修，メンターの活動を教師教育と認識すること。
③ 校内研究の場などを利用して，研究力を高めること。
※雇用者が実習指導等の教師教育の成果を教員評価に反映することで，業務の持つ意義が認識され，教師教育者としての自覚が高まるとともに，実習生の教育，学内の教師と教師教育者の専門性開発が促進されるだろう。

4. 教育委員会ベースの教師教育者
① 研修担当者は統合的なカリキュラムマネジメントの力をつけること。
② 教育が地域の将来を担うという認識のもとに研修を組むこと。
③ 文部科学省や都道府県の必修研修と自前の研修の整合性をつけること。
④ 地元大学などと組んで，効果的な研修が組める関係性を持つこと。
⑤ その他，教師教育者に必要な学びを身につけること。

5. これから教師教育者を目指す者
① 教師教育者のあるべき姿を，国際的な教師教育者スタンダードなどを参考に学び，自らの力量を高める努力をして教師教育者となること。
② 他者と協働してセルフスタディする力を身につけること。
※教師教育者の専門性開発プログラムの開発が必要である。

現在，教師教育者の専門性開発プログラムがオランダを中心に提案され，また，4章にも記したように世界各国の教師教育者研究が書籍にまとめられている (Lunenberg et al. 2014)。さらに，教師教育者研究に関する国際的な雑誌としては，たとえば，*Journal of Teacher Education*, *Journal of Education for Teaching*, *Educational Researcher*, *Teaching and Teacher Education*, *Studying Teacher Education*,

Journal of Curriculum Studies など多数の雑誌が出版されている。これらの中にはネット上で読める文献や近隣大学や研究所の図書館が所蔵する雑誌もあるだろう。海外文献に慣れない場合はネット上の翻訳機能を用いて単語を拾うだけでもいい。まずは教師教育の最新の情報を探ってみることから手がかりをつかんでいってはどうだろうか。

　そのような挑戦をする教師教育者が出てくることで，今後は日本でも実践を理論化する研究が進み，学習者の視点に立った教育を担うことのできる教師を育成する教師教育者の専門性開発が促進されるに違いない。

　最後に，ここ数年の日本の教師教育者の専門性開発に関する論文や報告を注4)にいくつか挙げておく[4]。このリストにどんな研究論文が続いて，実践と理論をつないでいくのだろうか。

注

1) たとえば，大坂遊・斉藤仁一朗・村井大介・渡邉巧（2018）「教師教育者の専門性開発とセルフスタディ─社会科教育学の研究成果と課題を踏まえて」日本教師教育学会研究推進・若手交流会口頭発表資料など。
2) 本研究は紙幅の都合でスライドとして掲載するが，すでに論文になっている。粟谷好子（2017）「附属学校教員が自己の実習指導を分析する意味：実習指導の改善をめざして」『広島大学大学院教育学研究科紀要．第二部，文化教育開発関連領域』（66），67-74
3) 武田信子（2016）「教師教育者の専門性開発に関する国際的観点からの検討」『武蔵大学教職課程研究年報』第30号，pp.66-71の付記を加筆修正。
4) 岩田昌太郎・草原和博・川口広美（2018）「教師教育者の成長過程に関する質的研究：TAの経験はアイデンティティ形成にどのように影響を与えるか」『日本教科教育学会誌』41（1），35-46.

　岡村美由規・相馬宗胤・伊勢本大（他）（2015）「高等教育機関に従事する教師教育者の在り方に関する考察：「実践的指導力」と実務家教員をめぐる議論から」『広島大学大学院教育学研究科紀要　第三部　教育人間科学関連領域』（64），37-46.

　小柳和喜雄（2018）「教師教育者のアイデンティティと専門意識の関係考察─Self-study, Professional Capital, Resilient Teacher の視点から」『奈良教育大学教職大学院研究紀要　学校教育実践研究』10, 1-10.

　草原和博（2017）「教師教育者をテーマとしたRIDLS国際会議の成果と意義（学

習システム促進研究センター講演会 講演会シリーズ No.14)」『学習システム研究』(5),103-112.

武田信子(2011)「日本における「教師教育者研究」の課題」岩田康之・三石初雄編『現代の教師教育研究のために』東京学芸大学出版会,pp.183-201

武田信子(2012)「教師教育実践への問い:教師教育者の専門性開発促進のために」『日本教師教育学会研究年報』(21),pp.8-18

田中孝彦(2015)「子ども理解のカリキュラムと教師教育者の問題」『日本教師教育学会年報(特集教師教育研究の今日的課題を考える)』(24),62-71

中妻雅彦(2016)「「理論と実践の融合」をめざした教職大学院の授業改善」『愛知教育大学紀要』65,pp.149-156

若木常佳(2017)「国語科教師の「思考様式の形成史」への着目―「ゲシュタルト形成に関わる成長史」の段階を取り上げて」『国語科教育』81(0),32-40

あとがき

　本書を読まれた誠実な教師教育関係者の中には，現在の自分は教師教育者というにふさわしくないのではないかと思う方もおられるだろうと思う。誠実であればあるほど，実力の有無にかかわらず，そうだと思う。しかし今，日本の教育は過渡期であり教師教育もまた過渡期である。その中でリフレクションを行い，批判的友人を得てセルフスタディを進めながら，教師教育者の新しいコミュニティを作り，支え合いながら前に進んでいくことが求められている。

　実は3年前まで編集者・訳者らのほとんどがセルフスタディが何であるか知らなかった。今も日進月歩で変化を遂げているセルフスタディについて知悉しているとは言えない。教師教育者の専門性開発についても，ここ10年の変化はとても大きく，それらの情報を得ていくのは大変である。本書の作成にあたっても，まずロックラン来日前にどう資料を用意するか，その機会を活かしてどう日本の教師教育者に働きかけていくか，その後の情報拡散をどうしていくか等についてさまざまに考え，その結果としての本書の要約と解説となった。

　しかし，なぜ海外の長年にわたる教師教育の変遷を一挙に凝縮した本の出版が急がれているのだろうか。

　2018年10月26日付の新聞の朝刊に，いじめ最多41万件不登校最多14万人という記事が出ていた（2017年度文部科学省の問題行動・不登校調査）。日本の学校教育がもたらしているこの現象に対して，教師教育はどう関わってきただろうか。子どもたちの痛みを前にして，教師たちの苦悩を前にして，教師教育者たちは何をしてきたのか，しているのか，私たちはこれから何をするのか。コルトハーヘンのリフレクションやロックランのセルフスタディによるさまざまな自分自身の内面への問いかけが，今の日本の教師教育者には待ったなしに必要なのではないか。

教師教育のあり方は，学生や日本の教育を受ける子どもたちの立場，すなわち学習者の立場から考えられるべきものであり，そのためには教師が何をしているか，教師教育者が何をしているかを根本から問わなくてはならない。
　そのことを前提として，最後に，日本の教師教育，特に教員養成に何が必要であるかを改めて考えてみよう。
(1) まず，教師教育者とは誰かを問い直すこと。
(2) 次に，教員養成課程の科目担当の教員の全てが日本の子どもたちを育てる教師の教育に携わっているという自覚を持つこと。
(3) さらに，それらの先生が，
　① 授業で教えている理論や内容と自分が授業で行っている実践との乖離をリフレクションすること。
　② 理論と実践の融合のために，従来の自分の教育実践を振り返り，言行一致の授業をめざし，また，学生たちがより自律的に学べる場を作ること。
　③ それは困難なことであるから，その時に一緒に歩める仲間を持つこと。つまり，教師教育者の専門性開発に取り組むコミュニティを作っていくこと。
　こういったことが必要ではないだろうか。

　改めて問いたい。教師教育で何が誰によってどのように教えられるか，つまり教師教育のPCK，教師教育者の専門性開発を問わずして，教師教育の高度化は可能なのだろうか。その場合のペダゴジーとは何か。そこで想定されている学び手はどのような学び手で，その学び手が教える子どもたちはどのような子どもたちなのか。教師教育にはどのようなアクションが必要なのだろうか。
　過渡期のパイオニアは自らの未熟さを知りつつ，困難を乗り越える必要がある。2013年2月に来日したコルトハーヘンは，武蔵大学FD研修会において，自分の「コンフォートゾーン」を，安全を脅かさない程度に，でも少しだけ拡げるようにと提案した（2014年度武蔵大学FD活動報告書）。本書の読者がその必要性に気づき，挫けることなく仲間とともに歩むことを期待している。

《謝辞にかえて》

　出版にあたって，日本教師教育学会課題研究第Ⅱ部会（第9期）ロックラン教授文献読書会メンバーである本書の文献要約ワーキンググループの13名の先生方に心より感謝の意を表したい。編集代表の小田郁予先生の文字通り身を削っての翻訳・編集作業が本書の出版を可能にした。

　また，ロックラン講演会実施にあたって事前要約検討会やワークショップ等に参加して下さった教師教育学勉強会メンバーの存在を忘れることはできない。この勉強会から現職教員の学会への積極的関与の必要性が明確になり，日本教師教育学会において現職教員を対象とした研究会が開かれたり，そこから学会運営に関わるメンバーが出てきたりするなど，学会における研究者と学校教員の連携の方向性が強まったことをうれしく思っている。

　さらに6章のスライド資料の転載を許可して下さった広島大学附属中学校・高等学校の粟谷好子先生と解説文をお寄せ下さった広島大学草原和博教授に改めて感謝申し上げたい。

　さて，学文社の田中千津子社長には，変則的な要約本の作成にあたって厄介な著作権交渉をご了解いただき，編集者の落合絵理氏には『教師教育学』等に続いて4冊目の訳本に親身におつきあいいただいた。ご尽力に感謝のことばもない。

　なお本書は，武蔵大学平成31年度研究出版助成を受けている。本書の出版の意義に対するご理解に感謝している。

　本書の出版がこれからの教師教育の発展につながり，ひいては学び手と教え手の笑顔を生み出すことを祈念してやまない。

2019年2月

監修者　武田信子

引用文献

Anderson, G. L., Herr, K., & Nihlen, A. S. (1994). *Studying your own school: An educator's guide to qualitative practitioner research.* Thousand Oaks, CA: Corwin Press.

Appleton, K. (2002). Science activities that work: Perceptions of primary school teachers. *Research in Science Education,* 32 (3), 393-410.

Austin, T., & Senese, J. (2004). Self-study in school teaching: Teachers' perspectives. In. J. J. Loughran, M. L. Hamilton, V. LaBoskey and T. Russell (Eds.), *International Handbook of Self-study of Teaching and Teacher Education Practices* (Vol.2, pp.1231-1258). Dordrecht: Kluwer.

Baird, J. R. & Mitchell, I. J. (Eds.). (1986). *Improving the Quality of Teaching and Learning: An Australian Case Study- The PEEL Project.* Melbourne: Monash University Printing Service.

Baird, J. R., & Northfield, J. R. (Eds.). (1992). *Learning from the PEEL Experience.* Melbourne: Monash University Printing Service.

Barone, T., Berliner, D. C., Blanchard, J., Casanova, U., & McGowan, T. (1996). A future for teacher education. In J. Sikula, T. Buttery, & E. Guyton (Eds.), *Handbook of research on teacher education* (2nd ed., pp.1108-1149). New York: Macmillan.

Ben-Peretz, M. (1995). Curriculum of teacher education programs. In L. W. Anderson (Ed.), *International encyclopedia of teaching and teacher education* (pp.543-547). Oxford: Elsevier Science/Pergamon.

Ben-Peretz, M., Kleeman, S., Reichenberg, R., & Shimoni, S. (Eds.). (2013). *Teacher educators as members of an evolving profession.* New York: Rowman and Littlefield Education.

Berry, A. (2001, July). Making the private public:Using the WWW as a window into one teacher educator's thinking about her practice. Paper presented at the meeting of the International Study Association of Teachers and Teaching, Faro, Portugal.

Berry A. (2004a). Making the private public: Giving preservice teachers access to their teacher educator's thinking via an electronic journal. *Didaktisk Tidskrift: För practiker och forskare (Nordic Journal of Teaching and Learning: For Practitioners and Researchers)*, 14 (1), 17-24.

Berry, A. (2004b). Self-study in teaching about teaching. In. J. J. Loughran, M. L. Hamilton, V. LaBoskey and T. Russell (Eds.), *International Handbook of Self-study of Teaching and Teacher Education Practices* (Vol.2, pp.1295-1332). Dordrecht: Kluwer.

Berry, A. & Loughran, J. J. (2004, April). *Modeling in teaching about teaching: Making the*

Unseen Clear. Paper presented at the American Educational Research Association, San Diego.

Berry, A. & Milroy, P. (2002). Changes that matter. In J. Loughran, I. Mitchell and J. Mitchell (Eds.), *Learning from Teacher Research* (pp.196-221). New York: Teachers Collage Press.

Berry, A. (2007). *Tensions in teaching about teaching: Understanding practice as a teacher educator*. Dordrecht, The Netherlands: Springer.

Boyd, P., & Harris, K. (2011). Becoming a university lecturer in teacher education: Expert school teachers reconstructing their pedagogical identity. In T. Bates, A. Swennen, & K. Jones (Eds.), *The professioinal development of teacher educators* (pp.20-34). London: Routledge.

Boyer, E. L. (1990). *Scholarship Reconsidered: Priorities of the Professoriate*. Princeton, NJ: Carnegie Foundation for the Advancement of Teaching.

Brandenburg, R. (2004). Roundtable reflections: (Re)defining the role of the teacher educator and the preservice teacher as 'co-learners'. *Australian Journal of Education*, 48 (2), 166-181.

Brandenburg, R. (2008). *Powerful pedagogy: Self-study of a teacher educator's practice*. Dordrecht, The Netherlands: Springer.

Britzman, D. (2003). *Practice makes practice: A critical study of learning to teach* (Rev. ed.). Albany, NY: SUNY Press.

Brookfield, S. D. (1995). *Becoming a Critically Reflective Teacher*. San Francisco: Jossey-Bass Publishers.

Brown, J. S., Collins, A., & Duguid, P. (1989). Situated cognition and the culture of learning. *Educational Researcher*, 18 (1), 32-42.

Bulfin, S. (2003). *Learning to Learn Against the Grain: Beginning English Teaching and the Processes of Professional Learning*. Unpublished Honours thesis in Education, Monash University, Melbourne.

Bullock, S. M. (2009). Learning to think like a teacher educator: Making the substantive and syntactic structures of teaching explicit through self-study. *Teachers and Teaching: Theory and Practice*, 15 (2), 291-304.

Bullough, R. V., Jr. (1991). Exploring personal teaching metaphors in preservice teacher education. *Journal of Teacher Education*, 42 (1), 43-51

Bullough, R. V., Jr. (1997). Practicing theory and theorizing practice in teacher education. In J. Loughran & T. Russell (Eds.), *Teaching about teaching: Purpose, passion, and pedagogy in teacher education* (pp.13-31). London: Falmer Press.

Bullough, R. V., Jr., & Gitlin, A. (2001). *Becoming a Student of Teaching: Linking Knowledge Production and Practice* (2nd edn). London: RoutledgeFalmer.

Bullough, R. V., Jr., & Kauchak, D. (1997). Partnerships between higher education and secondary schools: Some problems. *Journal of Education for Teaching*, 23 (3), 215-233.

Bullough R. V., Jr., & Pinnegar S. (2001). Guidelines for quality in autobiographical forms of self-study research. *Educational Researcher*, 30 (3), 13-21.

Bullough R. V., Jr., & Pinnegar, S. (2004). Thinking about the thinking about self-study. In J. J. Loughran, M. L. Hamilton, V. K. LaBoskey, & T. Russell (Eds.), *International handbook of self-study of teaching and teacher education practices* (Vol.2, pp.313-342). Dordrecht, The Netherlands: Kluwer Academic.

Bullough, R. V. (2005). The quest for identity in teaching and teacher education. In G. F. Hoban, *The missing links in teacher education design: Developing a multi-linked conceptual framework* (pp.237-258). Dordrecht: Springer.

Calderhead, J. (1988). The development of knowledge structures in learning to teach. In J. Calderhead (Ed.), *Teachers' Professional Learning* (pp.51-64). London: Falmer Press.

Calderhead, J., & Shorrock, S. B. (1997). *Understanding Teacher Education: Case Studies in the Professional Development of Beginning Teachers.* London: Falmer press.

Carter, K. (1993). The place of story in the study of teaching and teacher education. *Educational Researcher*, 22 (1), 5-12.

Cabaroglu, N. (2014). Re-visiting the theory and practice gap through the lens of student teacher dilemmas. *Australian Journal of Teacher Education*, 39 (2), http://dx.doi.org/10.14221/ajte.12014v14239nl4222.14210.

Cheng, M. M. H., Tang, S. Y. F., & Chang, A. Y. N. (2012). Practicalising theoretical knowledge in student teachers' professional learning in initial teacher education. *Teacher and Teacher Education*, 28, 781-790.

Clandinin, D. J., & Connelly, F. M. (Eds.). (1995). *Teachers' professional knowledge landscapes.* New York: Teachers College Press.

Clandinin, D. J., Pushor, D., & Orr, A. M. (2007). Navigating sites for narrative inquiry. *Journal of Teacher Education*, 58 (1), 21-35.

Clarke, A. (1997). Advisor as coach. In J. Loughran, & T. Russel, *Teaching About Teaching: Purpose, Passion, and Pedagogy in Teacher Education* (pp.164-180). London: Falmer Press.

Clarke, A., & Erickson, G. (2004). Self-study: The fifth commonplace. *Australiana Journal of Education*, 48 (2), 199-211.

Clarke, A., Erickson, G., Collins, S., & Phelan, A. (2005). Complexity science and cohorts in teacher education. *Studying Teacher Education: A Journal of Self-Study of Teacher Education Practices*, 1 (2), 159-177.

Clift, R. T. (2004). Self-study research in the context of teacher education programs. In J. J. Loughran, M. L. Hamilton, V. K. LaBoskey, & Tom Russell (Eds.), *International handbook of self-study of teaching and teacher education practices* (Vol.2, pp.1333-1366).

Dordrecht, The Netherlands: Kluwer Academic Publishers.

Cochran-Smith, M., & Lytle, S. L. (1990). Research on teaching and teacher research: The issues that divide. *Educational Researcher*, 19 (2), 2-10.

Cooley, W. W., Gage, N., & Scriven, M. (1997). The vision thing: Educational research and AERA in the 21st Century. Part 1: Competing visions of what educational researchers should do. *Educational Researcher*, 26 (4), 18-21.

Cronbach, L., & Snow, R. (1977). *Aptitudes and Instructional Methods: A Handbook for Research on Interactions*. New York: Irvington.

Crowe, A. (Ed.). (2010). *Advancing social studies education through self-study methodology: The power, promise, and use of self-study in social studies education*. Dordrecht, The Netherlands: Springer.

Crowe, A., & Berry, A. (2007). Teaching prospective teachers about learning to think like a teacher: Articulating our principles of practice. In T. Russell & J. Loughran (Eds.), *Enacting a pedagogy of teacher education* (pp.31-44). London: Routledge.

Darling-Hammond, L. (1994). *Professional development schools: Schools for developing a profession*. New York: Teachers College Press.

Davey, R. L. (2013). *The professional identity of teacher educators: Career on the cusp?* London: Routledge.

Davis, B., & Sumara, D. (2004, February). *Understanding learning systems, teacher education and complexity science*. Paper presented at the meeting of the Western Canadian Association for Student Teaching, Edmonton, Canada.

Dawkins, J. S. (1988). *Higher education: A policy statement. The Hon. J. S. Dawkins MP, Minister for Employment, Education and Training*. Canberra: DEET.

Dewey, J. (1929). *The Sources of Science Education*. New York: Horace Liveright.

Dewey, J. (1933). *How We Think*. Lexington, Massachusstts: D. C. Health and Company.

Dewey, J. (1938). *Experience and Education*. Chicago: Henry Regenry.

Dinkleman, T. (1999, April). *Self-study in Teacher Education: A Means and Ends Tool for Promoting Reflective Teaching*. Paper presented at the Annual Meeting of the American Educational Research Association, Montreal, Quebec.

Dinkleman, T., Margolis, J., and Sikkenga, K. (2001, April). *From Teacher to Teacher Educator: Experiences, Expectations and Expatriation*. Paper presented at the American Educational Research Association, Seattle.

Dinkleman, T. (2011). Forming a teacher educator identity: Uncertain standards, practice and relationships. *Journal of Education for Teaching*, 37 (3), 309-323.

Ducharme, E. (1993). *The Lives of Teacher Educators*. New York: Teachers College Press.

Duckworth, E. (1991). Twenty-four, forty-two, and I love you: Keeping it complex. *Harvard Educational Review*, 61 (1), 1-24.

Dusting, R. (2002). Teaching for understanding: The road to enlightenment. In J. Loughran, I. Mitchell & J. Mitchell (Eds.), *Learning from Teacher Research* (pp.173-195). New York: Teacher Collage Press.

Elbaz, F. (1991). Research on teachers' knowledge: The evolution of a discourse, *Journal of Curriculum Studies*, 61 (1), 1-24.

Feiman-Nemser, S. (2001). Helping novices learn to teach: Lessons from an exemplary support teacher. *Journal of Teacher Education*, 52 (1). 17-30.

Fenstermacher, G. D. (1994). The knower and the known:The nature of knowledge in research on teaching. In L. Darling-Hammond (Ed.), *Review of research in education* (Vol.20, pp.3-56). Washington, DC: American Educational Research Association.

Fenstermacher, G. D. (1997). Foreword. In J. Loughran, & T. Russell (Eds.), Teaching about teaching: Purpose, passion and pedagogy in teacher education (pp.viii-xiii). London:Falmer Press.

Ferrier-Kerr, J. L. (2009). Establishing professional relationships in practicum settings. *Teaching and Teacher Education*, 25 (6), 790-797.

Fitzgerald, L. M., Farstad, J. E., and Deemer, D. (2002). What gets "mythed" in the student evaluations of their teacher education professors? In J. Loughran and T. Russell (Eds.), *Improving Teacher Education Practices Through Self-study* (pp.208-221). London: RoutledgeFalmer.

Fosnot, C. T. (1996). *Constructivism: Theory, perspectives, and practice.* New York: Teachers College Press.

Forgasz, R. (2013, December). *Why it is hard to learn to teach*. Paper presented at the International Conference on Teacher Education: Professional education for teachers in the Asia-Pacific region—The insights into a new paradigm, Bandung, Indonesia.

Freire, P. (1972). *Pedagogy of the Oppressed*. New York: Penguin Books.（= 2011, 三砂ちづる訳『被抑圧者の教育学　新訳』亜紀書房）

Fullan, M. (1993). *Change Forces: Probing the Depth of Educational Reform.* London: Falmer Press.

Fuller, F. F. (1969). Concerns of teachers: A developmental conceptualization. *American Educational Research Journal*, 6 (2), 207-226.

Gee, G. P. (2001). Identity as an analytic lens for research in education. In W. G. Secada (Ed.), *Review of research in education* (Vol.25). Washington, DC: American Educational Research Association.

Gess-Newsome, J. (2015). A model of teacher professional knowledge and skill including PCK. In A. Berry, P. Friedrichsen, & J. Loughran (Eds.), *Re-examining pedagogical content knowledge in science education* (pp.28-42). London: Routledge.

Graham, B. (2006). Conditions for successful field experiences Perceptions of cooperating teachers. *Teaching and Teacher Education*, 22 (8), 1118-1129.

Guilfoyle, K., Hamilton, M. L., Pinnegar, S., and Placier, M. (1995). Becoming teachers of teachers: The paths of four beginners. In T. Russell and F. Korthagen (Eds.), *Teachers Who Teach Teachers: Reflections on Teacher Education* (pp.35-55). London: Falmer Press.

Hagger, H., & McIntyre, D. (2000). What can research tell us about teacher education? *Oxford Review of Education*, 26 (3 and 4), 483-494.

Haggarty, L., & Postlethwaite, K. (2012). An exploration of changes in thinking in the transition from student teacher to newly qualified teacher. *Research Papers in Education*, 27 (2), 241-262.

Hall, G. E., & Loucks, S. (1977). A developmental model for determining whether the treatments is actually implemented. *American Educational Research Journal*, 14 (3), 263-276.

Hall, G. E., & Hord, S. M. (1987). *Change in Schools: Facilitating the Process*. New York: State University of New York Press.

Ham, V., & Kane, R. (2004). Finding a way through the swamp: A case for self-study as research. In J. J. Loughran, M. L. Hamilton, V. K. LaBoskey, & Tom Russell (Eds.), *International handbook of self-study of teaching and teacher education practices* (Vol.1, pp.103-150). Dordrecht, The Netherlands: Kluwer Academic Publishers.

Hamilton, M. L. (Ed.). (1998). *Reconceptualizing teaching practice: Self-study in teacher education*. London: Falmer.

Hamilton, M. L., & Pinnegar, S. (1998). The value and promise of self study. In M. L. Hamilton (Ed.), *Reconceptualizing teaching practice: Self-study in teacher education* (pp.235-246). London: Falmer.

Hamilton, M. L., Pinnegar, S., Russell, T., Loughran, J. and LaBoskey, V. (Eds.). (1998). *Reconceptualizing teaching practice: Self-study in teacher education*. London: Falmer Press.

Hamilton, M. L. (2004). Professional knowledge, teacher education and self-study. In J. J. Loughran, M. L. Hamilton, V. K. LaBoskey, & T. Russell (Eds.), *International handbook of self-study of teaching and teacher education practices* (Vol.1, pp.375-419). Dordrecht, The Netherlands: Kluwer Academic.

Heaton, R. M., & Lampert, M. (1993). Learning to hear voices: Inventing a new pedagogy of teacher education. In D. K. Cohen, M. W. McLaughlin, & J. Talbert (Eds.), *Teaching for understanding: Challenges for policy and practice* (pp.43-83). San Fransisco, CA: Jossey-Bass.

Hoban, G. (1997). Learning about learning in the context of a science methods course. In T. Russell, & J. Loughran. (Eds.), *Teaching About Teaching: Purpose, Passion and Pedagogy in Teacher Education* (pp.133-149). London: Falmer Press.

Hoban, G. F. (2002). *Teacher Learning for Educational Change: A Systems Thinking*

Approach. Buckingham: Open University Press.

Hoban, G. F. (2004). Seeking quality in teacher education design: A four-dimensional approach. *Australian Journal of Education*, 48 (2), 117-133.

Hoban, G. F. (Ed.), (2005). *The Missing Links in Teacher Education Design: Developing a Multi-linked Conceptual Framework*. Berlin: Springer.

Hord, S. M., Rutherford, W. L., Huling-Austin, L., & Hall, G. E. (1987). *Taking Charge of Change*. Austin TX: Southwest Educational Development Laboratory.

Hume, A., & Berry, A. (2011). Constructing CoRes: A strategy for building PCK in pre-service science teacher education. *Research in Science Education*, 41 (3), 341-355.

Kessels, J. & Korthagen, F. A. J. (2001). The relation between theory and practice: Back to the classics. In F. A. J. Korthagen, with J. Kessels, B. Koster, B. Langerwarf & T. Wubbels, *Linking Practice and Theory: The Pedagogy of Realistic Teacher Education* (pp.20-31). Mahwah, New Jersy: Lawrence Erlbaum Associations, Publishers.

Kitchen, J. (2005). Looking backward, moving forward: Understanding my narrative as a teacher educator. *Studying Teacher Education* ,1(1), 17–30.

Korthagen, F. A. J. (1988). The influence of learning orientation on the development of reflective thinking. In J. Calderhead (Eds.), *Teacher's Professional Learning* (pp.35-50). London: Falmer Press.

Korthagen, F., & Russell, T. (1995). Teachers who teach teachers: Some final considerations. In T. Russell, & F. Korthagen (Eds.), *Teachers who teach teachers: Reflections on teacher education* (pp.187-192). London: Falmer press.

Korthagen, F. A., & Kessels, J. P. A. M. (1999). Linking theory and practice: Changing the pedagogy of teacher education. *Educational Researcher*, 28 (4), 4–17.

Korthagen, F. A. J. (with Kessels, J., Koster, B., Langerwarf, B., & Wubbels, T.). (2001a). *Linking practice and theory: The pedagogy of realistic teacher education*. Mahwah, NJ: Lawrence Erlbaum. (=2010，武田信子監訳『教師教育学』学文社)

Korthagen, F. A. J. (2001b). The realistic approach: It's tenets, philosophical background, and future. In F. Korthagen, with J. Kessels, B. Koster, B. Langerwerf, & T. Wubbles (Eds.), *Linking practice and theory: The pedagogy of realistic teacher education*. Mahwah, NJ: Lawrence Erlbaum.

Korthagen, F., & Lunenberg, M. L. (2004). Links between Self-Study and Teacher Education Reform, in Loughran, J., Hamilton, M. L., LaBoskey, V. & Russell, T. (Eds.), *International Handbook of Self-Study of Teaching and Teacher Education Practices*, (pp.421–450). Dordrecht, Kluwer.

Korthagen, F. A. J. (2004). In search of the essence of a good teacher: Towards a more holistic approach in teacher education. *Teaching and Teacher Education*, 20 (1), 77-97.

Korthagen, F. A. J., & Vasalos, A. (2005). Levels in reflection: Core reflection as a means to enhance professional growth. *Teachers and Teaching: Theory and Practice,* 11 (1), 47-71.

Korthagen, F. A. J., Loughran, J., & Russell, T. (2006). Developing fundamental principles for teacher education programs and practices. *Teaching and Teacher Education,* 22, 1020-1041.

Kosnik, C., & Beck, C. (2006). The impact of a preservice teacher education program on language arts teaching practices: A study of second-year teachers. In C. Kosnik, C. Beck, C. Freese, A. R. Freese, & A. P. Samaras (Eds.), *Making a difference in teacher education through self-study: Studies of personal, professional and program renewal.* Dordrecht, The Netherlands: Springer.

Kosnik, C., Beck, C., Freese, A. R., & Samaras, A. P. (Eds.), (2006). *Making a difference in teacher education through self-study: Studies of personal, professional and program renewal.* Dordrecht, The Netherlands: Springer.

Kosnik, C. (2007). Still the same yet different: Enduring values and commitments in my work as a Teacher and Teacher Educator. In T. Russell, & J. Loughran (Eds.), *Enacting a pedagogy of teacher education: Values, relationships and practices* (pp.16-30). London, England: Routledge.

Kroll, L. R. (2004) Constructing constructivism: How student-teachers construct ideas of development, knowledge, learning and teaching. *Teacher and Teaching: Theory and Practice,* 10 (2), 199-221.

Kroll, L. R. (2005). Making inquiry a habit of mind. Learning to use inquiry to understand and improve practice. *Studying Teacher Education: A Journal of Self-Study of Teacher Education Practices,* 1 (2), 179-193.

Kroll, L. R., Crossey, R., Donahue, D. M., Galguera, T., LaBoskey, V. K., Richert, A., et al. (2005). *Teaching as principled practice: Managing complexity for social justice.* Thousand Oaks, CA: Sage.

LaBoskey, V. K. (1991, April). *Case Studies of Two Teachers in a Reflective Teacher Education Program: "How do you know?"* Paper presented at the American Educational Research Association, Chicago.

LaBoskey, V. K. (1997). Teaching to teach with purpose and passion: Pedagogy for reflective practice. In J. Loughran and T. Russell (Eds.), *Teaching About Teaching: Purpose, Passion and Pedagogy in Teacher Education* (pp.150-163), London: Falmer press.

LaBoskey, V. (2004). The methodology of self-study and its theoretical underpinnings. In J. Loughran, M. L. Hamilton, V. K. LaBoskey, & T. Russell (Eds.), *International handbook of self-study of teaching and teacher education practices* (pp.817–870). Dordrecht: Kluwer.

LaBoskey, V. (2006). The fragile strengths of self-study: Making bold claims and clear connections. In P. Aubusson, & S. Schuck (Eds.), *Teacher learning and development: The*

Lanier, J., & Little, J. W. (1986). Research in teacher education. In M. C. Wittrock (Ed.), *Handbook of research on teaching* (3rd ed., pp.527–560). New York: MacMillan.

Lather, P. (1991). *Getting smart: Feminist research and pedagogy within the postmodern.* New York: Routledge.

Lorist, P., & Swennen, A. (Eds.), (2016). *Life and work of teacher educators.* series vol.2, HU University of Applied Sciences Utrecht.

Lorist, P., & Swennen, A. (Eds.), (2017). *Teacher Educators Pathways to becoming research active.* Life and Work of teacher educators series vol 4., HU University of Applied Sciences Utrecht.

Lortie, D. C. (1975). *Schoolteacher.* Chicago: Chicago University Press.

Loughran, J. J. (1996). *Developing reflective practice: Learning about teaching and learning through modelling.* London: Falmer Press.

Loughran, J. J., & Northfield, J. R. (1996). *Opening the Classroom Door: Teacher, Researcher, Learner.* London: Falmer Press.

Loughran, J. J. (1997). Teaching about Teaching: Principles and Practice. In J. Loughran and T. Russell (Eds.), *Teaching about Teaching: Purpose, Passion and Pedagogy in Teacher Education* (pp.57-69). London:Falmer press.

Loughran, J. J., & Northfield, J. R. (1998). A Framework for the Development of Self-study Practice. In M. L. Hamilton (Ed.), *Reconceptualizing teaching practice: Self-study in teacher education*(pp.7-18). London:Falmer press.

Loughran, J. J. (1999). Professional development for teachers: A growing concern. *Journal of In-Service Education,* 25 (2), 261-272.

Loughran, J. (2001, April). *Learning to Teach by Embedding Learning in Experience.* Paper presented at the American Educational Research Association, Seattle.

Loughran, J. J., Milroy, P., Berry, A., Gunstone, R. F., & Mulhall, P. (2001). Science cases in action: Documenting science teachers' pedagogical content knowledge through PaP-eRs. *Research in Science Education*, 31 (1), 267-289.

Loughran, J. J. (2002). Effective reflective practice: In search of meaning in learning about teaching. *Journal of Teacher Education*, 53 (1), 33-43.

Loughran, J. J., & Russell, T. (Eds.). (2002). *Improving teacher education practices through self-study.* London: Routledge/Falmer.

Loughran, J. J. (2004). Student teacher as researcher: Accepting greater responsibility for learning about teaching. *Australian Journal of Education*, 48 (2), 212-220.

Loughran, J. J., Hamilton, M. L., LaBoskey, V. K., & Russell, T. (Eds.). (2004). *International handbook of self-study of teaching and teacher education practices.* Dordrecht, The Netherlands: Kluwer.

Loughran, J. J., Mulhall, P. & Berry, A. (2004). In search of pedagogical content knowledge in science: Developing ways of articulating and documenting professional practice. *Journal of Research in Science Teaching*, 41 (4), 370-391.

Loughran, J. J., & Berry, A. (2005). Modelling by teacher educators. *Teaching and Teacher Education*, 21 (2), 193-201.

Loughran, J. J. (2006). *Developing a pedagogy of teacher education: Understanding teaching and learning about teaching*. London, England: Routledge.

Loughran, J. J. (2007). Researching teacher education practices: Responding to the challenges, demands and expectations of self-study. *Journal of Teacher Education*, 58 (1), 12-20.

Loughran, J. J. (2013). Pedagogy: Making sense of the complex relationship between teaching and learning. *Curriculum Inquiry*, 43 (1), 118-141.

Lunenberg, M., Dengerink, J., & Korthagen, F. (2014) *The Professional Teacher Educator*. Sense Publishers. (=2017，武田信子・山辺恵理子監訳『専門職としての教師教育者―教師を育てるひとの役割，行動と成長』玉川大学出版部)

Margolin, I. (2011). Professional development of teacher educators through a "transitional space": A surprising outcome of a teacher education program. *Teacher Education Quarterly*, 38 (3), 7-25.

Mason, J. (2002). *Researching your own practice: The dicipline of noticing*. London: RoutledgeFalmer.

Mason, J. (2009). Teaching as disciplined enquiry. *Teachers and Teaching: Theory and Practice*, 15 (2), 205-223.

McIntyre, D. (1988). Designing a teacher education curriculum from research and theory on teacher knowledge. In J. Calderhead (Ed.), *Teachers' Professional Learning* (pp.97-114). London: Falmer Press.

Menter, I. (2011). Four academic sub-tribes but one territory? : Teacher educators and teacher education in Scotland. *Journal of Education for Teaching*, 37 (3), 293-308.

Minnett, A. M. (2003). Collaboration and shared reflections in the classroom. *Teachers and Teaching: Theory and Practice*, 9 (3), 279-285.

Mitchell, I. (1992). The class level. In J. Baird and J. Norhfield (Eds.), *Learning from the PEEL Experience* (pp.61-104). Melbourne: Monash University Printing Service.

Mitchell, I., & Mitchell, J. (2005). What do we mean by career long professional development and how do we get it? In D. Beijaard, P. Meijer, G. Morrine-Dershimer, & H. Tillema, *New Directions in Teachers' Working and Learning Environment*. Berline: Springer.

Mulhall, P., Berry, A., & Loughran, J. J. (2003). Frameworks for representing science teachers' pedagogical content knowledge. *Asia Pacific Forum on Science Teaching and*

Learning, 4 (2), 1-25. Retrieved November, 2004, from http://www.ied.edu.hk/apfslt/v4_issue2/mulhall/

Munby, H., & Russell, T. (1994). The authority of experience in learning to teach: Messages from a physics method class. *Journal of Teacher Education*, 4 (2), 86-95.

Murray, J., & Kosnik, C. (2011). Special issue: Academic work and identities in teacher education. *Journal of Education for Teaching*, 37 (3), 351-363.

Murrray, J., & Male, T. (2005). Becoming a teacher educator: Evidence from the field. *Teaching and Teacher Education*, 21 (2), 125-142.

Myers, C. B. and Simpson, D. J. (1998). *Re-creating Schools: Places Where Everyone Learns and Likes it*. Thousand Oaks, California: Corwin Press, Inc.

Nilsson, P. (2009). From lesson plan to new comprehension: Exploring student teachers' pedagogical reasoning in learning about teaching. *European Journal of Teacher Education*, 32 (3), 239-258.

Nicol, C. (1997). Learning to teach prospective teachers to teach mathematics: The struggles of a beginning teacher educator. In J. Loughran and T. Russell (Eds.), *Teaching About Teaching: Purpose, Passion and Pedagogy in Teacher Education* (pp.95-116). London: Falmer Press.

Northfield, J. R., & Gunstone, R. F. (1997). Teacher education as a process of developing teacher knowledge. In J. Loughran, & T. Russell, *Teaching about teaching: Purpose, passion and pedagogy in teacher education* (pp.48-56). London: Falmer Press.

Olmstead, M. (2007). Enacting a pedagogy of practicum supervision: One student teacher's experiences of powerful differences. In T. Russel, & J. J. Loughran, *Enacting a pedagogy of teacher education: Values, relationships and practices* (pp.138-148). London: Routledge.

Pajares, M. F. (1992). Teachers' beliefs and educational research: Cleaning up a messy construct. *Review of Educational Research*, 62 (3), 307-332.

Palmer, P. J. (1998). *The Courage to Teach: Exploring the Inner Landscape of a Teacher's Life*. San Francisco: Jossey-Bass publication.

Perry, W.G. (1988). Different worlds in the same classroom. In P. Ramsden (ed.), *Improving Learning New Perspectives*. East Branswick, N.J.: Nicols.

Peterman, F. (1997). The lived curriculum of constructivist teacher education. In V. Richardson, *Constructivist Teacher Education: Building a World of New Understandings* (pp.154-163). London: Falmer Press.

Pinnegar, S. (1995). (Re)Experiencing student teaching. In T. Russell & F. Korthagen (Eds.), *Teachers Who Teach Teachers: Reflections on Teacher Education* (pp.56-67). London: Routledge and Kegan Paul.

Pinnegar, S. (1998). Methodological perspectives: Introduction. In M. L. Hamilton (Ed.),

Reconceptualizing teaching practice: Self-study in teacher education (pp.31-33). London: Falmer.

Polanyi, M. (1962). *Personal Knowledge: Towards a Post-critical Philosophy.* London: Routledge and Kegan Paul.

Polanyi, M. (1966). *The Tacit Dimension.* Garden City N. Y.: Doubleday.

Posner, G. J., Strike, K. A., Hewson, P. W., & Gertzhog, W. A. (1982). Accommodation of a scientific conception: Toward a theory of conceptual change. *Science Education*, 66 (2), 211-227.

Richardson, V. (1994). Conducting research on practice. *Educational Researcher*, 23 (5), 5-10.

Ritter, J. (2009). Developing a vision of teacher education: How my classroom teacher understandings evolved in the university environment. *Studying Teacher education,* 5, 45-60.

Russell, T. (1997). "Teaching teachers: How I teach IS the message". In J. J. Loughran, & T. Russell (Eds.) *Teaching about teaching: Purpose, passion and pedagogy in teacher education.* (pp.32-47). London: Falmer Press.

Russell T., & Bullock, S. (1999). Discovering our Professional knowledge as teachers: Critical dialogues about learning from experience. In J. Loughran (Ed.), *Researching teaching: Methodologies and practices for understanding pedagogy*, (pp.132-151). London: Falmer Press.

Russell, T. (2000, July 13-16). *Moving beyond 'default' teaching styles and programme structures: The rise, fall, and marginal persistence of reflective practice in pre-service teacher education in the period 1984-2000.* Paper presented at the Making a difference through reflective practices: Values and actions. The first Carfax international conference on reflective practice, University College Worcester.

Russel, T. (2002). Guiding new teachers' learning from classroom experience: Self-study of the faculty liaison role. In J. Loughran & T. Russell (Eds.), *Improving Teacher Education Practices through Self-study* (pp. 73-87). London:Routledge Falmer.

Russell, T. (2004). Tracing the development of self-study in teacher education. In J. J. Loughran, M. L. Hamilton, V. K. LaBoskey & T. Russell (Eds.), *International handbook of self-study of teaching and teacher education practices* (pp.1192-1210). Dordrecht: Kluwer.

Russell, T. (2007). How experience changed my values as a teacher educator. In T. Russell & J. Loughran (Eds.), *Enacting a pedagogy of teacher education: Values, relationships and practices* (pp.182-191). London, England: Routledge.

Russell, T. (2010). Lesson learned as a teacher educator. http://sites.google.com/site/lessonslearned19772010/

Sachs, J. (2005). Teacher education and the development of professional identity:

Learning to be a teacher. In P. M. Denicolo & Kompf (Eds.), *Connecting policy and practice: Challenges for teaching and learning in schools and universities* (pp.5-21). London: Routledge.

Sandlin, R. A., Young, B. L., & Karge, B. D. (1992). Regularly and alternatively credentialed beginning teachers: Comparison and contrast of their development. *Action in Teacher Education*, 14 (4), 16-23.

Schön, D. A. (1983). *The reflective practitioner: How professional s think in action.* New York: Basic Books.

Schwab, J. J. (1978). The practical: A language for the curriculum. In I. Westbury and J. Wilkof (Eds.), *Joseph J. Schwab: Science, Curriculum and Liberal Education – Selected Essays* (pp.287-321). Chicago: University of Chicago Press.

Segall, A. (2002). *Disturbing practice: Reading teacher education as text.* New York: Peter Lang Publishing Inc.

Senese, J. (2002). Opposites attract: What I learned about being a classroom teacher by being a teacher educator. In J. Loughran & T. Russell (Eds.), *Improving teacher education practices through self-study* (pp.43-55). London: Routledge Falmer.

Sigel, I., & Cocking, R. (1977). *Cognitive development from birth to adolescence: A constructivist perspective.* New York: Holt, Rinehart & Winston.

Schön, D. A. (1983). *The reflective practitioner: How professionals think in action.* New York: Basic Books.

Shulman, L. S. (1986). Those who understand: Knowledge growth in teaching. *Educational Researcher*, 15 (2), 4-14.

Shulman, L. S. (1987). Knowledge and teaching: Foundations of the new reform. *Harvard Educational Review*, 57 (1), 1-22.

Shulman, L. S. (1999). Taking learning seriously. *Change*, 31 (4), 10-17.

Shulman, L. S. (2007). Practical wisdom in the service of professional practice. *Educational Researcher*, 36 (9), 560-563.

Smith, K. (1997). Learning to teach: A story of five crises. In D. Featherstone, H. Munby and T. Russell (Eds.), *Finding a Voice While Learning to Teach* (pp.98-108). London: Falmer Press.

Smith, K. (2003, April). *Teacher Educators' Professional Knowledge: How Does it Differ from Teachers' Professional Knowledge?* Paper presented at the American Educational Research Association, Chicago.

Sullivan V. (1996). Strategy B1: Predict, Observe, Explain (POE). In Rosemary Dusting, Gillian Pinnis, Rola Rivers and V. Sullivan (Eds.). *Towards a Thinking Classroom: A Study of PEEL Teaching* (pp.32, 40-41). Melbourne: PEEL publishing.

Swennen, A. & van der Klink, M. (2009). "Introduction and overview". In A. Swennen, &

M. van der Klink (Eds.) *Becoming a teacher educator: Theory and practice for teacher educators*. Dordrecht: Springer.

TEMAG. (2014). *Action now: Classroom ready teachers*. Canberra, Australia: Department of Education.

Tidwell, D. (2002). A balancing act: Self-study in valuing the individual student. In J. Laughran & T. Russell (Eds.), *Improving Teacher Education Practices Through Self-study* (pp.30-42). London: Routledge Falmer.

Tidwell, D., & Fitzgerald, L. (2004). Self-Study As Teaching. In J. J. Loughran, M. L. Hamilton, V. K. LaBoskey & T. Russell (Eds.), *International Handbook of Self-study of Teaching and Teacher Education Practices* (vol. 1., pp.69-102). Dordrecht: Kluwer Academic Publishers.

Trumbull, D. (2004). Factors important for the scholarship of self-study of teaching and teacher education practices. In J. J. Loughran, M. L. Hamilton, V. K. LaBoskey & T. Russell (Eds.), *International Handbook of Self-study of Teaching and Teacher Education Practices* (Vol.2, pp.1211-1230). Dordrecht: Kluwer Academic Publishers.

van Driel, J. H., Verloop, N, & de Vos, W. (1998). Developing science teachers' pedagogical content knowledge. *Journal of research in Science Teaching*, 35 (6), 673-695.

van Manen, M. (1999). The language of pedagogy and primacy of student experience. In J. Loughran (Ed.), *Researching teaching: Methodologies and practices for understanding pedagogy* (pp.13-27). London, England: Falmer Press.

Wallace, J, & Louden, W. (Eds.). (2002). *Dilemmas of science teaching: Perspectives on problems of practice*. London: Routledge Falmer.

White, B. C. (2002) Constructing constructivist teaching: Reflection as research. *Reflective practice, 3* (3), 307-326.

Whitehead, J. (1993). *The Growth of Educational Knowledge: Creating Your Own Living Educational Theories*. Bournemouth: Hyde publications.

Whitehead, J. (1998). How do I know that I have influenced you for good? A question of representing my educative relationships with research students. In A. L. Cole, & S. Finley (Eds.), *Conversations in Community: Proceedings of the Second International Conference of the Self-Study of Teacher Education Practices, Herstmonceaux Castle, East Sussex, England* (pp.10-12). Kingston, Canada: Queen's University.

Wiggins, G., & McTighe, J. (2005). *Understanding by design*. Prentice Hall.

Wilkes, G. (1998). Seams of paradoxes in teaching. In M. L. Hamilton (Ed.), *Reconceptualizing Teaching Practice: Self-study in Teacher Education* (pp.198-207). London: Falmer Press.

Williams, J., & Ritter, J. (2010). Constructing new professional identities through self-study: From teacher to teacher educator. *Professional Development in Education*, 36 (1-2),

77-92.

Woolnough, J. (2009, September). *Developing preservice teachers' science PCK using content representations.* Paper presented at the European Science Education Research Association, Istanbul.

Zanting, A., Verloop, N., & Vermunt, J. D. (2003). How do student teachers elicit their mentor teachers' practical knowledge? *Teachers and Teaching: Theory and Practice*, 9(3), 197-211.

Zeichner, K. M. (1995). Reflection of a teacher educator working for social change, In T. Russell and F. Korthagen (Eds.), *Teachers Who Teach Teachers* (pp.11-24). London: Falmer Press.

Zeichner, K. M., & Liston, D. P. (1996). *Reflective Teaching: An Introduction.* Mahwah, New Jersey: Lawrence Erlbaum Associates.

Zeichner, K., & Noffke, S. E. (2001). Practitioner research. In V. Richardson (Ed.), *Handbook of research on teaching* (4th ed., pp.298-330). Washington, DC: American Educational Research Association.

Zeichner, K. M. (2005). A research agenda for teacher education. In M. Cochran-Smith & K. M. Zeichner (Eds.), *Studying teacher education: The report of the AERA Panel on Research and Teacher Education* (pp.737-759). Mahwah, NJ: Lawrence Erlbaum.

Zeichner, K. M. (2007). Accumulating knowledge across self-studies in teacher education. *Journal of Teacher Education*, 58 (1), 36-46.

—初出一覧 : Original Sources and Acknowledgement—

0.1—2.6 *Developing a Pedagogy of Teacher Education: Understanding teaching and learning about teaching,* by John Loughran © 2006, Routledge, reproduced by permission of Taylor & Francis Books UK.

3.1 Developing an understanding of learning to teach in teacher education. In John Loughran & Tom Russell (Ed.), *Improving Teacher education Practice through Self-study*, pp.13-29, by J. Loughran & A. Berry © 2002, Routledge, reproduced by permission of the Author.

3.2 Reproduced from, *Teaching and teacher education*, 22(8), Korthagen, F., Loughran, J., & Russell, T., Developing fundamental principles for teacher education programs and practices, 1020-1041 © 2006, with permission from Elsevier.

3.3 This chapter was previously published in English as John Loughran, (2014), Pedagogies of Developing Teacher Identity, in Cheryl J. Craig, Lily Orland-Barak (ed.), *International Teacher Education: Promising Pedagogies* (*Part A*) (Advances in Research on Teaching, Volume 22) Emerald Publishing Limited, pp.257–272 (https://www.emeraldinsight.com/doi/full/10.1108/S1479-368720140000022016). This translation appears here with permission of Emerald Publishing Limited.

3.4 Adapted/Translated by permission from Springer, Developing an Understanding of Teacher Education. In Loughran, J. & Hamilton, M.L. (eds.), *International Handbook of Teacher Education*, vol.1, by Loughran, J., & Hamilton, M.L. © 2016.

4.1 Researching Teaching about Teaching: Self-Study of Teacher Education Practices, *Studying Teacher Education*, 1(1), 5-16, by J. Loughran © 2005 (https://doi.org/10.1080/17425960500039777), reproduced by permission of Taylor & Francis. (The Journal's web site: https://www.tandfonline.com)

4.2 Researching Teacher Education Practices: Responding to the Challenges, Demands, and Expectations of Self-study, *Journal of Teacher Education*, 58(1), 12-20. by John Loughran © 2007, reproduced by permission of SAGE Publishing.(https://doi.org/10.1177/0022487106296217)

4.3 Seeking Knowledge for Teaching Teaching: Moving beyond stories. *Studying Teacher Education*, 6(3), 221-226, by J. Loughran © 2010 (https://doi.org/10.1080/17425964.2010.518490), reproduced by permission of Taylor & Francis. (The Journal's web site: https://www.tandfonline.com)

4.4 On becoming a teacher educator. *Journal of Education for Teaching,* 37(3), 279-291, by J. Loughran © 2011(https://doi.org/10.1080/02607476.2011.588016), reproduced by permission of Taylor & Francis.(The Journal's web site: https://www.tandfonline.com)

4.5 Professionally Developing as a Teacher Educator. *Journal of Teacher Education*, vol.65(4), 271-283, by John Loughran © 2014, reproduced by permission of SAGE Publishing. (https://doi.org/10.1177/0022487114533386)

5.1 Towards a Better Understanding of Science Teaching, *Teaching Education*, 17(2), 109-119, by J. Loughran © 2006 (https://doi.org/10.1080/10476210600680317), reproduced by permission of Taylor & Francis. (The Journal's Web site: https://www.tandfonline.com)

5.2 Teaching: Learning through experience. *Understanding and Developing Science Teachers' Pedagogical Content Knowledge* (2nd edition). Dordrecht: Sense Publishers, pp.1-6., J. Loughran, A. Berry, and P. Mulhall © 2012, Sense Publishers, ISBN 978-94-6091-788-2, reproduced with permission of Brill.

索　引

あ 行
アイデンティティ　69, 70, 136
　——形成　179
アクションリサーチ　112, 199
アクティブラーニング　119
ALACT モデル　78, 120, 182, 186
安心　57
安全な場所　40
暗黙知　41, 42
意思決定　124
意図　42, 53, 122, 124-127
　——と行為のズレ　125
　——と実践のズレ　195
意欲　30
インサイダー　67, 70
S-STEP　120, 149, 163, 174
エピソード　70
遠隔地　120
教えの可能性　125
教えの瞬間　41, 125, 128
教える経験を与える　124
教えることに対するイメージ　67
教えることについて学ぶことの複雑さ
　16
教えることの複雑さ　28, 29, 31
オニオンモデル→玉ねぎモデル
オープンな姿勢　77
オープンマインド　129

か 行
開示する　33
開発　13
確言　49-51, 78, 125, 126, 160
学習観　133
学習者の視点　56, 71, 125, 148
学習内容　143
学生の視点　125, 127

学問知（エピステーメー）　17, 43, 78, 99, 190, 191
隠れた前提　22, 23
過疎地域　120
学校ベースの教師教育　200
葛藤　46, 51, 78, 160, 170
活動，手順，方略　59
過程　34
カリキュラム・デザイン　109
関係性　55
観察による徒弟制　58, 65, 110, 179
感受性　56
関心ベースの採択モデル　66
聴き取り　56
技術的合理性　58
気づき　29, 140
基本原理　144
教育的タクト　54, 55
教育のペダゴジー　111
教科に関する知識　185
教師から教師教育者への移行　177
教師教育　13, 122, 177
　——コミュニティ　166
　——に関する知識　185
　——のペダゴジー　52, 80, 110, 113, 114, 174, 178
教師教育実践の共通原理　119
教師教育者　154
　——（として）のアイデンティティ　21, 145, 146, 173, 176
　——の専門性開発　176, 180
　——の役割　52
教師教育プログラム　44
教師と生徒の個人的な関係性　13
教師（として）のアイデンティティ　54, 135-137
教師の専門的知識と技能　143

教授学　162
教職に関する知識　185
共通言語　31, 37, 44, 51, 119, 120, 131, 132
協働　12, 41, 124, 125, 127, 128, 139, 166
協働する（こと）　40, 41
クリティカルな会話　103-105, 107
クロスカルチュラル・アプローチ　131
経験　23, 25
　　――からの学び　126
　　――の持つ強い力　81, 87
　　――を創り出す　38
傾聴　56
研究者としての教育実習生　82, 88
研究者としての教師　86, 91
研究手法　150
言行一致　144, 178
言語化　34, 36, 37
言語・非言語のサイン　127
CoRe　189, 194
コアリフレクション　181
講義中心アプローチ　130
公的知識　21
公理　47, 51, 159
合理性　139
合理的　121
　　――な根拠　130
声に出して思考する　37, 38
国際共同研究　119
個人的知識　21
個人の理論　163
コツやわざ　137, 158, 159
異なる世界　39, 42
コミュニティ　154
コンテンツ・ターン　14, 19, 136
コンフォート・ゾーン（快適な空間）　14

さ　行

再構築　128
サマリー・ステートメント　48, 51
三重構造　129

試行錯誤　88, 98
自己理解　13, 22, 69
資質能力　143
事前構造化　182
実際の教育に生じる矛盾　67, 147, 158, 161, 166
実践記録　39
実践研究　169
実践者の立場からの探求　35
実践知（フロネーシス）　17, 43, 44, 78, 99, 135, 138, 170, 190, 191
実践的知識　35
実践の改善　150
実践の原則　63
実践の原理　54
実践の省察過程　37
実践の不確実性　102
実践を支える思考　39
失敗体験　105
自分自身の実践　37, 42
社会文化的なつながり　102
授業の不確実性　39
熟達化　102
熟達者　81
熟練教師　145
省察　72, 76, 77, 132, 174
省察的実践　75, 77
自立性　58
自律的な学習者　139
ジレンマ　31, 40
信念　67, 68
　　――と実践の不一致　25
信頼　56
信頼感　37
信頼関係　56, 127, 148
信頼性　165
信頼の雰囲気　125
成功事例における学び　30
成功体験　105
誠実　57
誠実さ　136

正当化　166
責任　77
積極的関与と挑戦　59
セルフスタディ　24, 25, 88, 112, 118, 149, 157, 163-165, 168, 180, 199
専門家コミュニティの構築　150
専門家としての学び　27
専門性　38
専門知の開発　136
専門的知識　37-39, 44, 51, 166
専門的な対話　138
専門的な学び　102, 195
即戦力　141

た　行
対処　29
代替概念　191
対話　122, 125, 127
他者との協働　82
他者の視点　84
ダブル・ディグリー　123
玉ねぎモデル　69, 181
知識観　133
知識構築の過程　83
知識の伝達　120
知の協働的学習者　78
知の協働的探究者　78
チーム教職課程　121
通過儀礼　142
TPK & S　143
伝達的アプローチ　191
伝達と受容　141, 143
「伝達－受容」のアプローチ　29
伝統的教師教育プログラム　43
問いの重要性　125
統制　29
　　――と対処　29
「どのように」対処するか　33
トレーニング　141

な　行
内部者の視点　131
内容　14
　　――とペダゴジー　14, 15
ナラティブ　169, 173
二重構造　118
二重の役割　53
ニューサイエンス　187, 188
　　――・アプローチ　192, 193
認識のズレ　158
認証プログラム　130

は　行
PAVOT　29, 30
働きかけ　53, 55
話の暴君　110
パラドックス　45, 51
POE　197
PCK　7, 143, 182, 184, 198
批判　40
批判的友人　120, 150, 167
PEEL　107, 196
ファカルティディベロップメント　119
不快　128
　　――な学習経験　126
複雑さ　142
複雑性の科学　167
複雑な学び　141
複数の役割　40
ペア学習　124
PaP-eRs　184, 189, 192, 194
ペダゴジー　12, 14, 135, 140, 197
ペダゴジカル・ターン　14, 19, 136, 175
ペダゴジー上の合理性　15, 19, 30, 32, 105, 138-140, 185, 190, 196
ペダゴジー上の知識　143
方法論　150, 157, 166
没頭して打ち込む心　77

ま　行
学びの可能性　126

学びのコミュニティ　23, 107
矛盾　53
明示化　41, 42, 44, 52
メタ認知　14, 60
メンター　107
メンタリング　107
模擬授業　124-126
目的　55
モデリング　31-34, 55, 60, 61, 128, 147
物語　169

や行

4次元の枠組み　102
弱さ　57, 129
弱み　125, 128
　——を開示する　33

ら行

リアルさ　126

リスクをとる（こと）　51, 62-64
リソースフォリオ　184
リフレクション　39, 61, 182, 185
理論が生起する過程　31
理論と実践（と）の往還　131, 142, 154
理論と実践の乖離　22, 43, 79, 134, 173, 178, 189
理論と実践の架橋　86
理論と実践の不一致　140
理論と実践の分断　142
ロールプレイ　24, 49

わ行

枠組みの構築と再構築　62, 75
枠組みの再構築　84
わざ知識　35

執筆者紹介

監修・原著

ジョン・ロックラン（John Loughran）

モナシュ大学教育学部名誉教授（Sir John Monash Distinguished Professor）。10年間高等学校で理科教員を務めた経験から「教師はいかに教えることを学び，その学びを実践に活かし，知識・技術・資質を高めていくか」に関心を寄せる。理科教育に係る政策や実践に対するアプローチの開発，教師の専門性開発，学生の学びの質向上など，多方面から書籍編集やプロジェクト統括に広く携わる。教員養成段階から現職教育段階，教師教育者の学びの段階，政策立案決定など，さまざまな観点から教師教育のありようを検討しており，セルフスタディを牽引してきたリーダーの一人である。
【著作・論文】*International handbook of self-study of teaching and teacher education practices* 編者，Routledge 社の Self-study シリーズ，Sense 社の Professional Learning シリーズ編者。*Quality Learning: Teachers Changing Their Practice*, Kathy Smith & John Loughran (2017), *Re-examining Pedagogical Content Knowledge in Science Education* (Teaching and Learning in Science Series), Amanda Berry, Patricia Friedrichsen, John Loughran ed. (2015) など著作・論文多数。

監修・解説

武田信子（たけだ・のぶこ）（全体統括，翻訳要約統括，解説・用語解説執筆）

一般社団法人ジェイス（Japan Action for Children's Environment and Prevention of Maltreatment）代表理事。臨床心理士。広島大学教育ビジョン研究センター諮問委員。元武蔵大学教授。元日本教師教育学会理事。2010年 Fred Korthagen 氏，Wim Westerman 氏，Frank Jansma 氏を日本に招聘，2017年 John Loughran 氏を広島大学 RIDLS と，2018年 Anja Swennen 氏，Kari Smith 氏を広島大学 EVRI と協働で招聘。Facebook 上のグループページ「教師教育学研究会」「遊ぶ・育つ・学ぶ」等で，子どもの育ちを保障する大人の役割や専門性について発信している。元トロント大学大学院（ソーシャルワーカー養成），アムステルダム自由大学大学院（教師教育・学校教育）客員教授。
【著作】『やりすぎ教育』（ポプラ新書），『未来の教育を創る教職教養指針11　教育相談』（学文社），『2030年の学校をつくるスクールリーダーへ（学校が変わるために，今，必要なこと）』（教育開発研究所，【教職研修】編集部編　共著），『教員のためのリフレクション・ワークブック』（学事出版・編著），『子どもの放課後にかかわる人のQ&A50』（学文社・編著），【翻訳】『教師教育学』F. コルトハーヘン著（学文社・監訳），『専門職としての教師教育者』M. ルーネンベルグ他著（玉川大学出版部・監訳）『ダイレクト・ソーシャルワーク ハンドブック』D.H. ヘプワース他著（明石書店・監修）他多数。

編集代表

小田郁予（おだ・いくよ）（全体統括・翻訳要約編集，刊行によせて翻訳，用語解説執筆）
東京大学大学院教育学研究科博士課程
公立高校英語科教諭を経て現在。教師の持続的な専門性開発，特に教師間の協働や高めあう組織の特徴に関心を寄せ，現場の声やそこに流れる時間を尊重した調査研究を行う。一方で国際的な議論や調査研究動向の追跡も行い，日本の教師教育の実践や学問の発展に資する要件を探る。

編　集

齋藤眞宏（さいとう・まさひろ）（全体編集）
旭川大学経済学部経営経済学科教授
日本教師教育学会，ヨーロッパ教師教育学会会員。子どもたちひとりひとりの尊重と社会を多様な観点から考察できる教師の育成を目指している。ヨーロッパ教師教育学会では社会的正義と公正，多様性（Social Justice and Equity and Diversity）の研究グループに所属し，教育と教師教育における権力性に着目している。

佐々木弘記（ささき・ひろのり）（全体編集）
中国学園大学大学院子ども学研究科研究科長・子ども学部学部長・教授
公立中学校教諭，教育センター指導主事を経て現職。学校での研究・研修と教育センター，大学での研究との乖離を痛感。教育・学校改善に役立つ研究の追究をライフワークとする。教師の専門性開発を研究課題として博士号（学校教育学）を取得。教師教育，理科教育学等が研究分野。

日本教師教育学会課題研究第Ⅱ部会（第9期）
ロックラン教授文献読書会メンバーによる文献要約ワーキング・グループ

新井保幸（あらい・やすゆき）　1.4
筑波大学名誉教授
教育哲学，特にドイツ教育思想の研究を専門としてきたが，近年は教師教育の哲学的研究に取り組んでいる。主要著作は『教育哲学』（共編著，樹村房）『教育哲学の再構築』（共編著，学文社）『教育基礎学』（編著，培風館）『教師教育研究ハンドブック』（共著，学文社）など。

内田千春（うちだ・ちはる）　4.2，4.3
東洋大学ライフデザイン学部生活支援学科教授
子ども支援学専攻および大学院ライフデザイン学研究科所属。発達心理学，教育学，保育学，多文化教育。アメリカ，日本で保育士・幼稚園教諭・小学校教諭の養成に関わってきた。日米での保育者経験を生かして，実践と理論をつなぐ保育者・教員養成教育とその研究に携わっている。

岡村美由規（おかむら・みゆき）　1.3
広島大学大学院教育学研究科博士課程
教師教育者の専門性について哲学のアプローチから研究を行う。
教師教育の領域で当たり前とされていることを吟味し，看過されてきたことを掘り起こしながら，学校教員を育成するということ，またその育成する教師とはどのような専門家なのかを探究する。

川口広美（かわぐち・ひろみ）　4.1
広島大学大学院教育学研究科准教授
専門はシティズンシップ教育と社会科教育学。主体的能動的なシティズンシップを育成するためには，子ども・社会・学問のバランスを調整し，自律的に実践を開発・実践する教師の存在が不可欠であり，そうした教師を育成するための教師教育のあり方にも関心を抱いている。

草原和博（くさはら・かずひろ）　3.1，6.2（執筆）
広島大学大学院人間社会科学研究科教授
専門は社会科教育学。当初は社会科教師の成長過程に関心を寄せていたが，徐々に教師を養成・研修する主体の側に関心はシフト。現在は教師教育者＋教育研究者が備えるべき専門性とその形成過程の解明に力を注ぐ。広島大学教育ヴィジョン研究センター（EVRI）の拠点リーダー。

渋江かさね（しぶえ・かさね） 4.4, 4.5
静岡大学大学院教育学研究科准教授
専門は成人教育学，社会教育論，生涯学習論。同研究科教育実践高度化専攻（教職大学院）学校組織開発領域コースに所属し，現職教員の専門性開発に取り組んでいる。同大学教育学部では社会教育主事任用資格カリキュラムを担当し，社会教育実践に携わる人を養成している。

髙野貴大（たかの・たかひろ） 2.2
茨城大学大学院教育学研究科助教
専門は学校経営学，教育行政学。公教育の担い手としての教師の資質能力とは何か，いかにそれは養いうるかに問題関心を持っている。特に，教師のリフレクションが，技術的視野に留まらず，社会正義も視野に包含して定位されるための方途を，アメリカの事例をもとに研究している。

早坂めぐみ（はやさか・めぐみ） 2.4
高千穂大学人間科学部准教授
教育産業，教育の商品化といった教育と経済に関する領域に関心がある。塾の社会的受容過程に関する博士論文を執筆。今後は教師研究の対象として，塾講師等の学校外教育指導者を扱う可能性を探る。日本教師教育学会の幹事を務めたことを契機に，教師教育における研究と実践にも関心を広げている。

百合田真樹人（ゆりた・まきと） 3.4
独立行政法人教職員支援機構上席フェロー，前 OECD 教育スキル局（政策アナリスト）
政治哲学・歴史哲学・教師教育学の三領域を横断する学際的研究で Ph.D. を取得。哲学的対話を軸に，公教育の実践主体である教師の役割と専門性の定義とその形成のあり方とを研究する。国際的な教育調査研究における課題設定等から教師教育研究における普遍的な知のあり方を探る。

渡邉巧（わたなべ・たくみ） 3.2, 5.1
広島大学大学院教育学研究科准教授
専門は，生活科教育学・社会科教育学。教育改革の鍵は，教師や教師教育者の養成・専門性開発にあると考えている。国内外の取り組みや所論を手がかりにして，教科の教員研修に関する比較研究を進めている。また，カリキュラムや授業のあり方も検討している。

武田信子	2.5, 2.6,
小田郁予	1.1, 1.2, 2.1, 2.2, 2.3
齋藤眞宏	0.1, 1.5, 3.3
佐々木弘記	5.2

J.ロックランに学ぶ教師教育とセルフスタディ
―教師を教育する人のために

2019 年 4 月 30 日　第一版第一刷発行
2022 年 1 月 30 日　第一版第二刷発行

　　　　　　　　　　　　監　修　ジョン・ロックラン
　　　　　　　　　　　　　　　　武田　信子

　　　　　　　　　　　　編集代表　小田　郁予

　　　　　　　　　　　　編　集　齋藤　眞宏
　　　　　　　　　　　　　　　　佐々木弘記

発行者　田中　千津子　　〒153-0064　東京都目黒区下目黒3-6-1
　　　　　　　　　　　　電話　03（3715）1501 ㈹
発行所　株式会社 学文社　FAX　03（3715）2012
　　　　　　　　　　　　https://www.gakubunsha.com

Ⓒ J. Loughran, N. Takeda, I. Oda, M. Saito & H. Sasaki 2019
乱丁・落丁の場合は本社でお取替えします。　　　　印刷　新灯印刷
定価はカバーに表示。　　　　　　　　　　　　　　Printed in Japan

ISBN 978-4-7620-2855-7